墨香财经学术文库

"十二五"辽宁省重点图书出版规划项目

U0674827

The Research on Higher

Vocational Colleges Major Groups Construction
Concurrently Discuss Targeted Poverty
Alleviation in Vocational Education

高职院校专业群建设研究

兼论职业教育精准扶贫

许峰 张岩松 ◎ 著

东北财经大学出版社
Dongbei University of Finance & Economics Press

大连

图书在版编目（CIP）数据

高职院校专业群建设研究：兼论职业教育精准扶贫 / 许峰，张岩松著. 一大连：东北财经大学
出版社，2019.6
（墨香财经学术文库）
ISBN 978-7-5654-3504-1

Ⅰ．高…　Ⅱ．①许…②张…　Ⅲ．职业教育-研究-中国　Ⅳ．G719.2

中国版本图书馆CIP数据核字（2019）第067359号

东北财经大学出版社出版发行

　　大连市黑石礁尖山街217号　邮政编码　116025
　　网　　址：http：// www.dufep.cn
　　读者信箱：dufep @ dufe.edu.cn
大连永盛印业有限公司印刷

幅面尺寸：185mm×260mm　字数：265千字　印张：12.25
2019年6月第1版　　　　2019年6月第1次印刷
责任编辑：张晓鹏　　　　责任校对：合　力
封面设计：冀贵收　　　　版式设计：钟福建
定价：42.00元

前　言

党的十九大报告指出，要"完善职业教育和培训体系，深化产教融合、校企合作"，为职业教育规划了前景，明确了发展方向，标志着职业教育新时代的到来。专业群建设是高水平现代化高职院校建设的重要基础，是彰显高职院校办学特色、提升其办学效益、培养实用人才、形成高职院校核心竞争力的关键。当前，我国正处于全面建设小康社会的关键时期，党中央、国务院提出了全面实施"精准扶贫"的战略部署，职业教育精准扶贫是教育精准扶贫开发工作的重要途径，是深入贯彻党中央、国务院重要指示，实现脱贫攻坚战略目标，确保 2020 年全面建成小康社会的重要举措和现实选择。加强高职院校的专业群建设，实现专业精准对接产业，也是提高职业教育精准扶贫成效的重要举措之一。

鉴于以上方面，我们经过深入研究，完成了《高职院校专业群建设研究：兼论职业教育精准扶贫》一书的编写。本书就高职院校专业群建设这一主题，重点论述了专业和专业群的内涵，专业群的特征和类型，专业群建设的客观要求、特点、原则、意义、理论依据、主要内容、途径等，分析了专业群建设存在的问题及其原因以及总体对策，从人才培养模式、校企合作机制、课程体系与实践教学体系构建、教学团队建设等方面对专业群人才培养及创新工作进行了深入探讨。本书还兼论职业教育精准扶贫，围绕这一主题重点阐述了职业教育精准扶贫的内涵、意义、理论基础以及存在的突出问题，并在此基础上提出了职业教育精准扶贫的战略定位、基本原则和有效策略。为了增强本书的实践性和借鉴性，每章后还设有"案例研究"，精选了大连职业技术学院以及兄弟高职院校近年来在专业群建设以及职业教育精准扶贫方面的典型案例。

2017 年 12 月 4 日，辽宁省教育厅印发了《关于公布辽宁省高水平现代化高职院校和高水平特色专业群立项建设单位名单的通知》（辽教函〔2017〕798 号），大连职业技术学院被确立为"辽宁省职业教育高水平现代化高职院校"立项建设学校，其智能制造专业群、汽车技术服务专业群、信息技术专业群、商贸物流专业群被确立为"辽宁省职业教育高水平特色专业群"立项建设项目（简称"双高建设"）。本书是大连职业技术学院辽宁省"双高建设"的阶段性成果，也是辽宁省社会科学界联合会 2018 年度立项课题"高职院校融入终身职业教育与培训体系建设策略研究"（2018lslktyb-031）、辽宁教育科研管理智库项目"信息技术与高职院校教育教学深度融合保障措施研究与实践"（zk2015097）、辽宁省教育科学"十三五"规划 2018 年度立项课题"基于供给侧改革的养老专业现代学徒制研究"（JG18EB062）、辽宁省教育科学"十三五"规划 2018 年度立项课题"基于诊改的高职教师教学能力提升策略研究"（JG18EB045）、辽宁省教育科学"十三五"规划 2017 年度立项课题"高职教师信息化教学能力发展策略研究"（JG17EB054）、大连市职业技术教育科学研究院 2018 年度立项课题"大连职业教育精准扶贫的策略研究"（DZKY2018A07）、大连职业技术学院承担的中华职业教育社关于"职业院校和行业企业形成命运共同体的研究与实践课题"之子课题"基于命运共同体的校企合作人才培养模式创新研究"（zjs201935）的研究成果。本书理论观点新颖，论述深刻，对推动新时期我国高职院校的教育教学改革、强化专业群建设、加速人才培养以及打好职业教育精准扶贫攻坚战等都具有重要的学术价值和实践意义。

本书由大连职业技术学院许峰、张岩松著，张岩松负责全书的研究框架设计。其具体分工如下：第一章、第二章和第三章，许峰；第四章，张岩松、许峰；第五章，张岩松。全书最后由许峰统稿。

在完成本书的过程中，我们参考了大量文献，在此向各位作者表示衷心的感谢。同时，东北财经大学出版社对本书的出版也给予了热情帮助和大力支持，在此一并致谢。

由于时间、条件、水平等的限制，书中难免存在不足之处，恳请读者批评指正。

作　者

2019 年 3 月

目　录

第一章　专业群建设总论

启动实施中国特色高水平高等职业学校和专业建设计划，建设一批引领改革、支撑发展、中国特色、世界水平的高等职业学校和骨干专业（群）。

——国家职业教育改革实施方案（国发〔2019〕4号）

打造高水平专业群。面向区域或行业重点产业，依托优势特色专业，健全对接产业、动态调整、自我完善的专业群建设发展机制，促进专业资源整合和结构优化，发挥专业群的集聚效应和服务功能，实现人才培养供给侧和产业需求侧结构要素全方位融合。校企共同研制科学规范、国际可借鉴的人才培养方案和课程标准，将新技术、新工艺、新规范等产业先进元素纳入教学标准和教学内容，建设开放共享的专业群课程教学资源和实践教学基地。组建高水平、结构化教师教学创新团队，探索教师分工协作的模块化教学模式，深化教材与教法改革，推动课堂革命。建立健全多方协同的专业群可持续发展保障机制。

——教育部 财政部关于实施中国特色高水平高职学校和专业建设计划的意见（教职成〔2019〕5号）

党的十九大报告指出，"完善职业教育和培训体系，深化产教融合、校企合作"，这为职业教育规划了前景，明确了发展方向，标志着职业教育新时代的到来。专业群建设是形成高职院校核心竞争力的关键。追本溯源，研究专业群建设的基本理论问题，既是遵循教育发展的基本规律，也是适应新时代要求的积极应对。[1]

---

① 龚添妙，朱厚望. 高职院校专业群建设的缘起、历程与趋势［J］. 机械职业教育，2018（8）：21-24.

一、专业与专业群的内涵

1. 专业

（1）专业的概念。探讨专业群的内涵，首先要知道什么是专业。关于专业的概念，有多种不同的理解：

①专业就是课程。如张家祥等人主编的《职业技术教育学》，在整个论述中就没有专业这一说，而将教学计划、职业定向性、人才培养目标等属于专业需要探讨的内容，放在课程的内容中阐述，在关于课程的阐述中也没有区分科目课程和体系课程[①]。

②专业是高等学校培养高级专门人才的基本教育单位，由特定的专业培养目标和相应的课程体系组成[②]。这是将专业仅仅限定为高等教育的教育单位。

③专业是指任何有声望的职业，从事专业的人需要有系统的理论知识和长期的学术训练[③]。这揭示了专业包含的专门性、精英性质。在我国这种理解被很多人所接受。

④专业是"高等学校或中等专业学校根据社会专业分工分成的学业门类[④]"。

上面几种定义，只有第四种比较符合专业的实际。专业是什么？专业是高等院校或者中等职业学校根据社会职业分工和教育规律确定培养目标、划分教学内容而形成的学业门类；是教育者根据社会需要和教学的可能，在客观规律的基础上，对学生学业的设计。

（2）专业的内涵。专业的内涵包括以下几方面[⑤]：

①专业是学业，是人们以教育规律和社会需要等为依据而为学习者设计的在一定时间内完成的学业。它在中国计划经济时期和苏联具有管理的意义，而在美国仅具有统计意义。在我国现在的高职教育中，专业具有导向的功能。

②专业都是针对职业的，是对职业的选择。在社会分工体系中，选择什么样的职业作为学业目标，是必须要解决的问题。在现代复杂的分工体系中，人不可能从事全部或多种职业，必须对各种职业进行细分。这不同的职业是另外意义上的专业，即职业意义上的专业。从事专业学习只能选择其中的某一专业作为自己的学业目标。虽然普通高等学校大部分专业划分要依据学科，但是职业仍然是专业划分的重要基础，各个专业都有比较明确的职业定向。中等职业教育和高等职业教育更是依据职业来划分专业的。

③专业是对教学内容的选择和设计。知识是无限的，人从事专门学习的时间是有限的，人不可能将全部的知识都接受下来；人类的教学活动和学习活动必须选择内容，以便在有限的时间内达到学习目标。这就要求教育者根据社会需要选定学业内容。

④年龄和基础教育程度是影响专业设计和选择的主要因素。年龄、基础教育程

① 张家祥，钱景舫. 职业技术教育学 [M]. 上海：华东师范大学出版社，2001：122.
② 教育部人事司，教育部考试中心. 教育学考试大纲 [M]. 上海：华东师范大学出版社，2002：111.
③ 朗特里. 西方教育辞典 [M]. 陈建平，译. 上海：上海译文出版社，1988：248.
④ 辞海编辑委员会. 辞海（教育、心理分册）[M]. 上海：上海辞书出版社，1980：12.
⑤ 闵建杰. 关于高等职业教育专业群建设的思考[J]. 湖北职业技术学院学报，2006（9）：3-6.

度和修业年限要求对学业内容做进一步限定，要求学业内容能适合学生的年龄，适合学生原来的教育基础，并在有限的修业时间内能够完成。

这里必须重点明确的是，不同层次、不同类型的教育，其专业所包含的内容不同，它们之间是不能相互混同的。高等职业教育的专业有更加突出的职业特征。在现代教育中，有3种类型的专业，即中等职业教育的专业、高等职业教育的专业和普通高等教育的专业。在这3种类型的专业中，高等职业教育有更加明确的职业针对性，见表1-1。

表1-1 不同教育类型专业的职业特征和学科特征

教育类型	职业性特征	学科特征	专业对应职业类型	专业分类的主要依据
本科专业	兼顾职业性	学科特征为主	职业中类为主	学科分类
高职专业	职业性为主	兼顾学科性	职业小类为主	产业分类
中职专业	职业性为主	考虑学科联系	职业细类为主	产业分类

从专业设置的一般规律来看，所有的专业都是针对职业的，普通高等教育针对的职业面比较宽，中等职业教育针对的职业面比较窄，高等职业教育针对的职业面处于两者之间。高职专业设置有更加明显的职业针对性，是依据职业来设置专业的[1]。

2. 专业群

（1）专业群的提出。专业群的概念源于经济学领域中的产业集群理论。产业集群的形成基于资源集聚的比较优势所带来的集聚效应、效率效应、规模效应和扩散效应，从而提高绝对竞争力，其目的是追求成本最经济、效益最大化。职业教育与区域经济社会发展有着密切的联系，职业教育要为人的发展服务、为经济社会发展服务，这是由其本质属性所决定的。职业院校作为高素质技能型人才培养的主要机构，其专业（群）建设与地方产业集群的发展有着必然的联系，随着职业院校的发展模式由"规模式"走向"内涵式"，"集群"的概念也逐步由经济领域走进了教育领域。[2]

从高职教育的发展历程来看，其专业群建设实践晚于中等职业教育，直到2003年，教育部才启动首批人才培养水平评估院校试点工作，在《高职高专院校人才培养工作水平评估指标体系》"专业设置"指标内涵中，虽然没有明确提出专业群的概念，但要求高等职业院校的专业根据行业企业的岗位变化灵活设置。2006年是专业群建设进程中具有里程碑意义的一年，《教育部财政部关于实施国家示范性高等职业院校建设计划加快高等职业教育改革与发展的意见》明确提出"支持100所高水平示范院校建设""中央在100所示范院校中，选择500个左右办学理念先进、产学结合紧密、特色鲜明、就业率高的专业进行重点支持。造就一批基础理论扎实、教学实践能力突出的专业带头人和教学骨干；建设一批融教学、培训、职业技能鉴定和技术研发功能于一体的实训基地或车间；合作开发一批体现工学结合特色的课程体系，形成500个以重点建设专业为龙头、相关专业为支撑的重点建

① 闵建杰. 关于高等职业教育专业群建设的思考 [J]. 湖北职业技术学院学报，2006（9）：3-6.
② 刘瑞军，曲芳，赵丹. 对高职院校专业群内涵建设的研究与实践探索 [J]. 辽宁高职学报，2012（1）：1-3.

设专业群，提高示范院校对经济社会发展的服务能力①"。"专业群、工学交替、项目导向、半工半读"等新理念的提出，使我国高等职业教育专业建设进入了革命性的改革阶段。专业群的概念首次在国家级政策文件中被正式提出。同年，教育部《关于全面提高高等职业教育教学质量的若干意见》也明确提出，"要根据市场需求与专业设置情况，建立以重点专业为龙头、相关专业为支撑的专业群，辐射服务面向的区域、行业、企业和农村，增强学生的就业能力②"。其强调依托校方现有建设基础，以重点专业为核心，聚集相关专业教学资源，形成优势互补、资源共享的专业群，实现教育资源优化配置。

在国家示范性高职院校建设计划的推动下，各地教育行政部门和各高职院校对专业群建设表现出了极大的兴趣和热情。特别是各省级职教项目由原来对专业的重视和关注转为对专业群的重视和关注，如重点专业群、示范性专业群、特色专业群等项目连续出现在各省市职业教育重点项目的立项文件中，各省市涌现出了一批专业群。围绕专业群建设，职业院校积极调整专业布局，按有关要求将学校的专业整合为若干专业群，并从教学模式、管理、师资、课程、实训基地等方面开展专业群建设。可以说，这一时期是专业群快速发展的时期。随着政策的颁布，专业群的数量持续增加。

2014年，国务院颁布《关于加快发展现代职业教育的决定》，直面经济社会发展对现行职业教育体系的挑战，这是今后一段时间我国职业教育发展的纲领性文件。该决定提出"健全专业随产业发展动态调整机制"，产教融合、专业动态调整机制被明确和加以强调。《现代职业教育体系建设规划（2014—2020年）》提出"推动区域内职业院校科学定位，使每一所职业院校集中力量办好当地经济社会需要的特色优势专业（集群）"。2015年，《教育部关于深化职业教育教学改革 全面提高人才培养质量的若干意见》指出，"各地要统筹管理本地区专业设置，围绕区域产业转型升级，加强宏观调控，努力形成与区域产业分布形态相适应的专业布局。要紧密对接'一带一路'倡议、京津冀协同发展和长江经济带等国家战略，围绕各类经济带、产业带和产业集群，建设适应需求、特色鲜明、效益显著的专业群"。该意见明确提出了高职教育专业群建设的目标，要求从服务社会层面积极创新，并对接国家战略、产业、区域经济建设专业群。国务院办公厅《关于深化产教融合的若干意见》提出，要建立紧密对接产业链、创新链的学科专业体系。

可见，职业教育专业群的发展已经不仅注重数量的增加，更加关注的是与产业的协同发展，产教融合、融入产业链成了专业群发展的必然。

此外，2017年，教育部、财政部、国家发展和改革委员会联合印发了《统筹推进世界一流大学和一流学科建设实施办法（暂行）》，虽然该办法针对的是本科院校，但是对高职院校同样具有导向作用，提高专业群内涵和建设质量，打造一流专业群，将成为专业群建设的趋势③。

近年来，随着高职教育的快速发展，专业群建设越来越受到高职教育管理者、实践者和研究者的关注和重视。首先，研究论文数量不断增加，质量不断提高。

① 教育部，财政部. 教育部财政部关于实施国家示范性高等职业院校建设计划 加快高等职业教育改革与发展的意见 [Z]. 教高〔2006〕14号.
② 教育部. 关于全面提高高等职业教育教学质量的若干意见 [Z]. 教高〔2006〕16号.
③ 龚添妙，朱厚望. 高职院校专业群建设的缘起、历程与趋势 [J]. 机械职业教育，2018（8）：21-24.

1994—2007 年，已公开发表的关于专业群的研究论文有近 50 篇。据不完全统计，仅在 2008 年至 2009 年上半年，公开发表的关于专业群的论文就已超过了 1994—2007 年所发该类论文的总和。其次，各高职院校专业群建设热情高涨，不少高职院校都自发地建设了一批专业群①。专业群建设已经成为高职院校快速实现规模、结构、质量、效益协同发展的重要途径，在政府主管部门的大力推动和扶持下，高职院校专业群的建设、研究也更加深入，专业群建设的改革与实践得到更多的重视与关注。

目前，高等职业教育的发展已经逐步从内涵建设阶段过渡到内涵提升与常态化建设阶段。高职院校应进一步提升办学特色与专业特色，走特色办学、特色强校之路，不断优化专业结构和布局，发挥专业群资源优势，提高人才培养质量。"专业是为适应经济社会需要而设立的，但在市场机制的作用下，专业外延往往发展较快，而专业的基本建设和内涵建设往往滞后。要提高人才培养质量，必须加强专业基本建设和专业内涵建设。而跳出具体的专业，以专业群为单位统筹专业的基本建设和内涵建设，可能是高职院校专业数量大幅度快速增长后，建设高水平专业的重要途径和方法②"。

（2）专业群的概念。那么什么是专业群呢？对专业群的认识，目前存在着不同的观点。检索相关"专业群"的研究文献，有关专业群的定义表述较多，比较有代表性的有：

专业群是由一个或多个办学实力强、就业率高的重点建设专业作为核心专业，若干个工程对象相同、技术领域相近或专业学科基础相近的相关专业组成的一个集合③。

专业群是建立在"一个公共技术平台、多个专业方向"的基础上，有共同的专业技术基础和基本技术能力（技能）要求，并能涵盖某一技术或服务领域的若干个专业（方向）的一个集合④。

专业群是选择各院校的重点专业或优势专业作为核心或龙头专业，由两个或两个以上跨二级类的专业，通过核心专业的带动和专业之间的依赖、促进，形成合力，以提高整个专业的教学水平、学生的职业能力和高等职业院校服务经济社会的能力为目的而组成的专业集合⑤。

专业群是由一个或多个重点建设专业作为核心专业，由若干相关专业共同组成的专业集群⑥。高职专业群指高职院校根据自身的服务面向与办学优势，围绕着上下游产业链或某一技术领域或服务领域，以具有明显优势或特色的核心专业为龙头，由若干个专业基础相通、技术领域相近、职业岗位相关、教学资源共享的相关专业而形成的专业集群，代表着学校的专业发展方向和建设重点。专业群中的相关专业可以按产业链组合，也可以按同一大类组合⑦。

综上，我们可以把学者对专业群定义有代表性的表述归纳为"相近论"、"共同论"、"合力论"和"核心论"。从相关论文被引用的频率看，"相近论"的认可度比

① 徐恒亮，杨志刚. 高职院校专业群建设的创新价值和战略定位 [J]. 中国职业技术教育，2010（7）：62-65.
② 梅亚明. 高校专业群的集约建设 [J]. 教育发展研究，2006（9）：68-69.
③ 袁洪志. 高职院校专业群建设探析 [J]. 中国高教研究，2007（4）：51-54.
④ 曹印革，郭全洲. 专业背景下的学习领域开发研究 [J]. 石家庄职业技术学院学报，2009（21）：4-5.
⑤ 赵昕. 高职院校专业群建设的思考与认识 [J]. 天津职业大学学报，2011（2）：3-7.
⑥ 孙毅颖. 高职专业群建设的基本问题解释 [J]. 中国大学教学，2011（1）：36.
⑦ 李林. 高职专业群建设评价体系构建研究 [J]. 教育评论，2017（8）：76-79.

较高、影响面比较广，居主导地位①。

"相近论"强调专业群内各专业所基于的行业基础和学科基础的相近性，在实际操作中表现为围绕产业链构建专业群或围绕学科基础构建专业群，着眼于学校教学资源的整合利用，着眼于学生知识能力培养的基础性、延展性。"共同论"强调专业群内专业技术基础和基本技术能力（技能）要求的共同性，而且这个专业群基于"一个公共技术平台、多个专业方向"。在实际操作中突出以服务经济社会为目标，围绕产业链和职业岗位设置专业群；以核心专业为基础形成专业群特色，并整合师资力量和教学资源；要使专业群的专业设置更有效并提高学生的职业能力。"合力论"认为群内专业可以跨二级类，是否相关并不重要，主要取决于服务经济社会的需要。在实际操作中表现为围绕某个行业的一组相关职业岗位构建专业群，为企业提供打包式的人才服务，降低企业的人才招聘成本。"核心论"强调对其概念的理解，包括两个具体层面：一是核心专业的确定，二是群内相关专业的选择。"核心论"有"单核心""双核心"之说。顾名思义，所谓单核心，就是1个专业群只有1个核心专业；"双核心"，即1个专业群有2个核心专业。在实际操作中要求突出专业群发展的优势，具体体现在：资源整合与共享，发挥集群效应；柔性化管理与组织，提高专业适应性；品牌培育与形成，提升竞争力与影响力；外溢效应，提高专业建设水平与创新发展。

当然，还有一些学者把专业群视为"教学管理单位"，即"将专业作为课程的组织形式，将专业群作为学校内部资源使用与人才产出的实体组织"，再以专业群为单元组建二级教学单位；也有的把专业群作为"教学基本单位"，即以专业群为背景开发课程。显然，专业群的两种组织方式都有实际意义，但概念所指的对象和含义并不相同，前者侧重于资源的组合，后者则希望通过课程整合与重组实现更高水平的专业培养。

综合以上方面，关于专业群比较恰当的定义是：按照与产业链和职业岗位群对接的原则，由一个或多个核心或骨干专业与其他相关专业组成，并基于"一个公共技术平台、多个专业（方向）"的教学体系的专业集群。②

（3）专业群形成的条件。专业群代表着高职专业的发展方向和重点，高职院校的专业群具有形成的特殊条件，主要表现为以下几方面：

①群内各专业具有共同的行业背景和服务领域。专业群是围绕某个技术领域或服务领域而设置的一类专业③，是高职院校长期办学积淀的文化基础、物质基础和社会关系，因而群内的各个专业具有共同的行业背景和服务领域。

②有共同的课程内容。专业群由于面对共同的行业中大致相近的职业，因此有相当一部分共同的理论、技术、技能基础，反映在课程上就是不少的专业群或有共同的基础课程平台，或有共同的核心课程，或有共同的实验实训课程。

③有共同的实验实训设施基础。由于专业群有共同的技术、技能基础，有共同的课程，因而也必然有大量的实验实训设施、设备是共用的，有相当一部分实验实

① 卞建鸿. 职业学校专业群建设理论与实践探索 [M]. 上海：华东师范大学出版社，2015：4.
② 卞建鸿. 职业学校专业群建设理论与实践探索 [M]. 上海：华东师范大学出版社，2015：4.
③ 袁洪志. 高职院校专业群建设探析 [J]. 中国高教研究，2007（4）：52-54.

训项目是共同的，这对高职学校专业建设具有重要意义。

④有共同的师资队伍。专业群的行业背景一致，理论和技术、技能基础相同，需要的实验实训设施相近，因而相应的师资队伍必然有很大一部分是共同的。这样，在专业群的基础上，必然会形成师资队伍专业群，形成某类专业建设良好的师资队伍环境。

⑤有共同的社会联系背景。高职办学需要利用社会资源，社会联系是高职办学的重要方面。专业群由于有共同的行业背景，必然与某些行业有千丝万缕的联系，这些联系本身就是一种办学资源。

⑥有核心专业。在依托行业的专业群中，有的专业处于核心地位，这些专业的办学历史长，积累的条件优越，师资力量雄厚，社会影响力大，核心专业成为凝聚专业群的核心。

⑦具有一定的专业数量。专业群追求的是集聚效应和规模效应，所以专业群的组成必须具有一定规模。何谓群？《说文解字》云："群，辈也。从羊，君声。"又云："辈，若军发车，百辆为一辈。从车，非声。"《国语·周语》有"兽三为群"之说。明代余继登所著的《典故纪闻》中也有"三五成群"之说，遂"三五成群"在我国也成为耳熟能详的成语。可见，一个群起码要由3个或3个以上的人或同类动物、事物组成。专业群也不例外，一个专业群必须具备3个或3个以上专业或专业方向，否则就不能称为群。

⑧具有一定的专业特色。专业特色包括专业设置特色、课程体系特色、课程资源特色、师资队伍特色、校企合作特色、教学实践特色等。这些特色越鲜明，专业群的社会吸引力就越大，运行的活力就会越强，生命力也就越旺盛。[①]

高等职业教育的专业群不同于中等职业教育和普通高等教育的专业群。在中等职业教育中也存在专业群，但是中等职业教育的基础要求比较低，主要是技能操作层面，专业群内在的联系没有高职教育紧密。普通高等教育的专业群由于深入专业的深层次，特别是深入到了理论层次，专业和专业之间主要通过学科相互联结，称为学科群。[②]

我国2004年公布的高职专业目录就是坚持"以职业岗位群或行业为主，兼顾学科分类的原则"进行划分的，分设19个大类，下设78个二级类，共532种专业。专业大类中的二级类专业体系可称为专业群。但高职院校专业群如何规划和建设是由学院的行业背景、地方经济发展程度、学院自身的办学条件和专业发展过程确定的，各院校专业群内专业的数量和分布并不与专业目录中的专业划分一一对应[③]。当前，高职院校普遍采用专业集群化方式，通过专业集群化发展，实现院校之间、区域之间教育资源的共享。同时，也可以增强高职院校自身专业设置的灵活性和适应性，从而促进专业建设整体水平的提高。专业集群化已经成为高职院校强化办学特色、提高院校核心竞争力的发展战略。[④]

（4）影响专业群建设的要素。高等职业教育是教育领域中与经济社会发展关系

① 卞建鸿. 职业学校专业群建设理论与实践探索［M］. 上海：华东师范大学出版社，2015：6.
② 闵春杰. 关于高等职业教育专业群建设的思考［J］. 湖北职业技术学院学报，2006（3）：3-6.
③ 袁洪志. 高职院校专业群建设探析［J］. 中国高教研究，2007（4）：52-54.
④ 李照清，吴越. 影响高职院校专业群建设的要素分析及思考［J］. 辽宁高职学报，2012（1）：27-29.

最紧密的部分。在我国，高等职业教育发展的时间比较短，办学基础相对薄弱，教育教学资源有限且较为分散，以资源整合为主要目的，专业集群发展成了解决现实问题的有效途径。因此，研究影响专业群建设的因素至关重要。专业群建设是一项复杂的系统工程，详尽分析与思考影响高职院校专业群建设的要素，有助于对高职院校专业群建设进行规划，对高职院校的可持续发展具有重大作用。①

专业群建设要以进一步提高人才培养质量为目标，以专业教学资源整合等软实力建设为重点，全面规划专业群结构，聚焦专业发展方向，锤炼专业师资队伍，构筑专业建设体系，凝练专业内涵特色。专业群建设涉及多方面因素，既与专业建设息息相关，又要重点考虑集群建设的特性，要从专业群建设的基本思路入手，梳理出专业群建设的要素。要素是构成事物必不可少的因素，是组成系统的基本单元，它在很大程度上决定系统的性质②。建设面向服务需求、以专业建设为基础、力图发挥集群优势的专业群，其建设要素包括以下几方面：

①产业结构的不断优化调整。近年来，我国高职院校专业群建设已经成为高职教育内涵发展的必然趋势。与经济社会发展关系的紧密性要求高职教育必须面向区域产业发展。一方面，高职教育应该设置不同数量和性质的高职院校，同时院校内也要设置不同的专业。这是因为产业的不同所需求的人才是不同的；而不同产业的兴衰又决定着该产业的就业人数，因此，高职院校要以此来适应产业结构要求。高职院校中专业群的数量及质量结构是由各产业部门之间的数量关系和质量要求决定的。另一方面，产业结构的不断调整决定了专业群结构调整的大方向。产业群结构连续的动态变化是由生产力的迅速发展决定的。当今社会产业技术的更新变革与进步，尤其是新兴产业的兴起、高科技的发展，必定会使社会的就业结构以及企业对人才的需求等发生重大变化。这就要求高职院校主动和积极适应经济发展，强化专业群建设意识，使专业群建设随着产业结构的调整及发展趋势而优化。高职院校在开展战略规划时，还要加强对以专业群建设为主要内容的战略资源的整体性配置安排以及专业群建设的自身设计与科学规划。③

②专业群教学团队的建设。专业群的建设与发展离不开教学团队的配合与支持，专业群中的教学团队通常指由能够相互帮助、具有团队精神、能够为团队积极奉献的人所组成的群体。高职专业群的教学团队成员包括专业带头人、专业教师队伍以及兼职教师、客座教授等。它是高职专业群对外交换信息的载体，其开放度是衡量专业群建设的重要指标。就整体而言，教学团队的开放程度是指高职院校的专业群与外界的交流程度。专业群是一个复杂的系统，无论是内部还是外部，它都应该是开放的，都需要专业群中的各类人员与外界不断地进行信息的交流与沟通。教学团队的开放程度越低，专业群所接收到的信息量就越小，越不利于对专业的深入研究；如教学团队的开放程度高，那么专业群所接收到的信息量会增多，信息面也会得到拓展，有助于对高职教育的研究。由此可见，教学团队的开放程度是影响专业群建设与发展的重要因素之一。④

① 李照清，吴越. 影响高职院校专业群建设的要素分析及思考 [J]. 辽宁高职学报，2012 (1)：27-29.
② 顾京. 高职教育专业群建设要素研究 [J]. 职教通讯，2012 (11)：1-3.
③ 李照清，吴越. 影响高职院校专业群建设的要素分析及思考 [J]. 辽宁高职学报，2012 (1)：27-29.
④ 严新. 高职专业群建设的影响要素分析 [J]. 兰州教育学院学报，2016 (3)：111-112.

此外，高职院校专业群建设，特别是各专业的实践教学等，都离不开一支高素质的师资队伍（即"理实结合"型师资队伍）的支撑。教师既要具备较高的学历、有扎实的专业理论功底，又要具备丰富的实践操作经验、有过硬的动手能力。当今社会急需"理实结合型"师资人才，而高职院校在此类人才引进上有困难。因此，专业群教学团队建设，必须重视汇集师资力量，形成专业竞争优势。如何形成理实结合、专兼互补的师资优势，是高职院校专业群建设亟待解决的一个现实问题。①

③专业群的组织形式与管理方法。专业群是以重点建设专业为龙头、相关专业为支撑组成的专业集群，通常包含教学资源、师资配备、实训体系等。它是由以跨学科、跨科类为特点的专业集群及系统组成的。大多数高职院校专业群的划分方法都涉及其组织形式，这些组织形式既有优点，也有一些缺点，需要我们慎重对待。专业群的组织形式是高职院校专业建设的外在表现形式，当专业群的组织形式适合高职院校学科发展战略时，将有助于高职院校专业的创新与发展，提高高职院校的教育教学质量；当专业群的组织形式不适合高职院校专业群的发展战略时，将会对高职院校专业的发展造成一定的阻碍，长此以往，也不利于高职院校专业的发展与教育质量的提升，高职院校的核心竞争力无形中也会受到影响。同时，高职院校专业群的建设与发展，也离不开有效的管理方法。管理方法应用得是否恰当，直接影响高职院校专业群的发展。所谓管理方法，是指依据现代化的生产技术与社会发展的客观要求，对生产经营活动进行科学、高效的管理。在此进程中，我们需要明确的一点是：应用于生产组织方面的方法，在一定程度上同样可以应用于对专业群的管理。高职院校的专业群是一个庞大、复杂的系统，若从其内部进行研究，可以发现专业群内部是一个不平衡的系统，各个要素之间既存在非线性作用，也存在相互反馈的作用。只要内部的一个要素发生变化，其他要素也会相应发生变化，各要素之间是相互联系的统一整体。专业群内部成员的工作分配、经费分配以及科研成果的共享等，都离不开科学有效的管理方法作为支撑。实践表明，科学有效的管理方法有助于专业群内部实现高效的分工、合作，而且对协调全部成员的教研工作也具有重要的指导意义。在科学有效的管理方法的指引下，专业群内部成员的积极性会得到激发，各种生产要素也能够极大地被调动起来。②

二、专业群的特征与类型

1.专业群的特征

根据钱结海的总结，专业群具有如下特征③：

（1）专业建设要素的集成性。根据系统工程科学方法，系统集成是优选各种技术和产品，将各个分离的子系统连接成为一个完整、可靠、经济和有效的整体，并使彼此协调工作，发挥整体效益，达到整体性能最优。系统集成理论可以移植到专

① 李照清，吴越. 影响高职院校专业群建设的要素分析及思考 [J]. 辽宁高职学报，2012（1）：27-29.
② 严新. 高职专业群建设的影响要素分析 [J]. 兰州教育学院学报，2016（3）：111-112.
③ 钱结海. 对高职院校专业群建设几个问题的思考 [J]. 北京城市学院学报，2010（5）：62-66.

业群建设领域，即通过对群内各专业建设要素的选优、整合，形成专业群的建设要素，进而形成专业群建设体系。这一过程实现了从单一的专业建设向专业群建设的转轨，专业建设系统成为专业群建设系统的子系统，各子系统之间实现了共性要素的共建共享。通常，专业群的建设首先是要集成好群内各专业的教学团队、课程体系、实验实训条件、教学对象、教学管理等要素，实现各要素的整体优化，发挥整体效应，取得"1+1＞2"的效果。从这个特征看，专业群首先是一个群内专业建设要素共建共享的技术性平台。

（2）专业建设形态的集群性。"集群"的本意是指同一种生物的不同个体，在某一时期内生活在一起的现象。同一种生物在一起生活所产生的有利作用，称为集群效应。在动物界，集群有利于一系列繁殖行为的同步发生和顺利完成。同理，对应产业内部分工的各专业的集群建设，则有利于各专业的同步发展和人才培养质量的整体提升，形成"聚合效应（聚集效应）"。专业建设的集群性是指在建设群内专业时，着眼点不再是单一专业，而是专业群。专业建设规划和教育资源的配置，首先考虑的是专业群，而不再是一个专业一个专业地考虑。集群式建设的最大优点是群内各子系统永远都可以享用最优化的教育资源，子系统中的任一要素残缺或薄弱都会得到专业群内其他子系统要素的支持。当然，专业群内专业的个数要根据专业群的建设条件而定，否则会形成"拥挤效应"，损害整体建设优势。也就是说，专业群内的专业不是越多越好。"考虑到运行成本，组建专业群不能过度集中，比较适度的组建模式是每个专业群涵盖3～5个专业，每个二级学院由2～4个专业群组成[①]"。

（3）专业建设目标的集约性。集约是相对于粗放而言的。"集约"通常后缀"经营""管理"，合成为"集约化经营""集约化管理"两个概念，"集约化经营"常用于企业管理，"集约化管理"的适用范围则要广泛得多。两个概念的内涵大体相当，都以提高效率与效益为基本取向。其中，集约化的"集"就是指集合人力、物力、财力等生产、建设、管理要素，进行统一配置；集约化的"约"是指在集中、统一配置生产、建设、管理要素的过程中，以节俭、约束、高效为价值取向，从而达到降低成本、高效管理的目的，进而使企事业单位或管理部门集中核心力量，获得可持续竞争的优势。袁斌昌认为集约化至少有三层意思：一是资本或资源的集中使用，二是资本或资源的高效率使用，三是资本或资源的节约使用[②]。专业建设目标的集约性，是指按照集约化管理的方法，对专业群内的要素进行集中投入，而不是对各专业建设要素进行平均投入，从而实现专业建设资源的高效节约，以较低的办学成本换取较高的办学效益。

2. 专业群的类型

专业群可以从不同角度划分为不同的类型，这里我们主要从专业结构的角度把专业群划分为以下四种类型[③]：

（1）双核心型专业群。它是指一个专业群由两个核心专业为引领，形成双轮驱动发展模式，如图1-1所示。这种专业群在内部形成两个关联性强、相互依赖的

---

① 梅亚明. 高校专业群的集约建设 [J]. 教育发展研究，2006（9）：68-69.
② 袁斌昌. 略论企业集约化经营方式及战略选择 [J]. 湖北大学学报：哲学社会科学版，2002（1）：28-31.
③ 董淑华. 高职院校专业群建设的实践探索 [J]. 职业技术教育，2012（26）：26-30.

核心专业。核心专业之间相互竞争、相互带动，内动力强，建设效果一般都非常理想。由于平衡发展的需要，专业能够共同发展，避免了优势专业独占资源、非核心专业动力不足而发展滞后的现象出现。这种专业群的不足是教学资源容易分散，而且由于竞争的存在，容易产生矛盾，需要经常进行协调和沟通，充分发挥双核心的独特优势，保持专业群的持续成长不衰。

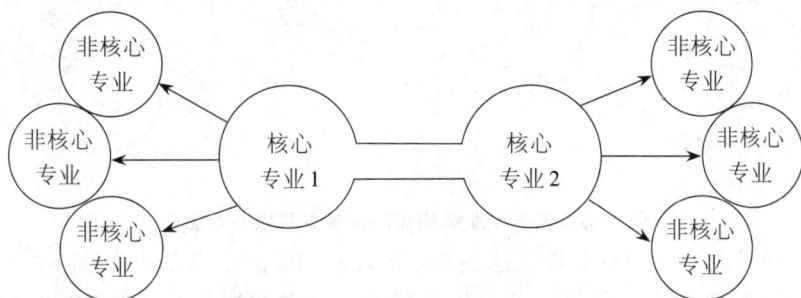

图 1-1　双核心型专业群

　　例如，南京信息职业技术学院信息服务学院依据迈克尔·波特 1985 年提出的"价值链"理论，按照对外形成服务流、对内构建专业链的思想，将原有的 8 个经管类专业集成在一起，形成基于企业价值链的专业链，并依据专业间的关联性，构建经管类专业群，创新了人才培养模式，开发了特色课程，形成了科学化的人才培养体系。学院依据价值链构建专业链的结构，如图 1-2 所示。该专业群建设所依托的是江苏省示范性平台——江苏省中小企业信息化服务平台，该平台为专业群提供教学资源和教学环境。按照产业集群理论，通过专业间的整合与融通，实现资源共享，使专业能够共享公共资源、降低成本，形成核心竞争能力。专业群以电子商务和物流管理为核心专业，分别形成了信息技术服务子专业群和商贸与管理子专业群，如图 1-3 所示。信息技术服务子专业群负责提供技术支持和专业群自身建设及能力的提升，商贸与管理子专业群承担为顾客提供实体服务的任务。

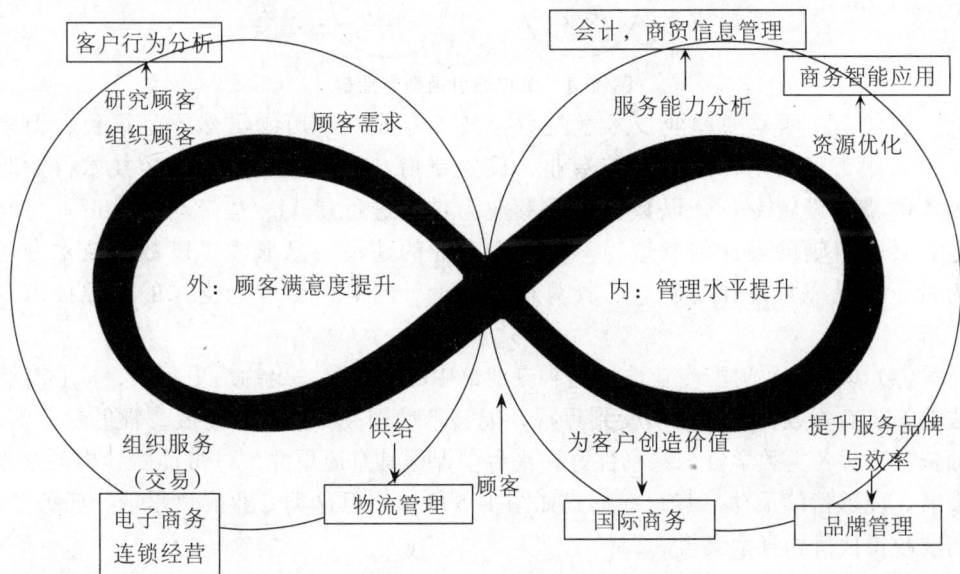

图 1-2　围绕价值链形成的经管类专业链

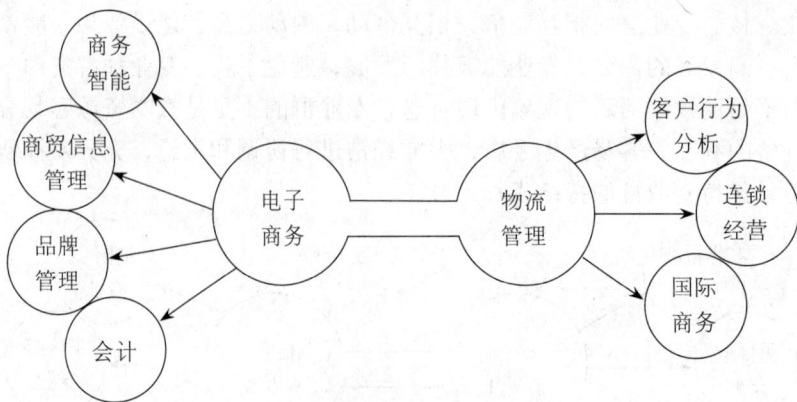

图 1-3　依据专业链构建的经管类双核心专业群

（2）单核心引领型专业群。这类专业群以实力强的重点专业为核心，将具有关联性的专业聚集起来，借助核心专业的优势，带动非核心专业的发展，如图 1-4 所示。在专业群内部，核心专业占有的资源多，优先发展的机会也多，承担带领非核心专业发展的重任。但这种专业群内部竞争不足，资源分配容易不均衡，专业平衡发展的可能性小。

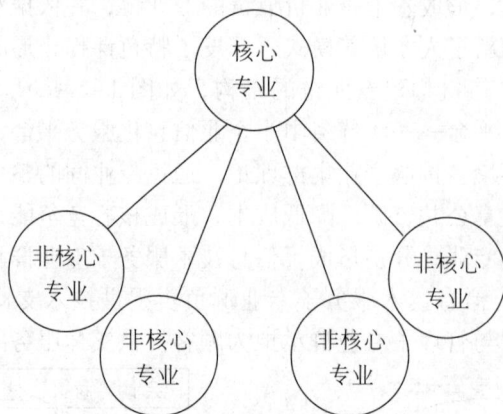

图 1-4　单核心引领型专业群

例如，江西交通职业技术学院数控技术专业办学历史虽然不是很长，但多年来紧跟市场需求，改造传统专业，设置新增专业。学院根据数控技术行业对人才的需求设置专业，以数控技术专业为重点进行建设，并带动模具设计与制造、计算机辅助设计与制造等其他几个专业的建设，已形成了以数控技术专业为骨干，以模具设计与制造、计算机辅助设计与制造专业为支撑的数控技术专业群。

（3）单核心辐射型专业群。这种专业群中的专业有一定的历史积累，核心专业成熟，具有引领作用，发展受到重视，能够带动相关专业共同发展；辐射专业宽，师资队伍、各类教学资源共享性好，平台型课程具有通用性，可带动后续相关专业发展，能够持续滚动。其辐射形式如图 1-5 所示。但这类专业群负累重、任务多，需要政策扶持和资金支持。

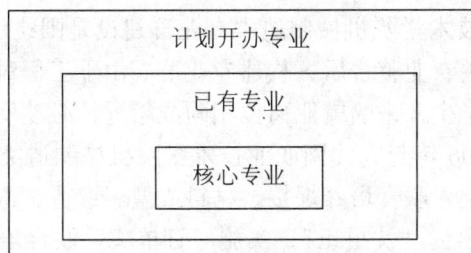

图 1-5　单核心辐射型专业群

　　例如，云南机电职业技术学院针对云南省社会经济的实际情况和行业发展的现实要求，结合学院背靠行业的优势，通过专业群建设，实现了以市场营销专业为龙头，带动工商企业管理、物流管理、电子商务等相关专业的发展。其专业群结构如图 1-6 所示[①]。

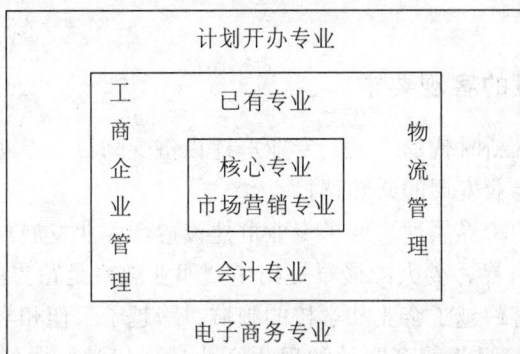

图 1-6　云南机电职业技术学院经管类单核心辐射型专业群

　　（4）协同发展型专业群。它是指基于共同的工作目标，专业间需要相互配合才能完成一个工作任务，专业由于具有内在关联性，专业群中的专业处于相同地位，资源按照岗位及工序的不同进行分配、利用（如图 1-7 所示）。这种专业群需要高度的协作才能完成具体的工作任务，需要依托具体的企业或工作任务构建，对资源的依赖性强，效率高，目标明确。

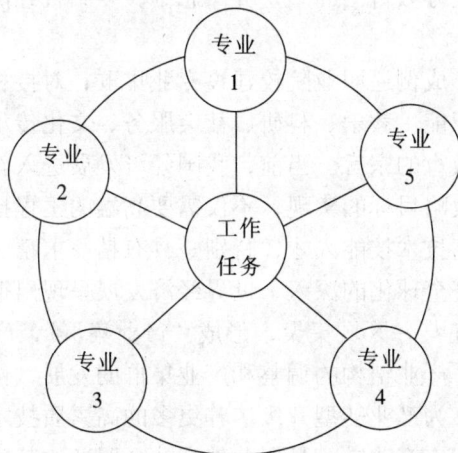

图 1-7　协同发展型专业群

---

　　① 佚名. 云南机电职业技术学院专业群建设［EB/OL］.［2012-07-12］. http://www.ynmec.com/gs/scyxtszy/ShowArticle.asp?ArticleID=39.

例如，沈阳职业技术学院机械制造类专业群建设是围绕沈重集团的岗位需求，组建企业班，并将相关专业整合后，构建专业群。由于工程对象相同、技术基础相近或学科基础相似，学生未来的就业岗位相同或相近，必然反映在共同实施的人才培养模式方面，从2006年起，沈阳职业技术学院机械制造类专业群与沈重集团在多年校企合作的基础上，联合培养焊接、材料成型、锻造、木型、热处理等岗位的技术技能骨干，并冠名为"沈重班"，实施"订单式"联合培养。沈重集团从入学新生中选拔符合企业要求的学生作为"沈重班"的学员，同时成为沈重集团的预备员工。[1]

三、专业群建设的客观要求和特点

1. 专业群建设的客观要求

在职业教育进入新时代的今天，专业群建设备受瞩目。专业群建设有其客观要求，它是职业教育专业发展的必然选择。[2]

（1）职业教育的跨界属性，要求专业群建设遵循职业发展规律与教育发展规律的融合。在我国教育界，姜大源最早提出了"职业教育是跨界的教育"这一观点。他认为高等职业教育跨越了企业和学校的疆界，跨越了工作和学习的界限，跨越了职业与教育的界限。职业教育要关注现代企业与现代学校发展理念的融合，把握"做中学"与"学中做"学习途径的融合，遵循职业发展规律与教育发展规律的融合[3]。职业教育的发展与改革，不是教育部门一家能承担的任务，必然涉及经济发展、社会稳定、劳动就业、行业企业等多方面，要"跳出学校看学校，跳出教育看教育，跳出知识看知识"，也要"跳出企业看企业，跳出培训看培训，跳出技能看技能"。因此，职业院校的改革与发展，要遵循职业教育的这种属性，冲破"在企业里办培训，在学校里办教育"的"定界"思维，要结合经济发展，联合行业企业等多主体。

（2）产业集群的形成倒逼职业院校建设专业集群，对接相应产业链，提升职业教育社会服务的基本职能。教学、科研、社会服务、文化传承是高等教育的基本职能，服务发展是职业教育的宗旨。当前，我国经济发展进入新常态，产业转型升级迫在眉睫，制造强国战略目标的实现，不仅需要高端的工程技术人才，也需要精英管理人才，更离不开高技术技能人才，特别是具有精益求精、追求卓越精神的大国工匠。同时，随着经济全球化的深入，世界经济发展呈现出很强的区域化特征，相同或相似的产业不断在某一区域集聚，形成"产业集群"，产业集群已经成为提升区域竞争力的新支点。产业结构的调整和产业集群的发展，倒逼职业教育改革更好地适应区域经济发展，为产业转型升级培养更多的高素质技术技能人才。职业院校建设专业集群，对接相应产业链，是职业教育社会服务的基本职能。

① 董淑华. 高职院校专业群建设的实践探索 [J]. 职业技术教育, 2012 (26): 26-30.
② 龚添妙, 朱厚望. 高职院校专业群建设的缘起、历程与趋势 [J]. 机械职业教育, 2018 (8): 21-24.
③ 姜大源. 工作过程系统化课程的结构逻辑 [J]. 教育与职业, 2017 (13): 5-12.

（3）专业的大量增加，急需强化专业调整机制，发展专业群成为专业发展的应然选择。受市场经济的影响，我国的高职教育带有市场经济的"计划""供给"等特征，特别是1999年高等教育扩招以来，不仅学校数量大幅增加，规模不断扩大，专业布点数也持续上升，专业设置积累了诸多矛盾。受"升格热"的影响，升级为综合性大学成为许多高职院校追求的目标，部分高职院校追求大而全，热衷于创办投入少、教学成本较低的专业，盲目设置热门专业，专业布局在宏观上失去控制。与此同时，部分高职院校缺乏专业调整机制，专业的新建、撤销等管理比较混乱。专业的大量增加稀释了资源，造成了教育资源的浪费，以单个专业面向市场无法满足产业发展的需要，更让需要长期积累的专业文化荡然无存。可见，专业集群是专业发展的必然选择。①

（4）专业群以核心岗位为中心，围绕上下游相关岗位进行人才培养，满足了学生终身学习的价值诉求。当前，我国社会职业分化不断加剧，专业的边际日益模糊，跨行业的技术交融已经成为常态，现代职业呈现出多元化的趋势。职业教育以就业为导向，专业在很大程度上主导着学生就业、创业的方向，有别于专业的单一面向，专业群面向职业岗位群，以核心岗位为中心，围绕上下游相关岗位，注重学生迁移能力与可持续发展能力的培养，使学生具有更加广阔的职业空间。同时，跨界的职业文化和职业技术的广泛交融，能最大限度地满足学生个性化学习和发展的需求，为学生终身学习提供更多的可能。

2. 专业群建设的特点

从高职院校专业群建设的实际状况看，目前，我国高职院校专业群建设具有以下三个特点②：

（1）外部推动。一般来说，高职院校专业群的发展动力主要来自两个方面：一是内生的，源自高职教育专业内在发展需求的推动；二是外生的，依靠政府、政策力量自上而下地推动。

早在2006年，我国高职院校专业群建设就作为示范性高职院校建设的重要任务而被提出，近年来，各省级政府和教育机构开始更大力度地积极推动专业群建设。2017年，辽宁省人民政府在印发的《辽宁省教育事业发展"十三五"规划》中明确提出：加快推进"双高计划"建设。面向辽宁产业转型升级的需求，结合辽宁职业教育改革发展的实际，以专业建设为主线，以服务辽宁经济社会发展为核心，通过集中投入、深化改革、优化结构、提升内涵，建设一批具有辽宁特色、全国一流的高水平现代化职业院校和特色专业群，构筑技术技能积累和创新的高地，建设培养高素质技术技能人才和培育"大国工匠"的基地，巩固弘扬先进思想和中华优秀传统文化的阵地，引领全省职业教育改革创新发展，推进职业院校现代化办学环境建设、机制体制创新、"双师"结构专业教学团队建设和服务社会能力的提升。到2020年，建成10所左右高水平现代化高职院校和50个左右高水平特色专业（群）；建成30所左右高水平中等职业学校和130个左右高水平特色专业群。据

① 沈建根，石伟平. 高职教育专业群建设：概念、内涵与机制 [J]. 中国高教研究，2011（11）：78-80.
② 孙毅颖. 高职专业群建设的基本问题解析 [J]. 中国大学教育，2011（1）：36-38.

此，辽宁省教育厅开展了专业群遴选工作，根据《辽宁省教育厅 辽宁省财政厅关于开展高水平现代化高职院校和高水平特色专业群立项遴选工作的通知》（辽教发〔2017〕69号）的要求，经各校申报，省教育厅和省财政厅组织专家遴选，最终确定全省10所高等职业院校为"辽宁省职业教育高水平现代化高职院校"立项建设单位，确定60个专业群为"辽宁省职业教育高水平特色专业群"立项建设项目。目前，辽宁省各相关高职院校正积极行动起来，投身到"双高"建设之中。

可以看出，各高职院校专业群建设的动力明显具有外部动力源特点。这种来源于政府政策和明显的外部激励机制的建设动力，在专业群建设初期会实现快速启动和迅速发展，但也可能会为迎合某种要求或获得某种利益而导致某些建设内容停留于文本层面，缺乏实际运行和深层改革。

（2）内生建设。目前，各高职院校专业群建设基本上都采取了"内生式"发展模式。各高职院校在专业群的选择上，主要以学院现有专业为基础，以已经建成的优势专业、特色专业为核心专业或龙头专业，将现有的其他专业按照专业群建设目标进行组合，形成学院的重点建设专业群。这种内生式建设模式有利于现有资源的整合和对已有专业办学水平和实力的提升。为促进高职院校专业群建设，一些省市的教育行政管理部门在审批、备案新增高职专业时，往往会对符合院校专业发展方向和办学特色的群内新增专业予以鼓励，实行引导式发展，对群外相关度小、专业基础差的专业实行限制发展。

（3）突出合作。在建设路径上，高职院校专业群建设十分注重合作。高职院校专业群建设，包括人才培养模式、课程体系与教学内容改革、实验实训条件、师资队伍、社会服务能力建设等。情况显示，各高职院校在专业群建设路径上都突出了产教融合、产学结合的特点，遵循了校企合作、共同发展的"合作式"专业群建设与发展模式。

四、专业群建设的内容、意义和原则

1. 专业群建设的内容

一般的论述都把专业群建设理解为专业群内部的专业建设，包括师资队伍建设、实训基地建设、教学资源建设等。这些虽然都是专业群建设的重要内容，但本书认为，专业群建设包括三个层面：从宏观上讲，是高职院校为适应社会需求和区域经济发展进行的专业体系构建和调整，实际上是专业群的整体布局和构建问题；从中观上讲，是某个具体的专业群怎样建设，怎样构建课程体系，怎样创新人才培养模式；从微观上讲，是支撑和保障内容的建设，包括师资队伍建设、实训基地建设、教学资源建设等。我们认为，专业群建设的核心内容，主要包括以下几个方面：

（1）重新构建专业体系或调整专业结构。为什么要强调重新构建专业体系呢？这是因为我国高职教育的专业体系脱胎于学术教育，是建立在学科体系基础之上的。因此，必须从工作领域出发，重新构建专业体系。具体的方法是：首先对某个工作领域进行全面、细致、深入的分析，明确工作岗位目标及其需求，从而确定不同岗位人才的培养目标，制订人才培养方案。这里需要明确的是，构建新的专业体系必须从专业群的角度出发，由核心专业聚合成专业群，进而构成新的专业体系。而不是像普通高校那样，仅仅从学科体系出发，选择二级学科中的不同专业组成专业体系。从社会对人才的需求方面看，高职培养的人才必须非常熟悉某一个具体的工作岗位，具有较强的岗位工作能力。同时，他们还必须了解和适应岗位群内的其他岗位，具备其他岗位工作的适应能力。专业群的建设，正是从社会对人才这种具有较广泛的岗位适应性要求出发，确定自己的人才培养目标的。如果仅仅局限于某个具体专业来确定人才培养目标，势必造成培养的学生职业面狭窄、适应性不强等问题。专业是联系高职院校和社会的纽带，如果不能从全局的高度来把握，这种纽带所发挥的作用也是有限的。①

（2）构建专业群人才培养模式。人才培养模式是高职专业群人才培养的核心，优化专业群人才培养模式是专业群建设的重要内容之一。针对目前与现代服务业相关的专业的人才培养模式存在的共性问题，高职院校现代服务业专业群人才培养模式的优化至少需要坚持"五个对接"：一是分析现代服务业人才需求的特点与要求，研究设计市场营销类专业定位及人才培养模式，推进专业群建设与产业群需求的对接；二是分析经济发展、产业升级和技术进步的需要，研究现代服务业的职业标准及国际标准，推进专业群课程内容与营销类职业标准对接；三是分析市场营销相关职业工作过程，探索专业群课程教学的新途径、新模式、新方法，推进专业群教学过程与职业工作过程对接；四是分析现代服务业职业岗位所需要的知识、技能和职业素养，探索有效融入专业群内各专业课程教学中的途径与方法，推进毕业证书与职业资格证书对接；五是分析区域经济社会发展的特点与要求，特别是现代服务业培训教育需求，探索服务社会、服务人民的新途径与新方法，推进职业教育与终身学习对接。②

（3）构建专业群课程体系。专业群内的专业由于工程对象相同、技术领域相近或专业学科基础相近，反映在课程内容上，有相当一部分理论、技术、技能基础相同，因此，基于专业群建设的课程体系，适合采用"平台+模块"的模式构建。平台，根据专业群对高等技术应用性人才所要求必备的共同基础知识和基本技能，以及各专业技术的共性发展和学科特征而设置，由公共课和职业技术基础课组成。公共课针对所有专业，按照培养社会人才的要求，突出培养现代社会对人才所要求的最基本素质。职业技术基础课针对专业群内各专业所必需的生产技术知识、产品技术知识、材料技术知识和职业基本技能，按行业企业对职业人才可持续发展的要求开设，是毕业生可持续发展的基础保证。模块，根据不同的专业（或专业方向）来设置，由体现专业（专业方向）特色的课程组成。每一个模块都以工作任务或工作过程为依据，是围绕某一工作过程所必需、够用的专业理论与专业技能的综合，是专业能力、方法能力和社会能力培养的综合。各模块的课程学时数大致相等，学生

① 徐恒亮，杨志刚. 高职院校专业群建设的创新价值和战略定位 [J]. 中国职业技术教育，2010 (7)：62-65.
② 许建民. 高职专业群人才培养模式优化的原则及保障对策——以南京科技职业学院市场营销专业群为例 [J]. 江苏教育研究，2016 (5)：3-6.

在修完"平台"课程后，获得专业群内各专业共同的职业基础理论和基本技能，具备在行业内从事专业群所包含岗位的工作的基本职业能力和适应职业变化的能力。在此基础上，可根据自己的兴趣、特长和就业需要自由选择其中一个模块进行学习，主要实现按不同职业方向进行人才分流培养的目标，较好地解决专业群内各专业的针对性问题。[①]

（4）基于工作环境构建实训体系。实训体系包括实训计划、实训条件和实训过程。对高职院校而言，提高学生职业能力的一个重要渠道，就是开展实训。实习实训，就是要开展实际操作的训练。首先要突出"训"。训什么？怎么训？谁来训？看似简单，实际上是大学问。从实训计划讲，首先回答实训在人才培养方案中占据什么样的地位、具有什么样的作用等问题。过去，我们总是纠缠理论课和实践课所占的比例，仿佛理论课达不到一定的课时就不符合高职人才培养规格。其实这是一个误区，仍然是学术教育的观念在作怪。我们突出强调实训在高职院校的地位和作用，强调理论为实践服务，目的就是想引起大家对实训的重视。现在一般的实训都是讲校企合作。从现实情况来看，有很多的"训"只是停留在口头上，或是因为沟通渠道不畅，校企无法合作，或是因为利益划分不清，企业不愿意合作，而校内又不具备实训条件等，使实训根本落不到实处。因此，实训还必须强调一个"实"字。实训一定是进行扎扎实实的训练，否则就不能称其为实训。对高职院校而言，没有基于工作环境的完整的实训体系，就无法实现高职教育的人才培养目标[②]。建设开放、共享的实训基地是实训体系做"实"的关键。实训基地是高等职业教育中对学生实施职业技能训练和职业素质培养的必备条件，是提高人才培养质量的关键。实训基地建设应以专业群内各专业的核心技能训练为基础，按专业群分类组建实训基地，实现资源共享。袁洪志认为，实训基地的功能定位应为：①专业群内各专业学生的实践教学基地；②校企合作中企业的员工培训基地；③本地区职业技能训练考核鉴定基地；④技术开发应用与推广基地。实训基地通常由技术展示中心、操作技能训练中心、工程技术训练中心和技术研发服务中心组成。高职院校应加强对实训基地的管理，特别是校内外共享机制的建立，实训基地可实行企业化管理、市场化运作。企业化管理主要是营造企业化的职业氛围，实训方式、过程企业化；市场化运作是指按市场化要求进行实训成本核算，加强设备管理、工具管理、材料管理以及教学管理，通过科学的管理，逐步形成系列化的实训项目、配套的实训教材、一流的指导教师团队、完善的管理规范。这样才能保证建成教育改革力度大、装备水平高、优质资源共享的高水平高等职业教育校内实训基地。[③]

（5）创建优质共享型专业教学资源库。教学资源库是指按照一定的技术规范和专业课程的内在逻辑关系构建，由优秀的数字化媒体素材、知识点素材及示范性教学案例等教学基本素材构成，可不断扩充的开放式教学支持系统。建设教学资源库，是为了整合优秀的教学资源，实现教学资源的广泛共享，凸显专业群的示范与辐射效应。每个专业群都要在行业的支持和指导下，联合企业共同开发专业群教育

① 袁洪志. 高职院校专业群建设探析［J］. 中国高教研究，2007（4）：52-54.
② 徐恒亮，杨志刚. 高职院校专业群建设的创新价值与战略定位［J］. 中国职业技术教育，2010（7）：62-65.
③ 袁洪志. 高职院校专业群建设探析［J］. 中国高教研究，2007（4）：52-54.

教学资源库；针对企业岗位需要的专业技能和职业素养，通过合作开发、系统设计，建设一个教与育并行、突出职业特色、交互共享、内容可持续发展的专业群教育教学资源库[①]。教学资源库建设是一项长期任务，必须充分调动广大教师的积极性，使其积极参与；可以考虑与相关院校共同研制开发教学资源，形成共建共享的良性循环机制。教学资源库建设也是一个系统工程，需要引起领导的足够重视，保障必需的资金投入；需要教师的积极参与，对教学资源的应用给予密切配合；需要专业技术人员良好的技术和技能。

2. 专业群建设的意义

专业群建设是以核心专业建设为主的资源整合活动，对高职院校建设有着重要的意义。

（1）服务区域发展，培养适用人才。随着我国经济社会的发展和产业结构的不断调整与升级，新的行业、工种和岗位不断涌现，高职院校的专业设置也应不断调整与更新；而专业群整合了相关专业的课程、师资和实践教学条件等多方面的办学基础与优势，其发展可以依托行业，结合区域经济，合理进行专业布局，灵活调整专业方向或不断往相近及相关的专业拓展，从而提升就业质量。[②]

专业群建设是培养社会所需的适用人才的有效办法。专业的适应性是高职院校必须要考虑的问题，特别是现代科学技术进步迅速，社会对各种人才的需求经常变化。高职院校适应变化的重要举措是建设好专业群，以专业群为基础，不断地调整专业方向，或在一个专业的基础上设置多个专业方向，也可以设计或增设相近的专业，以适应市场需要。以专业群为建设重点，必然会增强高职院校（专业）的社会适应性。[③]

（2）共享教学资源，提升办学效益。高职院校专业的市场导向性使得高职院校的专业设置相对比较灵活，高职院校开设、停招、裁撤专业的周期较短，但专业的建设、发展需要投入大量的资金和人力资源，且需要较长的时间周期，通过计划、实施、反馈、调整这样一个管理上的闭环才能逐步提高专业建设水平。市场需求的紧迫性和专业建设的周期性之间的矛盾，逐渐成为阻碍专业发展的瓶颈[④]。专业群建设能够发挥专业的集群优势，提升高职院校的办学效益。群内课程资源共享有利于提升高职院校的教育教学水平和学生的职业能力，群内实践教学条件共享和师资队伍共享有利于节约办学成本。实践教学条件共享，既有利于提高资源的利用率，又有利于学院对实践教学条件进行整体规划，有的放矢地投放资金，力求效益最大化，避免资源重置；师资队伍共享，有利于合理配置教师资源，形成教学团队优势。由于群内的各专业之间相互交叉、渗透和融合，围绕专业群进行资源的合理配置与优化，有利于增强办学实力，提高办学效益。[⑤]

---

① 章晓兰，金怡，苏晓锋. 校企共建数字化共享型专业群教育教学资源库的研究 [J]. 职业技术，2014 (9)：104-106.
② 孙丽萍，王琢，原克波. 高职食品营养与检测专业群建设的实践与探索——以山东药品食品职业学院食品系为例 [J]. 职业技术，2016（10）：58-59.
③ 闵建杰. 关于高等职业教育专业群建设的思考 [J]. 湖北职业技术学院学报，2006（3）：3-6.
④ 闻玉辉. 高职专业群的内涵及构建的基本原则探析 [J]. 职业教育，2017（2）：112.
⑤ 孙丽萍，王琢，原克波. 高职食品营养与检测专业群建设的实践与探索——以山东药品食品职业学院食品系为例 [J]. 职业技术，2016（10）：58-59.

（3）彰显办学特色，提高核心竞争力。着眼于地方经济社会发展，培养面向生产、建设、服务和管理第一线需要的高技能人才是高职教育肩负的使命。地方产业特色在一定程度上决定了高职院校的办学特色，而高职院校的办学特色又集中体现在人才培养的特色上。高职院校要形成自身的办学特色，就要选择、建设好对接地方产业的专业群。学校应该构建什么样的专业群？其基本依据有两条：一是学校自身具有什么样的办学条件，二是专业群要对接什么样的产业。前者是形成学校个性的内在条件，后者是学校办学具有地方特色的客观依据。因此，夯实办学基础，挖掘办学潜力，积极对接地方产业，形成合力并加快重点专业的建设，形成品牌专业群，从而带动群内各专业持续发展，使专业群建设扎实推进，是高职院校发挥地缘优势办学、提高核心竞争力、提升品牌知名度、彰显自身特色的重要路径。[①]

（4）优化师资团队，提升学生素质。专业群内的专业师资，是共享性资源的一部分。要实现这种共享性，教师除了要有宽厚的专业基础知识，以满足群内所有专业的专业基础知识教学需要外，还要有丰富的一线实践经验，以满足使学生具备多个岗位基本技能的培训需要。因而，专业群建设可推动"专业教师群"（专业教学团队）的形成，特别是促进"双师"结构教师团队的建设。同时，对专业群各专业"共性知识"课程和"专业知识"课程的优化整合，则有利于满足学生对"共性知识"和"专业知识"的学习要求，从而提升学生的人文素质和专业素质[②]。专业群建设还能够增强学生的职业适应能力，提高学生的职业迁移能力。现代社会，人们终身从事一种职业的可能性越来越小，能够适应岗位变动的职业迁移能力是高职人才培养要解决的问题。专业群为学生职业迁移能力的提高、共同的知识和技能训练提供了一个平台，使学生获得了在一定行业范围内的职业迁移能力。[③]

3. 专业群建设的原则

根据专业群的构建必须依托行业企业的特性，钱结海提出了专业群构建需遵循的五项原则。[④]

（1）立足社会总体需求的原则。当前，我国正处在向工业化国家过渡的关键时期，面临着产业结构调整、产品升级换代等一系列重大问题。如果我们的高职院校的专业设置跟不上社会发展的步伐，就无法满足社会快速发展变化对人才培养的迫切需求。

（2）立足区域发展需求的原则。这是关系到高职院校社会定位准不准确的大问题。高职院校的专业设置如果不能从所在区域的发展需求出发，不是瞄准区域支柱产业和新兴产业的发展方向，就无法完成为区域经济服务的重任。

（3）立足自身长远发展的原则。一所高职院校一定要有自己的发展规划，这个规划的确定必须从长远的角度来考虑，不是社会需要什么人才就培养什么人才那么简单。因为人才培养是有周期的，所有的院校一窝蜂地追逐所谓的热门专业，最终势必导致同类人才过剩。这个艰巨的任务要靠高职院校的管理者和办学者共同来

---

① 钱结海. 对高职院校专业群建设几个问题的思考 [J]. 北京城市学院学报，2010（5）：62-66.
② 钱结海. 对高职院校专业群建设几个问题的思考 [J]. 北京城市学院学报，2010（5）：62-66.
③ 闵海杰. 关于高等职业教育专业群建设的思考 [J]. 湖北职业技术学院学报，2006（3）：3-6.
④ 钱结海. 对高职院校专业群建设几个问题的思考 [J]. 北京城市学院学报，2010（5）：62-66.

完成。

（4）立足面对朝阳行业的原则。办学历史较长的高职院校进行专业改造，实施这一原则相对比较困难；但对新建和民办高职院校而言，在进行专业构建和调整时，必须兼顾这项原则。只有立足于朝阳产业和新兴行业，所建立的专业群才有发展后劲和活力。

（5）立足适度超前建设的原则。专业群的设置一定要有战略眼光，可通过对人才市场的深入调研和敏锐观察，适度超前地设置专业群，这样才能做到"人无我有"，等其他院校争相设置该专业群时，自己已做强做大，具有一定的实力和竞争力。这也是办学特色的一种体现。[①]

此外，高职专业群构建还应把握就业导向原则和教育资源的匹配性原则。高职院校的人才培养应以就业为导向。高职院校在构建专业群的过程中，要对形成专业群的各个专业进行人才需求预测和就业率水平调研，通过就业形势来调整专业的设置和专业发展规划。同时，高职院校要提高对新兴行业、新兴职业、工作岗位的反应灵敏度，加强对区域经济发展周期的研究，构建与行业发展相适应的专业群，根据专业就业率的变化及时调整专业群建设策略，保持专业群的发展活力。

高职院校在办学过程中所积累的办学资源不同，相同专业群在不同院校之间有较大的差异，因此，高职院校要根据资源实力来构建符合自身特色的专业群。首先，要调研分析现有教育资源，科学预测专业群发展所需的教学资源数量。高职教育尤其应重视实习实训教学，要保证实习实训教学质量，专业群要加强实习实训基地建设，加大对实习实训仪器、设备、设施的资金投入，建立完善的管理制度以加强对设备的维护。优质的教师资源是实现高水平高职教育的根本保障，专业群建设还要考虑教师资源的匹配性，教师的质量和数量要能够满足和支持专业群的发展。[②]

五、专业群建设的途径和发展趋势

1. 专业群建设的途径

按照不同的服务面向，专业群建设主要有三条途径：

（1）面向不同职业领域的岗位群构建专业群。职业教育的专业立足于职业岗位，专业群建设是以职业岗位群为依据的。不同的职业领域，岗位群的设置是不同的，专业群的构建要充分考虑到职业岗位的设置背景和相关岗位之间的关系，针对某个职业领域内的岗位群来设置专业群，以适应不同职业领域的发展需求。

（2）面向不同经济领域的产业链构建专业群。对于这个问题，袁洪志教授有精辟的论述："专业群的布局和调整应以服务产业为目标，通过对某个产业链应用型人才需求状况的分析，构建与该产业发展要求相一致的专业群体系，形成链条式专业群。首先要研究产业结构调整态势，搞清区域内产业结构的发展方向，明确区域

① 徐恒亮，杨志刚. 高职院校专业群建设的创新价值和战略定位 [J]. 中国职业技术教育，2010（7）：62-65.
② 闻玉辉. 高职专业群的内涵及构建的基本原则探析 [J]. 职业教育，2017（2）：112.

内行业发展的重点，预测未来发展的走向，特别是针对那些具有发展潜力的朝阳产业，高职院校要根据办学实际，将其作为专业群建设和发展的背景与依托。高职院校要进行重点分析，认真梳理产前产中产后、售前售中售后的产业链，寻获相应的专业链，以此作为规划专业布局的前提，使专业链与产业链对接[①]。"除此之外，随着产业链的不断延长和拉伸，高职院校可以在专业群内及时开辟新的专业或专业方向，以适应产业发展的需要。

（3）面向不同行业领域的行业业态构建专业群。狭义的业态指零售业的经营形态。现在这一术语的用途也在扩大，其最新的用法也指某个行业新出现的业态。这里我们所用的"行业业态"主要指某个行业领域出现的新的业态变化。随着社会的发展，一些行业也会出现一些新的业态，针对这些新出现的行业业态构建专业群，能更快地适应行业发展的需要。对于"围绕学科基础构建专业群[②]"的提法，我们不太赞同。高职院校的某些专业之间虽然具有一定的学科基础，但如果立足于学科基础构建专业群，有可能无法脱离学科教育的窠臼，重蹈学术教育的覆辙，而且，这些具有一定学科基础的专业完全可以纳入上述构建专业群的三条途径，因此没有必要再分出一类。[③]

2. 专业群建设的发展趋势

从 2006 年国务院正式提出建设专业群至今，专业群无论是从数量还是质量上都取得了一定的成效。重点专业群、示范性专业群、特色专业群等项目连续出现在各省市职业教育重点项目的立项文件中。同时，在近几年的专业群建设中，经过不断的探索，形成了几种比较突出的建设模式：围绕产业链构建专业群，围绕职业岗位构建专业群，围绕学科基础构建专业群，围绕社会服务功能构建专业群[④]。党的十九大为职业教育发展指明了方向，规划了前景，也标志着职业教育新时代的到来。龚添妙、朱厚望认为，新时代下高职院校专业群的建设将呈现出以下新趋势：[⑤]

（1）创新发展：由要素驱动向创新驱动转变。创新发展是当今中国"五大发展理念"之首，在经济进入新常态的形势下，在产业转型升级的背景下，专业群发展的基点应该放在创新发展之上。创新发展是一项系统工程，涉及方方面面的工作，但最为紧迫的是抓好顶层设计，推进体制改革，破除束缚创新发展的观念和体制机制障碍。现有的重点（示范、特色）专业群的发展依靠的是要素驱动，通常由省级以上教育行政部门制定专业群各要素建设的相应标准，各职业院校参照标准进行专业群建设。在一定的建设期之后，由教育行政部门参照标准对专业群进行验收。要素驱动型专业群建设，虽然保障了专业群建设的最低标准，但也限制了专业群的高水平建设，更难以调动高职院校的积极性。创新驱动型专业群建设，主要采取淘汰制和成果产出机制，教育行政部门对专业群各要素的建设不设合格标准，专业群建

① 袁洪志. 高职院校专业群建设探析 [J]. 中国高教研究，2007（4）：52-54.
② 袁洪志. 高职院校专业群建设探析 [J]. 中国高教研究，2007（4）：52-54.
③ 徐恒亮，杨志刚. 高职院校专业群建设的创新价值和战略定位 [J]. 中国职业技术教育，2010（7）：62-65.
④ 张新民，罗志. 高职专业群建设的机理、理论、动力和机制 [J]. 职教论坛，2016（27）：5-7.
⑤ 龚添妙，朱厚望. 高职院校专业群建设的缘起、历程与趋势 [J]. 机械职业教育，2018（8）：21-24.

设方案和目标由各高职院校自行设置，经过一段时期的建设后，依据各高职院校的成果产出进行排名、淘汰。创新驱动型专业群建设赋予了高职院校更大的自主权，同时也带来了竞争压力，更有利于专业群的建设与快速发展。

（2）立德树人：工匠精神培养贯穿始终。习近平总书记在全国高校思想政治工作会议上指出，"我国高等教育肩负着培养德智体美全面发展的社会主义事业建设者和接班人的重大任务……要坚持把立德树人作为中心环节"。"立德"是确立崇高的思想品德，"树人"是培养高素质人才，立德树人是高等教育的根本任务。作为一种教育类型，高职教育培养的人才不仅需要具备高素质技术技能，更需要具备良好的职业素养。这不仅是高职教育的本质要求，也是新时代经济发展的要求。当前，我国经济发展已进入以供给侧结构性改革为主要内容的结构大变革时代，产业的转型升级、制造业的快速发展，一方面需要大量的技术技能人才做支撑，另一方面也需要一种精益求精的工匠精神做保障。高职院校要为经济发展培养高素质技术技能型人才，工匠精神的培育应成为其教育教学过程中的重要任务，贯穿教育教学全过程。作为高职院校教育教学工作的承载，专业群是其办学理念、办学定位和办学特色的体现，决定着人才培养的规格和整体办学水平。因此，高职院校专业群的建设应当注重职业技能与职业精神的融合，工匠精神的培养应贯穿教育教学始终，为经济发展培养大国工匠。

（3）产教融合：提升社会服务能力。产教融合，教育链、人才链与产业链、创新链有机衔接，是当前推进人力资源供给侧结构性改革的迫切要求，也是新形势下提高教育质量、扩大就业面、促进创业、推进产业转型升级、培育经济发展新动能的重要举措。2017年，国务院办公厅印发的《国务院办公厅关于深化产教融合的若干意见》，标志着产教融合进入了2.0时代。产教融合是校企合作的升级版，由"相加"变为"相融"，试图构建人才培养的"共同体"。新时代的产教融合具有新特点，更加注重职业院校服务能力的提升。一是要创新教育培训服务供给，鼓励高职院校与行业企业联合开发优质教育资源，开发立体化、可选择的产业技术课程和职业培训包；创新"互联网＋教育培训"发展模式，为社会提供更多的培训选择，这不仅是响应党的十九大关于职业教育的号召，更是满足人民群众日益增长的教育需求的举措。二是高职院校要发挥扶志、育智、培养技能的作用，授人以鱼不如授人以渔，做好精准扶贫，为贫困地区民众改变命运提供可能。三是高职院校要主动服务"一带一路"倡议，把先进的办学经验和教育资源辐射出去。这是新时代对高职院校提出的新要求，也是专业群发展的新趋势。

案例研究

大连职业技术学院社会服务专业群建设方案

思考与讨论：

1. 高职院校的专业群建设方案应该包括哪几个方面？

2. 高职院校如何制订切实可行的专业群建设方案？

3. 大连职业技术学院社会服务专业群建设方案有何亮点？其创新性体现在哪些方面？

大连职业技术学院为建设全国一流高职院校，推进学校内涵发展再上新台阶，提高学校的核心竞争力和社会影响力，依据《辽宁省高水平现代化高职院校建设计划项目建设规划方案（2018—2020 年）》，结合学校"十三五"发展规划的战略目标及大连区域产业结构调整优化升级，在对办学理念先进的深圳职业技术学院进行全面标杆对比分析的基础上，认清形势，明确差距，诊断不足，精准定位，调整思路，编制了《大连职业技术学院辽宁省高水平现代化高职院校建设计划项目建设规划方案（2018—2020 年）》，这里选取其中的"社会服务专业群建设方案"介绍如下：

1. 建设背景与基础

（1）建设背景。我国自 1999 年进入老龄化社会以来，人口老龄化程度日益严峻，预计到 2020 年，老年人口将达到 2.43 亿，约占总人口数的 18%，2030 年将占总人口数的 25% 左右。积极发展健康养老产业，完善社会健康养老服务体系，缓解老龄化的冲击已迫在眉睫、刻不容缓。党和国家一贯高度重视养老服务业的发展，指出"做好老年人照顾服务工作，提升老年人的获得感和幸福感，是社会主义制度优越性的具体体现，是社会主义核心价值观的内在要求"。工业和信息化部等三部委在《智慧健康养老产业发展行动计划（2017—2020 年）》中提出"创建 100 个具有区域特色、产业联动的智慧健康养老示范基地。引导医院、养老机构、社区服务中心和相关企业机构参与支持试点项目建设"。国务院办公厅《关于制定和实施老年人照顾服务项目的意见》"鼓励相关职业院校和培训机构面向老年人开设护理课程或开展专项技能培训""推动具有相关学科的院校开发老年教育课程，为社区、老年教育机构及养老服务机构等提供教学资源及教育服务"。党和政府的重视以及基于"创新、协调、绿色、开放、共享"的发展理念为社会服务专业群的发展提供了思路和方向。

2016 年，辽宁省人民政府《关于推进服务业供给侧结构性改革的实施意见》中提出"积极推动健康养老服务业，推动养老服务从基本生活照顾向精神慰藉、心理支持、营养配餐、康复护理等领域延伸""鼓励优质职业学校发展集团化办学、联合办学，组建职业教育集团"。2015 年，大连市人民政府《关于促进健康服务业发展的实施意见》中提出"合理布局养老机构与老年病医院、老年护理院、康复疗养机构等，形成规模适宜、功能互补、安全便捷的健康养老服务网络"。2017 年年末，《大连市人民政府办公厅关于印发大连市提高养老院服务质量的三年滚动计划（2018—2020 年）》中提出"加强专业技能培训，支持高等院校和中等职业学校增设养老服务相关专业"。人口老龄化的发展、省市的发展规划，为社会服务专业群建设提供了难得的发展机遇和广阔的发展空间。大连职业技术学院社会服务专业群定位为国内一流品牌专业群，立足大连、服务全国，面向各类型养老机构、社区医疗机构，培养养老护理、管理和康复人才。

根据 2017 年的统计数据，辽宁省的养老形势依然严峻。60 周岁及以上老年人口 925.3 万人，占辽宁省总人口数的 21.7%，比全国高出 5.0 个百分点。大连市老年人口数量居全省第二，共计 143.4 万人，仅次于沈阳的 170 万人，老龄人口比例 24.1%。辽宁省 80 岁及以上的高龄老人达 123.17 万人，占全省老年人口总数的 13.3%；患有老年慢性病的人数为 260.0 万人，占全省老年人口总数的 28.1%；患其他疾病的老年人数为 184.5 万人，占全省老年人口总数的 19.9%。随着人口老龄化，未来失能、半失能老年人数量还将进一步增加。而以大连市为例，截至 2017 年年初，大连市共有各类型养老机构 294 家，提供床位 32 975 张，远高于国家平均水平，养老设施的配置在全国居于前列。《大连市老龄事业发展规划纲要（2014—2020 年）》提出，到 2020 年，养老机构数量要提高到 500 家，提供床位 68 000 张。每万名老年人拥有护理员人数由 50 人提高到 100 人，养老护理服务专业工作者的培训率由 65% 提高到 95%，护理员队伍持证上岗率由 50% 提高到 85%。为改善老龄人口的生活质量，提高其健康服务水平，建立大连市老年科技研发中心和养老服务业培训基地，加快老年产品的研发力度，加大老年护理、康复、营养和心理等方面专业人才的培养力度，全面提高养老服务从业人员的职业道德、业务技能和服务水平。

尽管大连市的健康养老服务产业在"十二五"期间取得了巨大的成就，但健康养老服务供给依然不足，高素质的养老护理、健康咨询、心理咨询等服务人才尤为稀缺。我校社会服务专业群养老服务、社区康复人才的培养目标和服务方向，与这种人才需求的不断增加、产业发展的不断革新、服务需求的不断提高等相契合，为我校高水平特色专业群建设提供了思路和发展方向。

（2）建设基础。

①专业群基本情况。社会服务专业群目前包括老年服务与管理、社区康复和学前教育三个专业，未来还将新增早期教育、社会工作（老年方向）等专业。该专业群的任务是培养学生在各级养老机构、社区服务中心、康复机构和幼儿园从事高级护理、失能失智康复、心理咨询、幼儿教育等健康服务工作和教育工作。三个专业均属于社会服务类专业，旨在提高我国公民文化素质和为居民健康提供服务。在文化理念上遵循"老吾老以及人之老，幼吾幼以及人之幼"的"慈孝"传统文化，在公共课程设置上既有贯穿中华民族传统文化和社会主义核心价值观的人文素养课程，又有心理康健、身体康健和文化素质提升的专业基础课程。其专业课程的设置与产业集群的要求相近，在师资队伍、实训条件、实习基地等方面可以深度融合，可以在"院中院、院中园"的校企合作基础上合作，在智能化、网络化的专业发展上共同探索，因此具有良好的建设基础。

· 教学团队基本情况。专业群现有专任教师 38 名，其中教授 5 名，副教授 23 名，高级职称教师占教师总数的 73.7%；"双师"素质教师 31 名，占教师总数的 81.6%；具有硕士学位的教师 20 名，占教师总数的 52.6%；来自行业企业一线的兼职教师 36 人，专兼职教师比接近 1∶1。

· 学生基本情况。专业群在校生人数总计近 1 000 人。在教育教学上尤其注重学生综合素质和实践操作能力的培养与强化，老年服务与管理专业毕业生在行业企业内广受好评，近年来各专业毕业生就业率在 98% 以上，专业对口率在 80% 以上。多名毕业生在参加就业所在城市的技能大赛中还荣获了"南京市五一创新能手"、大连市妇联"巾帼岗位明星"、南京团市委"青年岗位能手"等荣誉称号。

● 实训基本条件。专业群拥有老年生活护理实训室、老年疾病照护实训室、老年心理护理实训室、老年休闲活动实训室、康复理疗实训室、养老机构管理模拟实训室、生理解剖实训室、急救护理实训室、推拿按摩实训室、养老机构人力资源综合实训室 10 个功能完备、设施先进的实训室。2011 年获中央财政重点支持，2016 年成为全国职业院校养老服务类示范专业点，是大连市职业技能鉴定场所。

②专业群建设的优势。

● 全国首创专业，带动引领效应明显。该专业群的老年服务与管理专业于 1999 年全国首创，并于 2000 年被教育部确定为首批高职高专教育教学改革试点专业；2005 年成为辽宁省名牌专业；2007 年被列入国家示范校建设中央财政支持的重点建设专业，2009 年 3 月顺利通过教育部的验收。国内众多兄弟院校来校参观学习，协助江苏经贸职业技术学院、青海畜牧兽医职业技术学院、六盘水职业技术学院等兄弟院校完成专业建设；原人才培养方案被教育部借鉴，成为国家老年服务与管理专业标准的重要参考。

● 师资力量雄厚，教学科研能力强。专业群有辽宁省优秀专业教学团队 2 个、省级教学名师 1 人、辽宁省优秀青年教师 2 人。近年来，团队教师发表论文 30 余篇，主持省级科研和教改课题 30 多项，出版专著 7 部、"十二五"职业教育国家规划教材 6 部。

● 课程内容紧贴行业发展，师生技能水平高。专业群的课程体系紧贴行业标准，加强校企合作力度，与行业企业一线专家共同开发优质核心课程，已建成国家级精品课程 1 门、省级精品课程 2 门，强化了 4 门核心课程的教学资源建设。学生在参加的四届行指委大赛中获得一等奖 5 项、二等奖 10 项、三等奖 4 项；2014 年老年服务与管理专业教师获得教育部教师信息化课堂教学设计大赛一等奖。

● 产学研深度融合，国际化交流初步实现。专业群与国内多家知名企业建立了校企合作关系，为深化校企合作、创新人才培养模式，自 2015 年起学院先后成立了北京"远洋椿萱茂"、北京"做堂集"等订单班，学生在校期间即可与企业对接，接受企业的实践指导，实现学生与员工的双身份管理并领取实习补贴。

学院先后与日本濑户内短期大学、日本东北福祉大学、澳大利亚中吉普斯兰理工学院建立了合作办学关系，选派优秀师生去日本濑户内短期大学、日本东北福祉大学继续深造，使学生"未出校门，先出国门"，至今已有 40 余名毕业生实现了留学深造的梦想。

2. 指导思想

为贯彻落实习近平总书记系列讲话精神，学院以"创新、协调、绿色、开放、共享"五大发展理念为引领，以立德树人为根本，以服务区域经济社会发展和学生可持续发展为价值追求，以提高质量为核心，以校企深度融合为重点，全面优化专业环境、人才培养模式、师资队伍、社会服务能力和国际交流合作，把社会服务专业群打造成为国内一流、与国际接轨的高水平特色专业群。

3. 建设目标

（1）对标学校分析。本着树标杆、找差距、促提升的目的，学院经过认真比对，选择中国台湾明新科技大学和日本东北福祉大学作为专业群的标杆。

①中国台湾明新科技大学。其服务产业学院设置有老人服务事业管理、幼儿保育、休闲健康管理等专业，是台湾最早开设该类专业的"高职院校"，具有照护服务员、居家服务员、教保员和幼儿园教师认定考试资格，该学院相关专业就业率在台湾北部地区排名第一。

● 专业环境与文化建设优势。明新科技大学服务产业学院首先强调以中国传统文化为根基，在此基础上构筑"资源共享、科技整合、产学链接、务实致用"的专业环境，使学院的专业、研究中心、培训中心的教育使命、目标策略与发展特色相辅相成，以"确保身体机能服务不间断、提供民众健康新希望"为文化特色。

● 人才培养模式创新优势。明新科技大学服务产业学院强化校企协同教学与职涯辅导，让学生"学中做""做中学"，加上严谨的实习制度与证照辅导，使学生毕业即就业、上班即上手。学院以服务学习、参访体验、小区服务护照、全人护照等为特色，培养学生具备良好的职业道德，以提升学生未来的服务质量。

● 一流师资队伍建设优势。明新科技大学服务产业学院拥有专任教师 34 人，90% 以上具有博士学位，50% 以上拥有美国、英国等国外学习、研究经历，100%具有相关职业资格证书。其专业负责人还承担与企业合作的科研项目，并受聘于政府部门，执行与老人相关单位的评价与辅导工作。

● 实训基地建设优势。明新科技大学服务产业学院实训基地功能完备，除满足专业教学实训的校内需求外，还承担新竹、苗栗等地区的相关职业资格鉴定工作，同时担负老年科技研究所及师资培训研究中心的研发培训任务；为让学生更深刻地体验专业情况，学院还建设了智能化实训中心，为学生拓展能力的训练提供支持。

● 社会服务能力建设优势。明新科技大学服务产业学院同 300 多家企业和周边社区深度合作，在服务中学习，在学习中服务；将专业知识应用于小区服务活动，增进与老人、幼儿的互动，并参与智能化护老、为幼设备设计工作。

● 校企合作优势。明新科技大学服务产业学院与企业深度融合，同当地的企业双连安养中心、北门科技合作开发适老化产品，同幼儿园合作开发幼儿课程。

● 国际交流合作优势。明新科技大学服务产业学院组织师生参加国际会议，聘请美国、英国等专家为客座教授，推动学生成为国际活动志愿者，培育符合社会需求并具国际视野的人才。

②日本东北福祉大学。其成立于 1875 年，1962 年开设大学教育，是日本东北著名的综合福祉类大学（私立），与日本社会事业大学、日本福祉大学同为日本社会福祉专门研究机关。该校设有综合福祉学部、综合管理学部、教育学部、健康科学部 4 个学部（系），社会福祉学科、福祉心理学科、康复学科、儿童教育学科等9 个专业，其专业设置与我校社会服务专业群相近。

● 课程建设优势。日本东北福祉大学社会福祉学科的课程设计有"永久的变与不变"的思想。所谓变，指该专业的教学内容、课程标准、人才培养标准需要根据社会发展、社会福祉士和介护福祉士（根据 1987 年日本第 108 次国会审议通过的

《社会福祉士与介护福祉士法》设立的国家职业资格专用名称）的资格内容不断进行调整，使培养出的人才能够更贴近社会需求；所谓不变，即全部人才培养紧贴社会需求不变、紧跟科技发展不变。该校课程设置三大基础模块和两个拓展模块，基础模块分为人类与社会、介护、身体与心灵构筑，拓展模块为社会工作模块和产业经营管理模块。

●实训基地建设优势。该校根据学生实践需要和专业特色，开设了"院中院"和"院中园"，即建设了附属幼儿园和 4 个养老院及 10 多个养老服务驿站，为周边市民提供服务，为学生提供实习实训基地。

●社会服务优势。为促进地区经济社会发展，该校经常举办市民讲座、培训等，普及防震、防灾、自救知识与技术，育儿保健知识、健康养生知识，并且与辖区町（街道）签订有关历史文化的振兴、平安和谐社区建设、福祉问题的解决、人才培养等方面的协议，为区域发展做出贡献。

●研究优势。该校设有感性福祉研究所，内设音乐疗法实验室和动作解析室，重点研究健康与福祉相关领域的问题，包括基于生命科学的感性和环境的相互作用研究、环境系统的构造研究及地域产业的再生与活性化、地域社区的再生与再构造的研究等。

●国际交流优势。该校目前与 8 个国家的 18 所大学签订了友好交流协议，每年都与这些国外友好学校进行学术交流，互派留学生。

我校与上述标杆院校相比，还存在一定的差距：第一，在专业环境与文化建设上没有形成专业群的环境建设理念，对中国传统文化和社会主义核心价值观的挖掘不够，文化建设不够深入；第二，人才培养模式改革不够深入，课程体系需要根据国内、国际的新要求逐步加强建设；第三，师资队伍方面缺乏领军人物和大师；第四，实训基地只能满足教学需求，对行业企业的发展考虑不够，智能化有待加强；第五，社会服务能力不足，对服务区域健康产业发展做的比较少；第六，校企合作机制有待进一步深化；第七，国际交流合作急需探索新的出路。

（2）总体目标。深度绑定行业企业，引进企业文化，实现学校文化与企业文化的对接，以"老吾老以及人之老、幼吾幼以及人之幼"的中国传统文化和社会主义核心价值观为根基，打造"人本、健康、智慧、服务"的专业群文化，对接职业资格标准，完善职业道德的培养和提升；探索混合所有制模式，成立"社会服务学院"，试行校企联合招生、联合培养的人才培养模式改革；打造"两基础、三平台、四方向"的课程体系；依照国家级专业教学团队标准，着力落实"四个计划"，打造一支师德高尚、结构合理、业务精湛、视野开阔、专兼结合的专业群教师队伍，整体能力与水平居全国同类院校前列；围绕混合所有制的"社会服务学院"，引入社会资金，建设"院中院、院中园"，依托"社会服务专业群校企合作委员会"，建设优质校外实训基地群，开展多角度、深层次合作；完善"社会服务培训中心"（养老服务人才培训模块和辽宁省幼儿园园长培训模块），建设"老年事业发展研究中心"、"儿童发展指导中心"和"大连职业技术学院社区学校"，不断提升专业群的社会服务能力；组建由大连市民政局、大连市教育局、大连市老龄产业协会、大连市养老福利协会、大连市星级幼儿园、大连市社会福利院、傲堂集养老产业公司等政行企校构成的社会服务专业群校企合作委员会，四方协同制定培养目标、设计课程体系、建设课程资源、组织教学团队、建设实践基地、开展教学研究、评价培养质量，形成学前教育专业"政行企校"合作体制；借鉴国外高校同类专业、相关专业的人才培养模式，构建高职社会服务专业群国际交流合作渠道。

（3）具体目标。

①加强企业文化与学校文化的对接，建设职业道德文化墙，构建由学校导师、企业导师、家庭导师（学生家长）组成的职业道德导师队伍，建设4家以上校外职业道德教育基地，并申报省级和国家级教学成果奖，争取获得省级教学成果一等奖一项。

②依靠政府、紧密联系行业企业，组建社会服务合作委员会，探索混合所有制，推广实施现代学徒制，成立"社会服务学院"，在专业群中进行混合所有制探索。

③引入中国台湾、日本的相关职业标准，以专业群文化为基础，打造"两基础、三平台、四方向"的课程体系。到2020年，实现3人次在辽宁省信息化教学大赛中获奖，1人次在全国大赛中获奖，成功申报省级"十三五"规划课程3项，建成省级精品资源共享课3门，打造国家"十三五"规划教材2部。

④打造"专家引领、双兼互聘"的稳定、高水平的双师型专业教学团队。依托紧密合作企业，聘请养老行业企业中具有影响力的专家（技能大师）作为兼职专业带头人，聘请行业企业的一线专业人员作为兼职教师，开办由理论专家、技能大师组成的名师工作室，建立企业兼职教师库以及校企师资互学互派、双向流动机制，推进专业教师定期企业挂职制度，打造"专家引领、双兼互聘"的双师型优秀教学团队。经过3年建设，培养专兼职专业带头人2名，聘请并培养企业兼职专业领军人1名，引进技能大师1名，培养骨干教师5名、"双师素质"教师10人，教师"双师"素质比例达到95%。

⑤围绕混合所有制的"社会服务学院"，引入社会资金，建设大连职业技术学院附属颐养院和幼儿园，打造集教学、实训、科研、社会服务、学生就业等功能于一体的"院中院、院中园"形式的实训教学基地。依托"社会服务专业群校企合作委员会"，对现有校外实习实训基地进行优化，建设优质校外实训基地群，为教师企业实践、学生实习实训和顶岗实习等提供良好平台。

⑥完善"四个平台"建设，即完善"社会服务培训中心"（养老服务人才培训模块和辽宁省幼儿园园长培训模块）、"老年事业发展研究中心"、"儿童发展指导中心"和"大连职业技术学院社区学校"建设，不断提升专业群的社会服务能力，使基地社会职业培训能力达到1 000人次/年，到账经费不低于100万元/年；尝试建设2所社区家长学校，每月至少开展一次专题讲座或专场咨询，年受益人群不少于2 000人次。

⑦组建社会服务合作委员会，政行企校四方协同制定培养目标、设计课程体系、建设课程资源、组织教学团队、建设实践基地、开展教学研究、评价培养质量，探索校企"深度融合、协同育人、合作发展"的合作模式。

⑧借鉴中国台湾、日本等地的高校同类专业、相关专业的人才培养模式，构建高职社会服务专业群师生的国际交流合作渠道，每年至少选派1人到国外进修学习

3 个月以上。

4. 建设思路

依据国家以及辽宁省关于优质校和"双高"建设的文件精神,在深入分析社会服务业发展趋势、岗位群要求和专业群建设的基础上,全面深入学习对标学校相关专业的建设经验,适应"互联网+社会服务"的行业发展要求,积极对接区域经济社会发展对社会服务人才的新需求,以服务"互联网+"时代产业升级和区域经济发展为指引,解决校企合作的深度融合和社会服务的短板问题,以开放、整合与国际化的思维,建立新的专业标准,探索符合专业群要求的产教深度融合的有特色的人才培养模式,建成省内一流、国内领先的社会服务专业群。

根据专业群的特色和发展思路,拟重点就以下几个方面实施突破:第一,根据专业群双龙头的特色,探索建立混合所有制二级学院,成立社会服务合作委员会,共同引入各方面资源,建设社会服务学院颐养院和幼儿园,打造集教学、实训、科研、社会服务、学生就业等功能于一体的"院中院、院中园"形式的实训教学基地;第二,打造"专家引领、双兼互聘"的稳定、高水平的双师型专业教学团队,形成一支由技能大师、专业带头人、课程负责人、骨干教师组成的国内一流的专业教师梯队;第三,加强社会服务能力建设,对接区域内幼儿教育、养老、康复人才的培训,提升社会服务能力;第四,继续加强国际交流合作,引入日本、新加坡等国家以及中国台湾、中国香港等地区先进的理念和经验,打通师生国际化学习的渠道。

5. 建设内容

(1) 专业环境与文化建设。

① 深度绑定行业企业,引进企业文化,实现学校文化与企业文化的对接。以"老吾老以及人之老、幼吾幼以及人之幼"的中国传统文化和社会主义核心价值观为根基,打造"人本、健康、智慧、服务"的专业群文化,对接职业资格标准,完善职业道德的培养和提升。

② 建设职业道德文化墙,构建由学校导师、企业导师、家庭导师(学生家长)组成的职业道德导师队伍,建设 4 家以上的校外职业道德教育基地,提升学生的职业道德水平。

③ 设计"孝亲·爱幼"的专业群职业道德培训体系,建立"学校·家庭·社会"三位一体的职业道德培养培训和综合评价体系。

④ 依次申报省级和国家级教学成果奖,争取获得省级教学成果一等奖一项。

(2) 人才培养模式创新。

① 探索混合所有制,推广实施现代学徒制。根据大连市大力发展健康服务业的思路,考虑到行业内缺乏统一标准、缺乏行业领军企业的现状,争取到 2020 年,依靠政府、紧密联系行业企业,成立由大连市民政局、大连市教育局、大连市老龄产业协会、大连市养老福利协会、大连市星级幼儿园、大连市社会福利院、傲堂集养老产业公司等构成的社会服务合作委员会,联合委员会内的优质企业成立"社会服务学院",在专业群中进行混合所有制探索,试行校企联合招生、联合培养的人才培养模式改革,双方共同投入资金建设实训基地,共同组建师资团队,合作进行

师资培训、教材开发、共建创新创业基地等。同时，依托合作委员会成立研究机构和培训中心，完成可推广、可复制的养老护理、社区康复、学前教育的教学标准库的研究与建设以及相关的社会培训。

②以专业群文化为基础，打造"两基础、三平台、四方向"的课程体系。以"人本、健康、智慧、服务"的专业群文化为基础，引入中国台湾、日本的相关职业标准，打造"两基础、三平台、四方向"的课程体系。根据专业群文化的建设理念，围绕中国传统文化和社会主义核心价值观打造两门专业群通用的"人本"职业道德平台课程；围绕国家智慧生活、健康生活的理念，设计健康管理、智能化服务和创新创业 3 门平台课程；围绕专业群内学生就业面向的养老照护、社区康复、幼儿教育和非营利机构运营管理等岗位设计方向课程。在此基础上，在专业群内试行专业互认的"通识微学分"、基于网络的"专业微课程"。到 2020 年，争取实现 3 人次在辽宁省信息化教学大赛中获奖、1 人次在全国大赛中获奖，成功申报省级"十三五"规划课程 3 项，建成省级精品资源共享课 3 门，出版国家"十三五"规划教材 2 部。

（3）一流师资队伍建设。依照国家级专业教学团队标准，着力落实"四个计划"，即学历提升计划、学术水平提升计划、"双师"素质提升计划、兼职教师能力提升计划，打造一支师德高尚、结构合理、业务精湛、视野开阔、专兼结合的专业群教师队伍，整体能力与水平居全国同类院校前列。

①专业带头人、技能大师的培养与引进。

培养目标：按照专业建设和人才培养目标的要求，依托已建立的紧密型校企合作平台的优势，发挥专业（群）校企合作委员会的指导和带动作用，培养专、兼职专业带头人各 1 名，聘任知名养老服务企业具有一定行业影响力的 1 名专家为兼职专业领军人物，引进技能大师 1 名。

培养重点：培养具有行业指导和专业引领作用的双专业带头人，使其具备开阔的国际视野，先进的职业教育理念，独特的涉老服务专业价值观，较强的专业规划建设能力、教科研能力和团队带动能力，在专业设置、专业教学计划制订、教研教改、教材开发、应用技术推广与研究等方面起到带头作用。专、兼职专业带头人应成为全国该专业名师和专家（技能大师）。

培养措施：按照专业带头人培养目标的要求，与相关企业合作，共同制订双专业带头人培养方案；安排专业带头人到国外养老服务行业或机构学习进修，或到国内高校访学，以及参加国内职业教育理论培训和专业学术交流会；以企业挂职、合作课题研发等多种形式，深入参与养老服务机构的建设、管理与运营；通过主持骨干专业建设、核心课程开发、主持纵向省级科研项目或横向课题、培养骨干教师、深入开展技术服务等方式，全面培养专业带头人。

②骨干教师培养。

培养目标：依据专业建设和骨干教师培养目标的要求，发挥校企合作在培养师资方面的优势，选拔、引进并培养校内具有一定教学工作经历和教学科研能力的专业骨干教师 5 名。在专业带头人的带领下，发挥在专业建设、课程开发、实训基地建设、实训指导、课题研究、技能比赛、社会服务等方面的主力军作用，成为专业发展的骨干力量。

培养重点：培养骨干教师具有爱心、奉献和公益的专业价值观；具有先进的职业教育理念、较高的教学设计与组织水平、较强的课程开发和实施能力、熟练的指导实习实践能力、较强的教研科研水平和一定的社会服务能力，使其成为"三能"教师，即能胜任理论教学；能指导学生实训、实践；还要参与企业相关的研发工作，能够帮助企业解决技术难题、开展应用研究，在人才队伍建设方面具有一定的引领作用。

培养措施：选择校内具有较高学历和一定教学经历的专业教师作为骨干教师培养对象，通过派出到国内外交流学习，到企业挂职实践锻炼，参加高校访问学者项目，参与人才培养模式改革和高职课程体系开发等形式，提高骨干教师的职业教育理念和教学科研能力。建设期内每个骨干教师要到企业挂职锻炼不少于半年，参与专业人才培养方案或核心课程标准的制订和修订，按照省级精品课程标准建设专业核心课程，参与校级及以上教研科研项目或有校企合作的横向科研项目，参与实验实训室建设，指导学生实习实训及毕业设计，主编或参编正式出版的教材或学术著作，在省级及以上刊物发表教育教学研究或专业学术论文，指导国家或省级职业技能竞赛团队并获奖。

③ "双师"素质教师培养。

培养目标：按照优秀教学团队建设的要求，经过 3 年的努力，培养和建设一支职称、年龄、学缘、技能结构合理的"双师型"教学团队，培养"双师素质"教师10 人，比例达到 95%。

培养重点：建立校企师资互学互派、双向流动的制度，大力提升专业教师的教学科研能力、行业实践能力、社会服务能力、项目开发能力。

培养措施：通过技能培训、挂职锻炼、国内交流、指导技能大赛及到教师工作站学习锻炼等途径，获取本专业中级以上技术职称及职业资格证书，更新教师职业教育理念，提高教师的学历水平和实践技能。教师到企业任职及跟岗实习时间不少于半年，参与企业项目建设或校内实训基地建设，全面提高指导学生专业实践实训的能力；与大连市社会福利院、大连市红旗福利院和北京傲堂集养老院合作，建立3 个企业教师工作站，为教师在企业挂职锻炼、顶岗、实训指导、科研及社会培训等提供服务。

④校外兼职教师聘用与培养。

培养目标：根据"双师结构"专业教学团队建设的要求，从合作单位聘任一批专业人才作为兼职教师，使养老服务与管理专业的建设始终紧跟养老行业产业发展，确保学生实践能力的培养符合职业岗位要求。经过 3 年的建设，建立相对稳定的专业兼职教师库，入库教师数达 10 人，兼职教师承担的专业课程学时比例达30%。

培养重点：在校内建立企业兼职教师工作站，聘请养老服务企业一线专家担任兼职教师，提升兼职教师的职业教育理论、教学设计与组织能力。

培养措施：通过遴选聘任、教学能力培训、承担教学任务、课程或教材合作开发、学生实训或职业技能竞赛指导、举办教学研讨会等形式，提高校外兼职教师的教学能力，进一步优化专兼结合的双师素质师资队伍结构。在社会事业学院设企业教师学校工作站，以便于开展课堂教学、实训指导。

⑤建立"老年服务与管理"名师工作室。

培养目标：为保证专业建设适应养老服务业的发展，人才培养满足企业对高端技能人才的需求，使专业发展始终居于行业企业发展的最前沿，充分发挥学校、企业、政府等部门的专家在服务社会、服务老年、服务学生、培养教师等方面的作用，开办"老年服务与管理"名师工作室。

培养重点：建立由学院教学名师、专业带头人与企业技能大师组成的名师库，开办"老年服务与管理"名师工作室，开拓涉老专业学生的视野，提升专业的社会影响力，打造"名师工作室"品牌。

培养措施：与北京、南京、沈阳以及大连等地的知名养老机构合作打造名师工作室，汇集国内外老年服务与管理方面的专家、技能大师，建设由20人以上组成的"名师库"，开展老龄问题研究、为涉老专业学生开设专题讲座、指导学生实践、深入社区开展技术服务。制定名师工作室管理办法及实施计划，确保名师工作室常态高效运行。

（4）多功能共享型实训基地建设。围绕混合所有制的"社会服务学院"，引入社会资金，建设"院中院、院中园"。

①建设社会服务学院颐养院和幼儿园。建设"院中院、院中园"，实现学生实训、实习、就业一条龙，规范所有的功能实训室，使专业群实训室具备提供老人颐养、失能失智人群康复服务和幼儿教育、教师企业实践的功能。重点建设智慧化养老实训室、行为观察实训室、集体教学活动观察室等功能教室，打造集教学、实训、科研、社会服务、学生就业功能于一体的"院中院、院中园"形式的实训教学基地。

②建设优质校外实训基地群。依托"社会服务合作委员会"，对现有校外实习实训基地进行优化，建设优质校外实训基地群，为教师企业实践、学生实习实训和顶岗实习等提供良好的平台。选择国内知名度高、管理理念先进的连锁型养老企业加入合作委员会，在此基础上建立20家优质校外实训基地，形成优质校外实训基地群，与企业开展多角度、深层次合作。

（5）社会服务能力建设。在注重经济效益的同时，不断放大社会效益，彰显社会服务的公益性。完善"四个平台"建设，即完善"社会服务培训中心"（养老服务人才培训模块和辽宁省幼儿园园长培训模块）、"老年事业发展研究中心"、"儿童发展指导中心"和"大连职业技术学院社区学校"建设，不断提升专业群的社会服务能力。

①开发系列培训资源，完善"社会服务培训中心"平台功能。重点开发"老年精神关爱""智慧养老服务""养老护理员培训""0～3岁早期教育教师资格培训""幼儿园保育员培训""乡村幼儿园园长培训""乡村幼儿园骨干教师培训"等培训项目资源包；提高以本校教师为主的教师团队施教能力和项目管理团队的管理服务能力，使基地社会职业培训能力达到1 000人次/年，到账经费不低于100万元/年。

②建设"老年事业发展研究中心"和"儿童发展指导中心"。"老年事业发展研

究中心"主要对区域内的老年事业开展政策性、应用性研究（包括网络课程资源包研究），在学校内展开横向合作，承接企业课题和智慧养老项目。"儿童发展指导中心"主要对区域内幼儿教育相对落后的幼儿园提供线上线下的业务指导。发挥学校师资、学科、专业的优势，定期到区域内幼儿教育相对落后的幼儿园进行科学保教帮教活动指导。开发网络资源，借助互联网技术，为区域内的幼儿园提供线上儿童发展指导服务。

③建设"大连职业技术学院社区学校"，通过专题讲座、专项咨询等多种方式，为老人及其家属、学龄前儿童的家长提供公益性科学指导服务。建设期内，尝试建设 2 所社区家长学校，每月至少开展一次专题讲座或专场咨询，年受益人群数不少于 2 000 人次。

（6）校企合作体制机制改革。

①完善校企合作办学联合体的运行机制，组建社会服务合作委员会。组建由大连市民政局、大连市教育局、大连市老龄产业协会、大连市养老福利协会、大连市星级幼儿园、大连市社会福利院、傲堂集养老产业公司等构成的社会服务合作委员会，多方协同制定培养目标、设计课程体系、建设课程资源、组织教学团队、建设实践基地、开展教学研究、评价培养质量。企业参与人才培养的整个过程。校企联合招生，联合培养，深度融合，共同研制人才培养方案，共同实施教学，共同建立教学质量监控体系，打造以校企联合体为特色的涉老专业人才培养基地，探索校企"深度融合、协同育人、合作发展"的合作模式。

②在订单培养的基础上，形成"模块化"特色专业班级，开展现代学徒制培养模式。在现有的"傲堂集""远洋""北控光熙"订单班的基础上，根据养老行业护理人才的岗位需求，针对养老行业的特色，与合作企业共同组建特色班级，如傲堂集养老服务中心高级护理班、万科养老地产休闲娱乐班、北控光熙养老服务中心医养结合班等，探索和构建现代学徒制人才培养模式，开展体现养老行业特色的订单培养，并由合作企业出资设立相应的奖学金。在管理及师资方面，实行"双兼互聘"制度。依托合作的校外实训基地，发挥校企各自的不同优势，双方共同制订人才培养方案、共同授课；充分发挥学校与企业在办学方面的资源、技术和智力优势，满足学生专业认知、职业素养训练、独立实训、顶岗实习等方面的教学要求和就业需要，为学生顶岗实习和就业搭建平台。

（7）国际交流合作。借鉴国外高校同类专业、相关专业的人才培养模式，构建高职社会服务专业群师生国际交流合作渠道。

①探索与中国台湾明新科技大学、日本东京福祉大学的相关专业进行师生互派进修交流，学习其先进理念。

②引入日本元气村庆应学园的先进理念，依托与该公司的合作加强国际化人才、师资培养，每年至少选派 1 人到该公司进修学习 3 个月以上。

③引入日本、新加坡及中国台湾等地区的先进职业标准，争取实现相关标准落地，实现师生的交流互访和学习。

6. 建设进度及经费预算

大连职业技术学院社会服务专业群建设进度及经费预算见表1-2。

表 1-2　　　　　大连职业技术学院社会服务专业群建设进度及经费预算

序号	建设任务	建设成果	建设进度	建设经费（万元）
1	专业环境与文化建设	建设职业道德文化墙		
		建设校外职业道德教育基地		
2	人才培养模式创新	成立社会服务合作委员会		
		打造"两基础、三平台、四方向"的课程体系		
3	一流师资队伍建设	专业带头人、技能大师的培养与引进		
		骨干教师的培养		
		兼职教师的聘任		
4	多功能共享型实训基地建设	建设社会服务学院颐养院和幼儿园	略	略
		建设优质校外实训基地群		
5	社会服务能力建设	建设"社会服务培训中心"		
		建设"老年事业发展研究中心"和"儿童发展指导中心"		
		建设"大连职业技术学院社区学校"		
6	校企合作体制机制改革	形成"模块化"特色专业班级		
7	国际交流合作	到先进国家、地区的高校进修学习		
		先进理念及行业标准的引进		
		探索师生互派		

资料来源　大连职业技术学院社会事业学院、学前教育与艺术设计学院，执笔人李健.

第二章　专业群建设的相关理论

深化产教融合，促进教育链、人才链与产业链、创新链有机衔接，是当前推进人力资源供给侧结构性改革的迫切要求，对新形势下全面提高教育质量、扩大就业创业、推进经济转型升级、培育经济发展新动能具有重要意义。

——国务院办公厅关于深化产教融合的若干意见（国办发〔2017〕95号）

调整完善职业院校区域布局，科学合理设置专业，健全专业随产业发展动态调整的机制，重点提升面向现代农业、先进制造业、现代服务业、战略性新兴产业和社会管理、生态文明建设等领域的人才培养能力。

——国务院关于加快发展现代职业教育的决定（国发〔2014〕19号）

高职院校的专业群建设与产业集群理论、协同创新理论和三螺旋理论息息相关，这三大理论是专业群建设的理论依据。

一、产业集群理论及其启示

多数学者认为，专业群源于经济学领域中的产业集群理论，而产业集群的形成又基于资源集聚的比较优势而带来的集聚效应、效率效应、规模效应和扩散效应，从而提高绝对竞争力，其目的是追求成本最经济、效益最大化。职业教育与区域经济社会发展有着密切的联系，职业教育要为人的发展服务、为经济社会发展服务，这是职业教育的本质属性所决定的。高职院校要培养高素质技能型人才，其专业建设与地方产业集群发展有着必然的联系。随着高职院校的发展模式由"规模式"走向"内涵式"，集群的概念也逐步由经济领域走进了大众的视野。为此，对产业集群理论进行论述是非常必要的。[①]

---

① 刘瑞金，等. 对高职院校专业群内涵建设的研究与实践探索［J］. 辽宁高职学报，2012（1）：1-3.

1. 产业集群的概念

集群作为一种经济现象在西方的出现比较早，西方学者对集群的研究也比较早，其中最早对集群进行研究的是亚当·斯密（Adam Smith），他在 1776 年出版的《国民财富的性质和原因的研究》（又名《国富论》）一书中对分工与市场范围的关系的论述被看作对集群形成原因的最早解释。他认为，集群是一群具有分工性质的中小企业为了完成某种产品的生产进行联合而形成的群体。他主要从分工的角度来定义集群，对后来产业集群的研究影响很大。

集群是指相同或相似的事物在某地集中出现，早在 20 世纪 70 年代，国外就有学者将集群引入经济学的研究中。1990 年，美国学者迈克尔·波特（Michael Porter）在《国家竞争优势》一书中提出了"产业集群"（Industrial Cluster）的概念，并用产业集群的方法分析一个国家或地区的竞争优势，从此，"产业集群"的概念得到学术界的普遍认同。迈克尔·波特将产业集群的含义解释为：特定产业中互有联系的公司或机构聚集在特定地理位置的一种现象。产业集群包括一连串上、中、下游产业以及其他企业或机构，这些产业、企业或者机构对企业竞争都很重要。波特认为，产业集群是指在特定区域中，具有竞争与合作关系，且在地理上集中，有交互关联性的企业、专业化供应商、服务供应商、金融机构、相关产业中的厂商及其他相关机构等组成的群体。不同产业集群的纵深程度和复杂程度也各不相同。从产业集群的定义来看，其不仅包括企业、供应商、金融机构及相关厂商，还包括由于产业延伸而涉及的销售商（渠道）、顾客、辅助产品制造商、基础设施供应商、政府以及专业化培训、信息、研究开发、标准制定的机构，行业协会和其他相关的民间团体等。因此，产业集群超越了一般的产业范围，形成了在某一特定区域内的多个产业相互融合、众多类型机构相互联结的共生体，构成这一区域产业特色的竞争优势。产业集群的发展程度已经成为考查某个地区或某个经济体发展水平的重要指标之一。[①]

波特只是将"产业集群"作为研究中的一个分析要素，并没有给出精确的定义。在此之后，有很多学者从各自领域与行业出发，给出了很多关于产业集群的定义。虽然迄今为止，仍然没有形成权威、精确的定义，但从对产业集群内涵的相关文献的梳理中可以看出，产业集群应该涵盖这样一些内容：首先，产业集群是相对于一定的区域而言的，是建立在专业化分工和协作基础之上的经济活动的一种空间集聚现象；其次，产业集群依赖于特定的社会关系网络，是一个包含了某一产业从投入到产出乃至流通的各种相关行为主体的完备的价值增值网络；最后，产业集群是一个介于市场和等级制之间的新型、高效的经济组织形式，在其内部能够实现知识和技术等现代资源的充分流动。[②]

一般而言，产业集群具有以下几个方面的特征：一是集中特性。集群是同一类型或具有同一特质事物的集合体。从空间角度看，产业集群具有地理位置上的相近性；从产品角度看，产品领域相对集中。产业集群的集中特性有利于产生规模集聚

---

① 贾文艺，唐德善. 产业集群理论概述 [J]. 技术经济与管理研究，2009（6）：125-128.
② 金洪波. 产业集群理论的演进及启示 [J]. 税务与经济，2009（3）：18-22.

效应。二是专业特性。产业集群内单个企业的生产与服务一般集中于有限的产品，整个集群的生产与服务也具有趋同性，围绕着某一专业化的生产过程，形成专业特性。集群的专业特性使得集群内的个体之间融通共生，有利于形成品牌优势。三是网络特性。产业集群是一个利益共同体，集群内有各种各样的机构，包括企业、金融机构、行业协会、培训机构、政府部门、服务组织等，通过生产联系形成紧密的关系网络。网络中的各主体之间频繁交流互动，学习合作，协同共进。产业集群的网络特性为实现优势互补、资源共享创造了条件。四是创新特性。产业集群容易形成"相互了解与信任"的竞争与合作氛围，这种氛围有力地推进了集群的创新，并能促使这种"创新"在相互之间模仿、消化与扩散，产生衍生效应。产业集群的创新特性为保证集群的可持续发展提供了强大动力。[①]

产业集群的研究成果表明，性质近似、互为依存的经济个体合聚一地，能在竞争与合作的过程中带来集聚、共生、协同以及衍生效应，获得强劲、持续的竞争优势，从而推动整个集群健康有序和谐地发展。产业集群对提高产业竞争力和应对经济全球化越来越重要。

2. 产业集群理论的思想渊源

产业集群理论来源于产业区理论，是在区位理论的基础上发展而来的。马歇尔的产业区理论奠定了产业集群理论最初的思想基础。

（1）马歇尔的产业区理论。一般认为，阿尔弗雷德·马歇尔（Alfred Marshall）是第一个提出产业集群理论的经济学家，也是第一个从产业区角度较系统地研究产业集群现象的经济学家。马歇尔将集聚企业的地区称为"产业区"，并提出了"内部经济"和"外部经济"的概念。"外部经济"包括三种类型：市场规模扩大带来的中间投入品的规模效应、劳动力市场规模效应、信息交换和技术扩散。马歇尔认为，产业集聚的原因是为了获得外部规模经济的好处，外部经济"往往能因许多性质相似的企业集中在特定的地方，即通常所说的工业地区分布而获得[②]"。他曾把经济规模划分为两类：第一类是产业发展的规模，这和产业的地区性集中有很大关系；第二类取决于从事工业的单个企业和资源、它们的组织以及管理的效率，可称为内部规模。马歇尔发现外部规模经济与产业集群之间具有密切关系，认为集群是外部规模经济所致。他还用产业规模扩大而引起知识量的增加和技术信息的传播来说明产业集群现象。因此，经济学家保罗·克鲁格曼（Paul Krugman）把劳动市场共享、专业化附属行业的创造和技术外溢解释为马歇尔关于集群理论的三个关键因素。

（2）韦伯的工业区位论。韦伯（Weber）是世界经济史上较早而又完整、系统地提出产业区位理论的经济学家，其重要的贡献是对工业区位进行规范性的研究。韦伯认为，产业集群分为两个阶段：第一阶段是企业自身的简单规模扩张，从而引起产业集中化，这是产业集群的低级阶段；第二阶段主要是靠大企业以完善的组织形式集中于某一地方，并引发更多的同类企业出现。这时，大规模生产的显著经济

① 徐秀萍. 基于集群理论的高校专业设置［J］. 浙江教育学院学报，2008（11）：37-42.
② 马歇尔. 经济学原理（上）［M］. 朱志泰，译. 北京：商务印书馆，1997：279-284.

优势就是有效的地方性集聚效应。韦伯把产业集群归结为四个方面的因素：第一个因素是技术设备的发展。随着技术设备专业化的整体功能加强，技术设备相互之间的依存会促使工厂地方集中化。第二个因素是劳动力组织的发展。韦伯把一个充分发展的、新颖的、综合的劳动力组织看作一定意义上的设备，由于其十分"专业化"，因而促进了产业集群化。第三个因素是市场化因素。韦伯认为这是最重要的因素。产业集群可以最大限度地扩大批量购买和出售的规模，获得成本更为低廉的信用，甚至"消灭中间人"。第四个因素是经常性开支成本。产业集群会促进煤气、自来水等基础设施的建设，从而减少经常性开支成本①。从理论上看，韦伯运用模型对产业集聚优势的因素进行了量化研究，研究成果具有较高的理论价值。但是，韦伯对产业聚集的研究同其区位理论中的其他内容一样，是一种纯理论化的研究。对处于外部动态环境中的企业来讲，如果脱离了制度、社会、文化、市场竞争、历史因素，只是简单地从资源禀赋、能源消耗等角度考察产业集群的形成与发展，其研究结论在科学的现实性方面存在不足。②

（3）佩鲁的增长极理论。弗朗索瓦·佩鲁（Francois Perrour）是最早提出增长极（Growth Pole）概念的法国经济学家。他在20世纪三四十年代就向法语系国家积极宣传凯恩斯、熊彼特等人的观点和思想，并在1950年发表的《经济空间：理论的应用》一文中首先提出了"增长极"的概念，其后经过不断完善，形成了系统的增长极理论。佩鲁认为经济空间在发展过程中，总是围绕着极核进行，空间发展如同部门发展一样，增长不是同时出现在所有地方，它以不同强度首先出现在一些增长点或增长极上，然后通过不同的渠道向外扩散，最终对整个经济产生不同的影响。佩鲁认为，现实经济中经济因素的作用是在一种非均衡条件下进行的，由于相互间的不均衡影响而产生一种不对称关系：一些经济单位处于支配地位，而另一些则处于被支配地位。佩鲁把这种一个单位对另一个单位施加的不可逆转或部分可逆转的影响称为支配效应③。增长极具有技术、经济方面的先进性，能够通过与周围地区的要素流动关系和商品供求关系对周围地区的经济产生支配作用。佩鲁认为，特定企业的支配是发展过程中的积极因素，有利于企业整体的发展。占支配地位的企业是高效率的，能够有效地利用创新增加产出；占支配地位的企业能实现规模经济，反过来又刺激了创新。这两种作用的叠加使支配型企业在提高经济效应的同时，通过关联效应和乘数效应最终带动社会发展。可见，当政府将某种推动性产业植入某一地区后，将产生围绕推动性产业的集聚，然后再通过乘数效应以及关联效应，推动地区经济的增长。增长极理论强调推动性产业的作用，也强调政府和企业对推动性产业的巨大影响。因此，增长极理论中的集聚不能称为自发型的，政府在产业集聚的形成和发展过程中扮演着重要角色。④

① 韦伯. 工业区位论 [M]. 李刚剑，陈志人，张英保，译. 北京：商务印书馆，1997：10.
② 尤振来，刘应宗. 西方产业集群理论综述 [J]. 西北农林科技大学学报：社会科学版，2008（3）：62-67.
③ BARRO.Economics growth in a cross Section of countries [J]. Quarterly Journal of Economic，1956（2）：65-94.
④ 惠宁. 产业集群理论的形成及其发展 [J]. 山西师范大学学报：社会科学版，2005（11）：40-44.

3. 产业集群理论的形成

产业集群理论虽然在马歇尔和韦伯时期就已经产生，但那时该理论长期偏离于主流经济学之外，迈克尔·波特和保罗·克鲁格曼的产业集群理论的产生，标志着产业集群理论的初步形成，使产业集群理论的地位得到了根本确立。

（1）波特产业集群理论。20 世纪 80 年代以来，新的产业集聚原理对经济发展的重大意义得到了国际上学界、商界和政界的空前重视。用"产业集群"一词对集群现象进行分析，首先出现在迈克尔·波特 1990 年出版的《国家竞争优势》一书中。波特把产业集群理论推向了新的高峰，他从组织变革、价值链、经济效率和柔性方面所创造的竞争优势角度重新审视产业集群的形成机理和价值。波特的产业集群研究是结合其对国家竞争优势的研究而展开的。在《国家竞争优势》一书中，波特教授及其同事在对丹麦、德国、意大利、日本、英国和美国等 10 个国家考察的基础上，通过不同国家和地区之间产业集群的竞争特点对国家竞争优势做了具体的比较分析。他认为，国家只是企业的外在环境，政府的目标是为国内企业创造一个适宜的环境。因而，评价一个国家产业竞争力的关键是该国能否有效地营造竞争性环境和创新。波特在书中提出了国家竞争优势的"钻石模型"（如图 2-1 所示）。

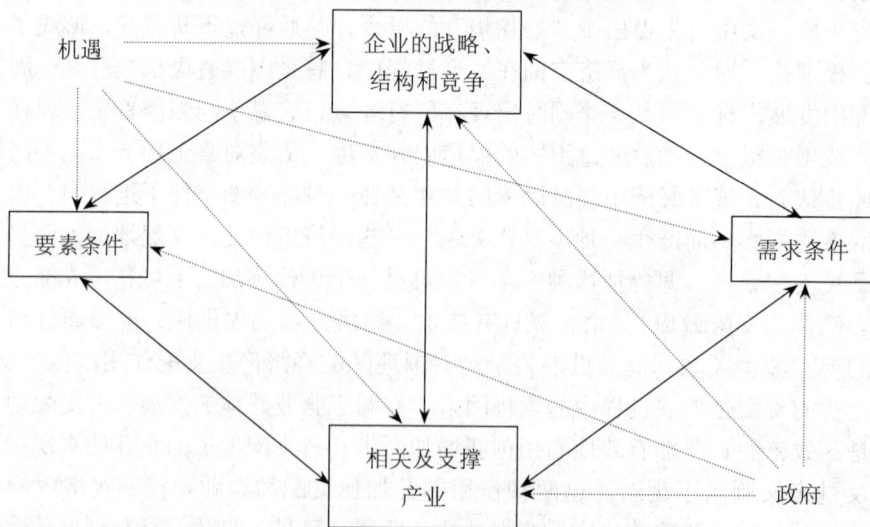

图 2-1　波特提出的钻石模型

"钻石模型"的构架主要由四个基本因素（要素条件，需求条件，相关及支撑产业，企业的战略、结构和竞争）和两个附加要素（机遇和政府）组成。在竞争优势理论中，波特强调，各个要素发挥作用时，是一个动态系统性机制的变化。国内竞争压力和地理集中使得整个"钻石"构架成为一个系统。波特同时强调，"钻石模型"是一个动态的系统，只有在每一个要素都积极参与的条件下，才能创造出企业发展的环境，进而促进企业投资和创新。因此，地理集中是必要条件。地理集中造成的竞争压力可以提高国内其他竞争者的创新能力，更为重要的是，由地理集中而形成的产业集群将使四个基本要素整合成一个整体，从而更容易相互作用和协调提高，形成国家竞争优势。波特在其竞争优势理论中指出，国家竞争优势的获得，关键在于产业的发展，而产业的发展往往是在国内几个区域内形成有竞争力的产业集群。①

（2）新经济地理理论。克鲁格曼并没有将新产业区产生的动因追溯到预先存在的资本主义生产方式的危机上。他指出：产业地理集中可能是由当地历史中的"偶然事件"引致的，重要的是继起的累积因果关系，其理论基础是规模收益的递增。克鲁格曼从经济地理的角度探讨了产业聚集的成因。他在 1991 年发表的文章中将地理因素重新纳入经济学的分析中，通过一个简单的两区域模型说明了一个国家或地区为实现规模经济而使运输成本最小化，从而使制造业企业区位选择在市场需求大的地点，反过来大的市场需求又取决于制造业的分布，最终导致所谓的中心—边缘模式。克鲁格曼在 1995 年出版的《发展、地理学与经济理论》一书中建立了产业集群分析的新模型，补充了他已有的产业集群理论。克鲁格曼与藤田昌久、维纳布尔斯在 1999 年合著的《空间经济学：城市、区域与国际贸易》一书中，通过设立假设条件：①生产条件无法在国际流动；②两种产业都是垄断竞争且具有完全相同的消费者需求函数；③两种产业各获得一半的消费支出及具有相同的需求弹性等，并在此基础上建立简单模型，探讨了在两个国家、两种产业和一种生产要素（假设每个国家只有一单位劳动）的情况下产业集聚的动因。克鲁格曼的新经济地理理论将运输成本纳入理论分析框架中，将因运输成本的减少引起的集聚经济、外部性、规模经济等要素放在对企业区位选择、区域经济增长及其收敛和分散性问题的分析上，得出了比传统经济地理理论更具科学性的集聚理论。但新经济地理理论同样面临现实经济问题的考验。此外，克鲁格曼的集聚理论也为产业政策扶持提供了理论依据，产业政策有可能成为地方产业集群诞生和发展的促进因素。不过产业政策只是影响产业集群形成和演变的因素之一，并不能必然实现政策制定者的预期愿望。②

克鲁格曼是继马歇尔之后第一个把区位问题和规模经济、竞争、均衡这些经济学研究的问题结合在一起的主流经济学家，并对产业集群给予了高度关注。他认为，经济活动的聚集与规模经济有紧密联系，能够使收益递增。克鲁格曼从理论上证明了工业活动倾向于空间集聚的一般趋势，并阐明了由于环境的限制，如贸易保护、地理分割等，产业集聚的空间格局可以是多样的，特殊的历史事件将会在产业区的形成过程中产生巨大的影响力。现实中，产业区的形成是具有路径依赖性的，而且产业集群一旦建立起来，就倾向于自我延续下去。克鲁格曼的模型为自上而下的产业政策的制定提供了理论依据，产业政策有可能成为地方产业集群诞生和不断强化的促成因素。③

4. 产业集群理论的进一步发展

20 世纪 90 年代以后，对产业集群的研究已成为地区（或国家）竞争力研究以及区域经济研究中重要的前沿问题。1990 年，美国经济学家波特在《国家竞争优

① 贾文艺，唐德善. 产业集群理论概述 [J]. 技术经济与管理研究，2009（6）：125-128.
② 尤振来，刘应宗. 西方产业集群理论综述 [J]. 西北农林科技大学学报：社会科学版，2008（3）：62-67.
③ 惠宁. 产业集群理论的形成及其发展 [J]. 山西师范大学学报：社会科学版，2005（11）：40-44.

势》一书中，对产业集群理论进行了经典的论述，使集群理论的研究进入了一个崭新的发展阶段，引起了西方微观经济学、产业经济学等学科对这一理论问题的深入研究，并取得了一系列新成果。

（1）从竞争的角度研究产业聚集现象。这是指从企业之间竞争的角度来研究产业集群，认为集群的形成是竞争的结果，竞争是产业集群形成的主要原因。其代表人物是波特和 Chin Tz。波特认为企业间的合作、竞争促进了创新和发展，产业集群被看成充满合作、竞争的灵魂。波特采用了传统的新古典论观点，讨论了竞争产业结构，即许多公司在同一产业领域竞争，加大了提升技术、最小成本、创新等压力。但是，在一个给定的产业和区域，一个简单的产业集中指数并不是公司间竞争程度的合适的指示器，更重要的是产业内的竞争风气，地理上集中在一个特定区域的生产以及提供具有类似产品和服务的企业之间，竞争可能更为激烈。在这种情况下，竞争领域扩大，产业集群逐渐形成，促进了集群的扩大。Chin Tz 也认为竞争在集群形成中起着重大作用，他最早进行了在市场结构和地理集中联系方面的分析，讨论了作为聚集经济关键因素的市场结构，成功地预测到当时研究者和实践者关注的焦点问题。他认为企业间的联系和产业组织是影响区域发展路径的主要因素，公司结构和竞争区域发展之间有着直接的联系。他通过分析聚集经济文献中关注的城市和对产业规模的评论，认为产业结构影响学习、创新和企业家才能。[①]

（2）从合作中的竞争角度研究产业集群。这被称为合作竞争学派，以香港大学商学院教授迈克尔·恩赖特（Michael Enright）为代表。他认为合作意味着企业有更多的机会去共享资产、营销和技能培训等方面的好处。但企业还得进行竞争，因为在市场中将遇到许多国内外竞争者。对企业而言，合作就是在向竞争者提供有价值的专用信息；而就政策制定而言，就是在支持合作和激励竞争、促使经济增长之间进行权衡。同波特的竞争理论相比，恩赖特的产业集群理论更多地包含了有关合作的思想。这种企业间既竞争又合作，成了产业集群模式的核心保障。企业间的这种合作，以有关经济活动的文化更新为基础，其主要内容包括：一是从微观层面上，这是可以研究和分析的，分析中的学习效应是可以传递和复制的；二是某一区位的社会文化品质和合作意愿，如团队劳动以及管理者和劳动者之间对立情绪的降低等；三是随着企业更多地从供应商处购入产品和服务，企业越发重视以信任为基础的相互联系、互惠关系、交换关系和社会网络联系等。总之，合作竞争学派是从合作中的竞争角度研究产业集群的，强调合作中的竞争，在竞争中找到合作的思路和方法。

（3）从创新环境角度研究产业集群。这一时期，还有一种具有代表性的研究成果是"创新环境"理论。创新环境是 20 世纪 90 年代国际学术界创新研究的重点领域之一，最先是由欧洲创新环境研究小组（GREMI）的学者们在研究欧洲高新产业区的过程中提出来的。他们先后提出了"创新环境""创新网络""集群学习"等概念，较为系统地阐明了产业集群内创新的条件和机制。创新环境，一是指本地化的网络结构，它是由物质资源和非物质资源组成的，可以使各种行为主体之间在功

---

① 惠宁. 产业集群理论的形成及其发展 [J]. 山西师范大学学报：社会科学版，2005（11）：40-44.

能信息方面结成密切而稳定的关系；二是指将企业外部的学习和内部的创新相结合，并以此来制定经营和创新战略的组织体集合。创新环境是"孕育全新过程的区域组织"，是对高科技和创新密集型中小企业集聚区的指代，与马歇尔的产业区有异曲同工之妙。环境是创新赖以进行的一个重要意境，是产业集群形成的社会支持系统，环境为创新提供了条件，创新的结果就会形成产业集群。通过创新环境把产业的空间集聚现象同创新活动联系到一起，使区域内创新主体的集体效率和创新行为的协同作用得到强化。产业集聚可使群内企业共享单个企业无法实现的大规模生产、辅助产业的专业化服务、专业化机构创造以及企业组织创新等好处。创新环境是企业进行创新的约束系统，是一个学习系统。这个学习系统有助于企业进行研究和创新，有助于企业生产新产品，提供新服务，并将这些新产品或服务成功地推向市场。创新网络则更注重集群内企业之间、企业与相关机构之间的相互联系、相互作用。正是这些中小企业相互之间的正式或非正式的交流、沟通与接触，才形成了有效的创新网络，从而使企业内部产生了一种内生的创新力，推动着集群创新的不断发展[1]。

总之，环境是创新赖以进行的一个重要意境，是产业集群形成的社会支持系统。环境为创新提供了条件，创新的结果就会形成产业集群。[2]

5. 产业集群理论对专业群建设的启示

结合产业集群理论的形成过程，我们认为，产业集群就是指为了获取新的互补的技术、从互补资产和利用知识联盟中得到收益、加快学习过程、降低交易成本、克服或构筑市场壁垒、取得协作经济效益、分散创新风险，相互依赖性很强的企业（包括专业供应商）、知识生产机构（大学、研究机构和工程设计公司）、中介机构（经纪人和咨询顾问）和客户通过增值链相互联系形成的网络。将产业集群理论应用于高等教育人才培养就产生了专业群这一思想。随着我国经济的发展，产业结构不断升级，为满足新行业、新技术、新标准对从业人员的要求，高职院校的专业设置也需适应行业的这种变化；否则，高职院校培养的人才对新技术、新行业不能适应，无法服务于产业的调整和优化升级。高职院校可通过专业群建设，利用专业群集聚的师资力量和实训基地等多方面的优势，增强专业间以及专业内相关学科的优势，不断调整专业方向，适应社会对专业技术的升级改造，打造经得起实践考验的强势专业，保证职业教育目的的顺利实现。[3]

（1）产业集群的概念及理论为高职院校在专业建设中形成专业集群提供了建设思路。在研究产业集群理论的基础上，将集群理念运用于高职院校的专业建设中，即在专业建设中形成专业集群，实现专业集群中学习过程的加快、交易成本的降低等目的，从而促进专业建设的大幅度进步。如前所述，专业集群是由若干个专业技术基础相同或紧密相关，表现为具有共同的专业技术基础课程和基本技术能力需求，并能涵盖某一服务领域，由若干个专业组成的一个集合。进行专业集群建设，

① 卞建鸿. 职业学校专业群建设理论与实践探索 [M]. 上海：华东师范大学出版社，2015：11.
② 陈柳钦. 国内外关于产业集群技术创新环境研究综述 [J]. 贵州师范大学学报：社会科学版，2007（10）：6-15.
③ 于伽. 基于产业集群理论的高职院校专业群建设 [J]. 科协论坛，2013（1）：188-189.

既能整合现有资源，调整资源配置，提高资源使用效率，又能以市场需求为导向，为学生就业提供更好的基础和平台。可见，专业集群的建立能够促进专业建设的长足发展。①

（2）产业集群的概念及理论为高职院校专业结构调整和优化提供了全新的视角。产业集群化能够产生规模经济效益和范围经济效益，体现为在一定空间范围内市场交易成本的节约，有助于促进产业与企业市场竞争力的整体提升，在区域发展过程中形成独特的竞争优势。产业集群的概念及理论为分析、思考高职院校专业发展与专业结构的调整优化提供了一个新视角，是高职院校制定专业发展战略规划、明晰其二级院系的角色定位的重要理论参照。把集群理论引入高职院校专业体系的构建中，走专业集群化的发展道路，有利于培育和构建高职院校的特色专业群，进一步增强专业竞争力。同时，这也是高职院校专业建设创新发展的有效途径，在某种意义上是推动高职院校内涵发展和提升办学水平的一项战略之举。②

（3）集群理论对"集群模块式"课程模式③具有重要的指导作用。该课程模式将工作性质相通的职业集合为一个职业群，并着眼于整个职业生涯对人才培养的需求，把课程分为既相互联系又有区别的"职业基础模块""职业技术模块""岗位专门技术模块"三个阶段，真正做到"宽基础、活模块"，培养适应岗位群要求的一专多能的应用型人才④。

集群理论为高职院校专业创新发展提供了一个很好的视角，高职院校要积极借鉴、应用好集群理论的思想与原理，努力培育和发展专业群，促进专业的内涵发展，不断提高人才培养质量，提升高职院校的发展品质。

二、协同创新理论及其启示

1. 协同创新理论简述

20 世纪 70 年代初，德国著名的物理学家赫尔曼·哈肯（Hermann Haken）创立了协同理论，它是系统科学的一个重要分支⑤。赫尔曼·哈肯于 1971 年最早提出协同的概念，即"系统中各子系统的相互协调、合作或同步的联合作用及集体行为，结果是产生宏观尺度上的结构和功能"。⑥协同理论以系统论、信息论、控制论、相变论等现代科学成果为基础，主要研究远离平衡态的开放系统在与外界有物质或能量交换的情况下，如何通过自己内部的协同作用，自发地出现时间、空间和功能上的有序结构。这其中涉及序参量和控制参量。序参量是指在使系统从无序趋于有序的过程中起关键作用的宏观要素，它反映了系统宏观有序的程度，主导着系

① 袁虹，金儒忠. 基于产业集群理论的高职院校财经专业集群建立分析 [J]. 中国市场，2010（3）：69-70.
② 宋玉军，魏萍. 产业集群理论视角下高校专业结构优化路径的思考 [J]. 黄河科技学院学报，2014（5）：108-110.
③ 李桂霞. 对重新构建高等职业教育课程模式的思考 [J]. 中国高教研究，2002（7）：38.
④ 徐秀萍. 基于集群理论的高校专业设置 [J]. 浙江教育学院学报，2008（11）：37-42.
⑤ 哈肯. 高等协同学 [M]. 郭治安，译. 北京：科学出版社，1989：23-54.
⑥ 哈肯. 大自然成功的奥秘 [M]. 凌复华，译. 上海：上海译文出版社，1995：7-15.

统自组织由低级有序向高级有序的演化[①]。控制参量是指使系统从无序趋于有序的过程中起影响作用的内在机制和环境因素。此后，西方许多学者都把创新理论和协同理论结合起来开展研究。

协同创新源自于 20 世纪 70 年代以来国际创新研究领域出现的协同理论，它强调创新主体之间的互动连接和集体创新，以协同创新方式促进创新活动的开展。协同创新是一种复杂的创新组织方式，其内涵是：企业、政府、知识生产机构、研究机构、中介机构和用户等为了实现重大科技创新而开展的大跨度整合的创新组织模式。[②]

事实上，协同理念的哲学渊源最早可以追溯到马克思主义的经典文献。马克思极为关注整体与部分之间的关系，但真正践行于新产品研发，却是 20 世纪 80 年代以后的事情。随着科技进步，科技与经济的结合日趋紧密，使协同与创新这两个概念结合在了一起，协同在系统论中得到了深化。协同创新是通过国家意志的引导和机制安排，促进企业、大学、研究机构发挥各自的优势，整合互补性资源，实现各方的优势互补，加速技术推广应用和产业化，协作开展产业技术创新和科技成果产业化活动。协同创新是当今科技创新的新范式。[③]

基于以上观点，我们认为，协同创新是指多要素（人力、物力、信息等）之间相互协调、相互合作、相互补充，推动事物共同前进，各要素个个获益，整体实力增强，实现"1+1＞2"的目标。因此，协同创新的主体是多元化的；协同创新的手段是打破各元素壁垒、协调发展；协同创新的目的是各元素和谐前进，发挥的能量不仅仅是整合，更重要的是实现突破。

2. 协同创新理论对专业群建设的启示

十八大报告中提出，"要注重协同创新，实施创新驱动发展战略，加快发展现代职业教育"。因此，高职院校要主动适应国家战略，根据学校的自身情况，以协同创新为引领，走内涵发展之路，全面提高教育教学质量。2012 年，国家"高等学校创新能力提升计划"（即"2011 计划"）正式启动，它将协同创新分为面向科学前沿、面向文化传承、面向行业产业和面向区域发展 4 种类型。其中，与高职院校密切相关的是面向区域发展的协同创新，主要指以地方政府为主导，以切实服务区域经济和社会发展为重点，通过推动省内外高校与当地支柱产业中的重点企业或产业化基地的深度融合，使高校成为促进区域创新发展的引领阵地[④]。因此，高职院校的专业群建设要以协同创新理论为指导，以区域战略新兴产业的需求为依据，协同群内外多方要素，主动适应市场变化，不断提高人才培养质量，提升学校整体办学实力，推动区域产业创新发展。[⑤]

---

① 陈劲，阳银娟. 协同创新的理论基础与内涵 [J]. 科学学研究，2012 (2)：161-164.
② 林涛. 基于协同学理论的高校协同创新机理研究 [J]. 研究生教育研究，2013 (2)：9-12.
③ 刘贤锋，王茗倩，顾卫杰. 基于协同创新理论的高职物联网专业群建设 [J]. 计算机世界，2016 (5)：24-27.
④ 教育部，财政部. 教育部 财政部关于实施高等学校创新能力提升计划的意见 [EB/OL]. [2012-03-15]. http://old.moe.gov.cn/publicfiles/business/htmlfiles/moe/s6578/201408/xxgk_172765.html.
⑤ 刘贤锋，王茗倩，顾卫杰. 基于协同创新理论的高职物联网专业群建设 [J]. 计算机世界，2016 (5)：24-27.

（1）专业群建设协同创新是高职院校走内涵发展之路的必然趋势[①]。首先，专业群构建的元素多样化决定了必须协同创新。学校的专业建设，既要考虑市场对人才需求的变化，又要考虑学校原有的专业基础，不能一味地追逐热门专业。学校应该依托原有专业，形成专业群体系。这主要涉及三个层面：一是高职专业群是建立在"以一个核心专业为引领，辐射多个专业"基础上的，具有共同的专业技术基础课程和基本技术能力（技能）要求，并能涵盖某一技术或服务领域的若干个专业（方向）的一个集合[②]。因此，一个专业群往往由多个相邻或相关的专业组成，这就构成了第一层面的协同要素[③]。它们之间需要相互协调，共同推进，积极发挥核心专业的辐射作用，促进其他专业共同进步，发挥集群效应，增强专业的适应性、拓展性。二是专业群建设是一个系统工程，涉及人才培养模式、课程体系、师资队伍、实训体系、教学资源库、教学管理、质量监督与评价等多个子系统，这些构成了第二层面的协同要素。各个子系统间只有相互协调，共同推进，才能使专业群发挥整体优势。三是每个子系统又涉及多个方面，这些构成了第三层面的协同要素。

其次，专业群建设的意义决定了必须协同创新。专业群的建设对高职院校具有十分重要的意义，这些意义也成了协同创新的目标。如前所述，具体表现为三个方面：一是有利于资源优化整合和共享、提高办学效益。通过专业群建设，可以实现教学资源共享、师资队伍共享、平台课程共建、质量保障体系共建。二是利用专业群的集群效应，可以提高学校的整体实力。通过核心专业或特色专业的带动，促进其他专业的发展，有利于院校专业结构优化，从而提升学校的整体办学实力。三是有利于提高学生的就业竞争能力和岗位迁移能力。专业群建设，既可保证专业群的基本规格和全面发展的共性，又可实现不同专业的人才分流培养，以满足学生个性发展和更高能力培养的需求。[④]

（2）运用协同创新理论构建专业群协同创新系统模型。专业群协同创新系统是一个复杂的非线性大系统。根据协同学和系统论方法，按照目标一致、功能协同、结构统一的原则，可以将其划分为多个子系统，分别为目标子系统、主导子系统、反馈子系统和调控子系统，系统模型如图2-2所示。其中，系统中的"序参量"即创新主体要素，为政府、高职专业群、企业和群内各专业，它们支配着各子系统的行为，并主导着系统的有序演化；"控制参量"为市场需求、国家政策等，是驱动系统演变的外部影响条件。各主体要素相互协同，共同构建专业群各子系统，推动系统有序发展。[⑤]

在此模型的构建中，我们还需关注以下几点：一是专业群与产业群要协同。产业群的结构是专业群设置的基础，产业群的人才需求是专业群发展的直接动因，产业群的岗位要求是专业群建设的内涵依据，产业群和专业群之间具有资源结构和功能设计的同质性和互补性[⑥]。二是专业群管理模式要协同，从宏观和微观上建立多

① 鲁娟娟，戴慧．基于协同创新理论的高职专业群建设研究［J］．中国电力教育，2014（9）：45-46，59.
② 董显辉．我国近十年高等职业教育专业群研究综述［J］．职教通讯，2011（1）：18-22.
③ 罗勇武．高职院校专业群研究现状述评［J］．职教论坛，2008（6）：19-21.
④ 鲁娟娟，戴慧．基于协同创新理论的高职专业群建设研究［J］．中国电力教育，2014（9）：45-46，59.
⑤ 刘贤锋，王茗倩，顾卫杰．基于协同创新理论的高职物联网专业群建设［J］．计算机世界，2016（5）：24-27.
⑥ 刘家枢．建设专业群：区域高职院校协同创新组织模式的战略思考［J］．职教论坛，2013（10）：34-38.

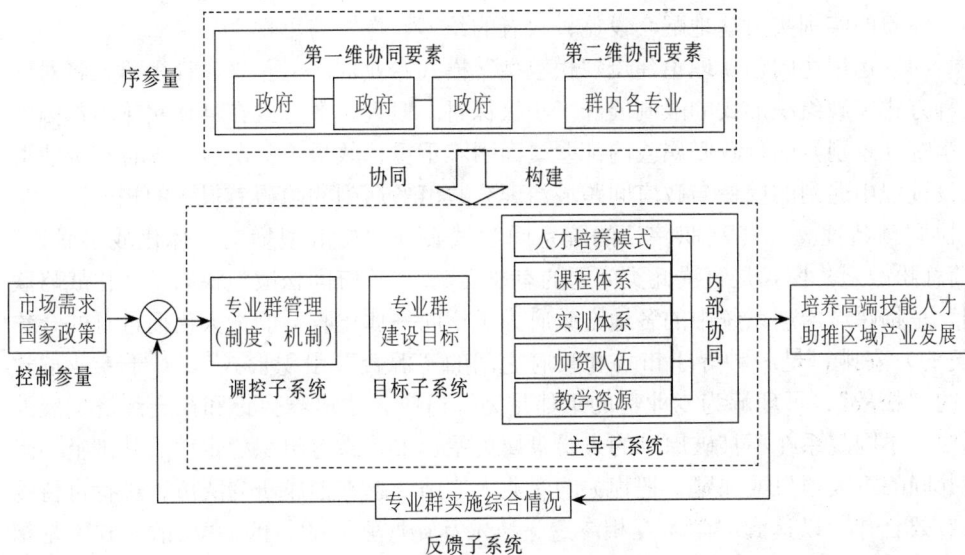

図 2-2 専业群协同创新系统模型

层次管理和实施体系，提升人才培养质量，坚持育人为本，创新协同育人机制。三是专业群建设模式要协同。校企合作是高职院校协同创新、打造办学特色的重要途径，通过建立校企合作体制机制、改革人才培养模式、制定专业群教学标准、系统设计与实施实训体系、打造专业教学团队，实现创新主体、目标和手段的协同。四是专业群建设内容要协同。专业群建设面向的不再是单一专业，而是多个专业的集群，它既是一个专业的纵向结构，也是兼顾多个专业的横向矩阵式结构，即在直线制组织结构的基础上，又增加了一个横向的管理链，专业群的横向与纵向协同发展，既保证专业群的基本规格和全面发展的共性，又注重学生专业职业能力的培养，促进相关专业的人才分流。①

　　（3）运用协同创新理论强化专业群协同创新实践教学体系建设。实践教学是将理论与实际相结合的最根本的教学方法，离开了实践教学，就不能将理论与实际更好地结合起来，也不利于高职学生综合能力的培养。实践教学体系是指实践教学中的各个环节相互结合而形成的一个有效的整体。专业群实践教学体系是相对于理论教学体系而言的，涵盖支持系统、主导系统和驱动系统，形成教学目标体系、教学组织管理体系和教学保障体系三个部分。高职院校专业群实践教学体系也是由这三部分构成的，只有这三者合而为一，才能成为一个高效的教学体系，践行高职院校的实践教育教学活动。专业群协同创新实践教学体系的建立几乎调动了高职院校的各个元素，也正因为这样，才使得各部门协同创新成为可能。大致来说，专业群协同创新实践教学体系涵盖了这样三个部分：首先是一个教学目标导向，包括学生综合能力、自主创新能力和可持续发展能力的培养。其次是两个教学阶段：第一个阶段是教学组织管理阶段，主要在大一这个学年实现；第二个阶段是参与实践教学活动阶段，在大二和大三学年进行，通过多渠道指导学生进行实践能力和自主创新能力的培养。最后是三个实践教学保障资源，主要包括"双师型"的实践教学教师资

---

　　① 刘贤锋，王茗倩，顾卫杰. 基于协同创新理论的高职物联网专业群建设 [J]. 计算机世界，2016（5）：24-27.

源，完善的实训实习基地配套设施，政府的统筹、指导与重视。①

（4）运用协同创新理论建设"松散型"模式专业群。近年来，许多研究者对以何种方式突破组织形式的限制展开了积极探讨。但大多数方式在具体实施中都因涉及学院（系别）的行政归属或内部壁垒而困难重重，效果不甚明显。这种在专业群建设过程中遇到的壁垒与政府间跨域治理公共事务遇到的障碍有很大的相似性。基于协同创新理念，在高职院校的院系间尝试实施"松散型横向一体化战略联盟"（简称松散型）模式是解决此类问题的有益尝试。"政府间松散型横向一体化战略联盟"是指跨域治理系统中的各地方政府为了横向一体化收益的最大化而进行的合约（契约）安排，是一种界于市场和政府之间的"混合"组织形式②。对于专业群建设的"松散"，可理解为专业群的组建是为了适应人才培养目标和社会经济发展的需要，不同院系在不打破原来的人员隶属关系、维持原有组织稳定性的基础上，围绕共同的重大项目或课题，把相关的专业人才结合起来形成研究队伍，进行可持续的有效合作，以达到"学术互相渗透、技术互补增强"的目的。"松散"并不是指联盟各主体间达成的协议可以任意解除和违背；相反，联盟各主体不但必须遵守协议，还必须满足以下几个条件③：目标性、独立性、利益的共享性及合作的持续性。这几个条件反映在"松散型横向一体化战略联盟"的专业群组建上，可相应地理解为：第一，目标协同，即专业群内各主体应有为达到集体创新目标而进行合作的"互惠共生"理念，为了同一目标而协同发展。第二，主体独立，即松散型专业群虽然是跨系、跨学科组建的专业群，但校内各联盟主体只为某一项目而聚合协作，在行政归属层面仍然保持各自独立。第三，资源共享协同，即"课师协同"和"教学资源共享协同"。从微观上来说，专业群建设就是课程构建与师资队伍组建的整合，简称为"课师协同"④。为便于"课师"间的协同，有必要建立教学资源共享平台，整合教学资源，建成集教师教学、学生学习、社会化专业培训于一体的专业教学服务平台和社会服务平台。第四，机制管理协同。要达到"合作的持续性与稳定性"，必须以有效的机制为保障。这就要求专业群建设在管理上的协同做到管理制度化、程序化、公开化，并完善评价机制和激励机制。高职院校要承担人才培养的重任，不仅要内外协同，还要敢于创新。"松散型横向一体化战略联盟"正是针对这种需要而提出的。在不改变专业行政归属的前提下跨系、跨学科组建专业群，看似松散，实际上是主张"合力"。作为一种政策协同工具，"松散型"专业建设模式的有效实施最终取决于目标协同、主体独立、资源共享和机制协同。⑤

（5）运用协同创新理论促进高职院校教师群体专业发展。"教师专业发展"是指作为专业从业人员的教师，在专业知识、专业意识、专业情感、专业技能等方面不断发展和完善的过程，即教师的专业成长过程。通常，我们把教师专业发展界定

① 顾家乐, 谷瑞. 基于协同创新理论的高职院校实践教学体系建设 [J]. 教育与职业, 2017 (1): 102-104.
② 蒋辉. 政府间松散型横向一体化战略联盟：跨域治理的新模式 [J]. 中南民族大学学报, 2012 (1): 122-125.
③ 蒋辉. 政府间松散型横向一体化战略联盟：跨域治理的新模式 [J]. 中南民族大学学报, 2012 (1): 122-125.
④ LIKAR. Innovation in Vocational Education-Ways of Reaching the Tip of the Iceberg [J]. International Journal of Innovation and Learning, 2007 (4).
⑤ 吕筱琼. 基于协同创新理念的高职院校"松散型"专业群建设模式探讨 [J]. 继续教育研究, 2014 (1): 51-52.

为教师专业知识不断丰富、专业意识不断深化、专业情感不断升华、专业技能不断提升的过程，它包含教师在职业生涯过程中提升其工作能力的所有隐性活动和显性活动。"教师群体专业发展"主要是指教师"群体"的专业成长，其内容主要包括专业意识和专业情感的基本认同、专业知识和专业技能的同步发展。因此，"教师群体专业发展"的内涵就是处于群体场域中的教师以自我发展需要为动力，通过个体探究、反思和团体协同、合作，以达到深化、发展、成熟、成长的目的的动态过程。在这一过程中，教师通过不断地学习、反思、探究、协作来增强其专业内涵，提高其专业水平，从而达到专业成熟的境界。高职院校教师群体专业发展中的协同创新是通过"教师专业发展"共同体而实现的。为了追求专业水平的提高，实现高职院校教师专业有序发展，应该以教师为主体，以专业发展为目标，培育支持性的"教师专业发展"共同体，每个教师都是专业发展共同体中的一员，从各自角度参与到"教师群体专业发展"的活动中去，实现个体及群体的专业发展。"教师专业发展"共同体究其实质，就是作为专业发展主体的教师，通过协同、合作、反思、实践获得专业发展，这是促进"教师群体专业发展"的有效路径。"教师专业发展"共同体能够引导教师的专业活动脱离孤立的状态，并向外部合作延伸，促进专业的内涵式发展。在这个教育信息爆炸、教育资源丰富的时代，高职院校教师应该认识到自身专业发展的局限性，应该解放思想、敞开心胸，与外部环境建立信任、和谐的关系，主动与他人组成共同体，并且以积极的姿态主动融入共同体的"群体场域"中[1]。教师群体协同创新活动是"共同体"成员——教师个体主动建构与他人关系的活动，是与他人进行"交往—对话"的活动。交往为教师提供向优秀教师和教育专家学习的机会，学习就是将他们的经验纳入自己的经验体系的过程。交往会让教师感受到他者给予的期待与鼓励，同时也有与他者比较和竞争的压力，这些将被纳入教师专业发展的动力结构中。对话基于"他—我"平等合作信息的双向流动，是教师与他者通过"切磋"共建专业的过程[2]。这样的共同体能带来更为丰富的群体专业活动"体验"，激发教师专业发展的潜在动力，帮助教师专业发展打开一个更为广阔的空间。

三、三螺旋理论及其启示

1. 三螺旋理论的内涵

三螺旋理论（Triple Helix Model）也称 TH 理论。要认识三螺旋理论，需明确什么是三螺旋。三螺旋的概念最早是在生物学领域提出的，创始人为美国遗传学家、哈佛大学教授理查德·列万廷（Richard Lewontin），他使用三螺旋来隐喻模式化基因、组织和环境之间的关系。在其著作《三螺旋：基因、生物体和环境》中，理查德·列万廷抨击了遗传决定论，批评那种在学术界颇为流行的、认为有了基因组序列就可以分析生命现象的观点。他认为，生物体的发育过程并不仅仅是基因程

---

① 韩祥伟，吴伟伟. 基于协同创新理论探究教师群体专业发展 [J]. 成人教育，2015（1）：53-55.
② 阳泽，杨润勇. 自组织：教师专业发展的重要机制 [J]. 教育研究，2013（10）：95-102.

序依次展开的固定过程，即使将环境因素考虑进去也是不够的，分子之间的随机反应也有重要影响。理查德·列万廷既反对基因决定论，也反对环境决定论。他指出，并不存在一个既定的"生态空间"等待生物体去适应。环境离开了生物体是不存在的。生物体不仅适应环境，而且选择、创造、改变它们生存的环境，这种能力是写入了基因的[①]。三螺旋将基因、生物体和环境置于一个动态的关系中，三者之间互相独立，但又互为因果。

随后，纽约州立大学石溪分校和颇彻斯分校政策研究中心主任亨利·埃茨科威兹（Henry Etzkowitz）以及荷兰阿姆斯特丹大学科学和技术动力学系的研究人员勒特·雷德斯道夫（Loet Leydesdorff）也利用三螺旋来分析大学、产业和政府之间的关系，构建了一套完整的国家创新模式；三螺旋也逐渐介入高等教育研究领域，为分析第三次学术革命、探索大学的第二次转型、研究产学研模式等一系列高等教育问题提供了一个全新的分析视角与研究框架。

20世纪90年代，亨利·埃茨科威兹首次提出三螺旋理论。他认为，所谓三螺旋，指的是一种创新模式，是指大学、产业、政府三方在创新中密切合作、相互作用，同时每一方都保持自己的独立身份[②]。三螺旋理论旨在通过三螺旋来研究大学、产业与政府之间的关系。该理论从知识资本化过程中公共、私有和学术等多元重叠关系，以及创新发展所涉及的制度安排、市场及知识等多元因素角度出发，探索如何加强政府、产业和大学三方的相互合作，进而优化创新制度安排，提高创新效率。

三螺旋理论的精髓是走出事物的既定界限，依据相互促进、彼此支撑、效率至上的原则，重新组合或优化，产生新的业态模式或新的工作环境，从而达到降低成本和提升效能的创新目的。[③]

三螺旋理论是政府、产业及以大学为主的科研机构等行为主体，依据市场需求，围绕知识的生产和转化，相互作用、密切合作，在保持各自原有功能和独立身份的同时，也体现出其他两个行为主体范畴的部分能力，从而构建起一个相互影响、相互促进、螺旋上升的三螺旋创新发展模式，使得政府、产业和科研机构在其独立的初级机构的基础上，衍生出一系列新的二级机构，如高新技术开发区、大学生产业园、科技孵化园等。如图2-3所示，R所处的圆环代表大学及相关研究机构的创新边界，G代表政府的创新边界，I代表产业的创新边界。

从这个角度看，产业集群具备成为一个小规模创新系统的基本要素。产业集群内的企业、科研机构、政府、金融机构、中介机构等各类参与者之间相互依赖、相互作用，进而影响产业集群的创新能力和竞争力。发展的关键是从何处切入，深化知识、趋同和创新这三个空间的重叠范围和程度。一般认为，企业、高校和科研院所、政府、中介机构是区域创新体系的四个执行主体，四者之间有着双向联系，旨在打通企业与高校、科研院所知识生产与运用之间的"篱笆墙"。产业集群—专业

① 方卫华. 创新研究的三螺旋模型：概念、结构和公共政策含义 [J]. 自然辩证法研究，2003（11）：69-72，78.
② 埃茨科威兹. 国家创新模式——大学、产业、政府"三螺旋"创新战略 [M]. 周春彦，译. 北京：东方出版社，2006：1，3.
③ 陶慧. 高校专业教育与创新创业教育协同创新研究——基于"三螺旋"理论视角 [J]. 现代商贸工业，2018（18）：94-96.

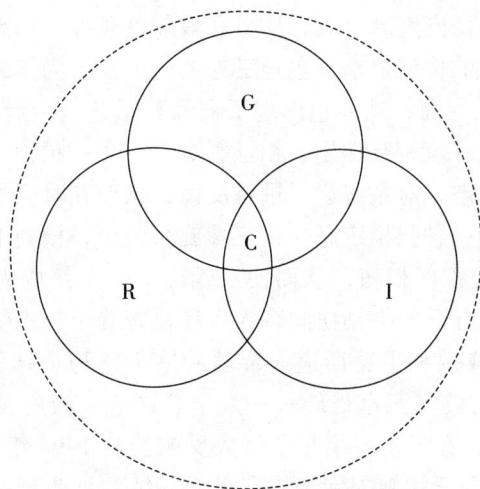

图 2-3　三螺旋创新发展模式

群—专业集群建设是形成区域创新体系的一个简约而切实有效的途径。①

　　三螺旋理论（模型）揭示了大学、企业、政府三种组织日益联系紧密和交叉的关系，是协同育人的理论基石。其动力运行路径包括横向资源整合和纵向分化演进，如图 2-4 所示。

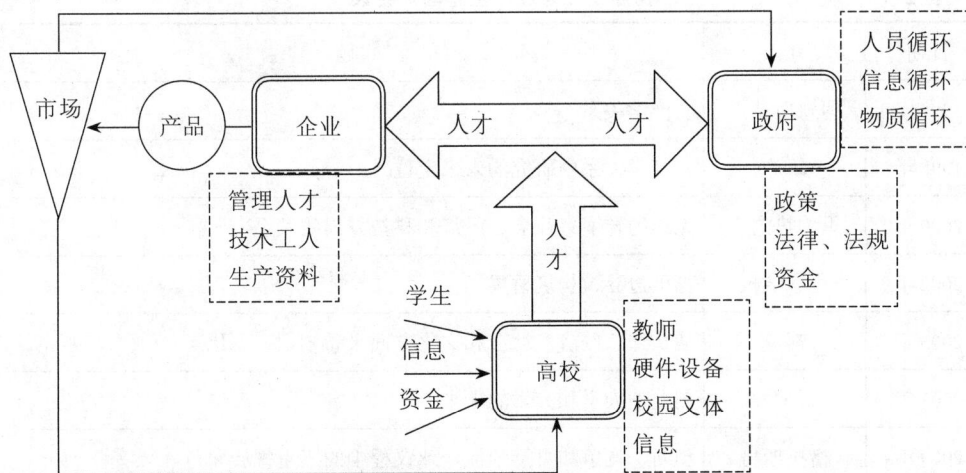

图 2-4　协同育人动力运行路径

　　在横向上，资源整合意味着创新要素在大学、企业、政府之间循环。人员、信息、物质循环是三螺旋运行的主要动力源泉。资源循环包括内部资源循环与整合和外部资源循环与整合，又叫"微观循环""宏观循环"或"内循环""外循环"。前者通过循环产生产品，后者通过循环产生合作政策、合作项目、合作机构或组织。在大学的内循环系统中，输入的是学生、信息流、资金流，通过培养教育，产生的产品是人才、科研成果；在企业的内循环系统中，输入的是新技术、新材料、高水平工人，经过企业加工，产生的是走向市场的产品和服务；在政府内循环中，输入的是信息、市场情况等，输出的是政策、法律（法规）和资金等。三方的联系界面

---

　　① 郭艳辉. 高职新兴专业群的建立与优化：基于三螺旋理论的视角 [J]. 现代经济信息，2016（10）：363-364，376.

越大，联系得越紧密，协同度就越高，质量和效益就越好。培养创新创业型人才是高校、政府、企业共同的价值追求，也是三方的联结点，为了共同的价值目标，三方不断扩大彼此的联系界面，功能也出现了交叉和重叠①。在纵向上，三螺旋系统演进倾向于分化，两种环境相互作用、相互影响会产生一种稳定态，但第三种环境的出现会打破这种稳定态，对系统运行进行反馈，从而在时间维度上推动系统的分化和演进，而最终形成一种强稳定态。在三螺旋系统中，横向上的资源整合与循环同纵向上的分化与演进相伴相随，从而使三螺旋育人系统成为一个更加复杂的系统，在质上和量上互变互升，推动协同育人系统呈螺旋上升态势。②

1995 年，埃茨科威兹和雷德斯道夫合著的《大学与全球知识经济：大学–产业–政府关系的三重螺旋》《三重螺旋——大学、产业、政府关系：以知识为基础的经济发展的实验室》，在学术界引起了巨大反响。从 1996 年开始，以"大学–产业–政府关系"为主题的三螺旋国际会议在世界各地约每两年一次定期召开（见表 2-1），TH 理论被学术界及产业界广泛接受并推广，大学–产业–政府这三个领域重叠成的三螺旋结构逐渐成为国家、区域与跨国创新系统的核心。迄今为止，学者对三螺旋理论的研究已经不仅仅局限于大学、产业、政府三者，更进一步提出了"第四螺旋""双三螺旋"等设想，三螺旋理论与实践研究越来越受到重视③。

表 2-1　　　　　　　　　　　历届"三螺旋"主题国际会议

日期	地点	主题
1996 年	阿姆斯特丹	官产学关系
1998 年	纽约	官产学关系中研究的未来定位
2000 年	里约热内卢	无尽的转变：社会、经济和科技发展的关系
2002 年	哥本哈根	打破边界，构筑桥梁
2005 年	都灵	从认知、经济、社会和文化方面来看知识资本化
2007 年	新加坡	创业型大学和大学的未来
2009 年	格拉斯哥	创新、竞争和可持续性全球议程中的三重螺旋角色
2010 年	马德里	在知识城市、扩展社区、连接地域中的三重螺旋发展
2011 年	硅谷	硅谷：全球化模型还是独一无二的"怪胎"
2015 年	北京	学术–产业–政府三螺旋模型——服务于正在崛起的发展中国家
2016 年	海德堡	应对危机时代全球生态挑战
2017 年	大邱	知识资本化：认识、经济、社会与文化维度

① 蔡翔，王文平，李远远. 三螺旋创新理论的主要贡献、待解决问题及对中国的启示 [J]. 技术经济与管理研究，2010（1）：26-29.
② 陈桂香. 高校、政府、企业联动耦合的创新创业型人才培养机制形成分析——基于三螺旋理论视角 [J]. 大学教育科学，2015（1）：42-47.
③ 张秀萍，黄晓颖. 三螺旋理论：传统"产学研"理论的创新范式 [J]. 大连理工大学学报：社会科学版，2013（10）：1-6.

2. 三螺旋理论对专业群建设的启示

三螺旋理论对专业群建设的启示体现在以下几方面：

（1）服务于战略性新兴产业的专业集群创设机制。从"十二五"规划开始，我国明确将发展战略性新兴产业作为新的经济增长点，目标是将其培育成为国民经济的先导产业和支柱产业。在"十二五"规划中，对战略性新兴产业进行了明确界定：就是以重大技术突破和重大发展需求为基础，对经济社会全局和长远发展具有重大引领带动作用，知识技术密集、物质资源消耗少、成长潜力大、综合效益好的产业。从这个概念出发，此类产业应具备三要素："战略性"，体现在满足市场全局性、长周期的需求；"新兴"，则表明其背后有重大的技术创新作为支撑；"产业"，则说明这种科技创新已经过中试和工业化，转化为现实的生产力。从供给层面看，它是向更高效能的供给升级跃迁的载体，能创造新的需求。如何创设满足战略性新兴产业发展的专业，提升专业服务产业的能力，成为摆在高职院校内涵建设中的现实而紧迫的问题。新兴产业是在新兴技术发展的基础上建立的，新兴技术呈现出的复杂性、迁移性、多学科交叉融合等特点，不仅要求各产业部门之间的深层次协作，更在客观上对相关学科的高层次人才培养提出了迫切需求。由于新兴产业具有高投入、高风险、不确定性等特征，一般认为，在产业培育期，政府应发挥主导作用。以美国为例，联邦政府通过立法、财政资助、科研项目支持等多种手段，引导高校根据经济社会与科技的发展对学科结构做出灵活、适时的调整，使之与新兴产业成长、国家战略需求相匹配。而我国尚未形成成熟的校政企、产学研合作机制与模式，在预算拨款、项目申请等方面都远远逊于本科院校的情况下，高职院校应以更加积极主动的姿态，开拓性、创新性地对接国家项目，依托政府平台，工学结合、校企合作，在实践中摸索建设新兴专业的可行途径，继而随着不断扩大的市场容量，近距离、全方位地把握人才需求的脉络，对接企业需求，形成专业群—专业集群的设置和动态调整机制。[①]

（2）推进专业群三螺旋中的校企合作。从高职院校专业群校企合作的领域和深度来看，有人将其分为三个层次：浅层次合作、中层次合作和深层次合作。处于浅层次的专业群校企合作表现为：学校专业方向按企业所需确定，并在企业建立实习基地，建立专业专家指导委员会和实习指导委员会，聘请行业（企业）专家、高级技师等为指导委员会成员，与企业签订专业实习协议，逐步形成产学合作体。处于中层次的专业群校企合作表现为：学校为企业提供咨询、培训等服务，建立横向联合体，成立董事会，形成多元投资主体，争取国内外的企业家、专家、学者及社会各界知名人士进入董事会，争取社会各相关行业、企事业以董事单位的身份支持学校发展，并建立由知名专家参加的专业指导委员会，制订切实可行的专业教学计划，按岗位群的分类确定专业能力结构和非专业能力素质的群体要求，根据企业的需要进行人才培养[②]。目前，我国的高等职业技术教育专业群校企合作还停留在浅

① 郭艳辉. 高职新兴专业群的建立与优化：基于三螺旋理论的视角 [J]. 现代经济信息，2016（10）：363-364，376.
② 刘晓明，杨如顺. 高职校企合作的现状、问题及模式选择 [J]. 职教论坛，2003（14）：30-31.

层次和中层次阶段，学校与企业之间的关系比较松散，学校要的多、给的少，无法与企业平等对话，校企合作易受企业经营状况的影响。这势必会导致学校与企业之间合作的不顺畅，使高等职业技术教育校企合作受到影响。然而三螺旋中的专业群校企合作，不再是以学校为主体或者以企业为主体的校企合作模式，而是在政府的介入下，学校与企业的一种非零和博弈。非零和博弈是一种合作下的博弈，博弈中各方的收益或损失的总和不是零值，它区别于零和博弈。在这种合作博弈中，学校与企业的关系将十分紧密，双方在不损害对方利益的前提下实现利益最大化，把校企合作推向一个更高层次水平。其具体表现为：企业与学校相互渗透，学校针对企业的发展需要设定科研攻关和经济研究方向，并将研究成果转化为工艺技能、物化产品和经营决策；企业主动向学校投资，建立利益共享关系，真正实现"教学-科研-开发"三位一体。学校融入地方经济建设，在提供各种技术、营销、管理、咨询服务的过程中做到理论与实际有机结合[①]。三螺旋理论下的高等职业技术教育，整合了学校与企业的资源，糅合了学校教育与企业经营，实现了教育资源与商业资源的优化配置，对培养适销对路的高级技术人才具有积极作用和现实意义。[②]

（3）发挥政府的主导作用，建构顶岗实习中的三螺旋模型。为了进一步理顺顶岗实习管理模式中政府、企业、高职院校三者的关系，在三螺旋理论及其理论模型的基础上，建构顶岗实习中的三螺旋模型（如图2-5所示）。在这一理论模型的建构中，政府、企业和高职院校之间的边界是流动的。"每个参与者都具有很强的'互动自发'效应。'互动'指通过政企校三方互动，产生三方网络化混合型组织。'自发'是指每一参与者在完成自己使命的同时，也兼而扮演其他参与者的角色"。政府在三螺旋理论中是政策、经济环境的缔造者和维护者，主要职能是引导高职院校和企业的人才培养活动向着以实现政府的宏观发展目标方向行进。顶岗实习是职业教育所特有的人才培养模式，在顶岗实习中，政府的主要职能是按照经济发展对人才的需求和职业教育发展要求，制定政策、法规来搭建顶岗实习管理合作平台，实现各利益主体的利益最大化，为顶岗实习提供良好的政策环境；充分利用对社会资源的支配权，整合学校、企业及社会优质资源，为顶岗实习管理平台的构建提供保证；充分发挥行业指导委员会及其他社会组织的作用，加强对顶岗实习管理的指导和监督，确保企业、高职院校等主体在顶岗实习管理中主动担当责任、规范行为。同时，随时关注顶岗实习实施过程中出现的新问题，及时研判、适时解决，从而提高人才合作培养的社会效率，为地区经济发展提供强有力的高技能人才支撑。[③]

（4）培养具有创业能力、创新精神和专业技能的新型人才。基于"三螺旋"内涵，高职院校在开展专业教育与创新创业教育有效融合的过程中，完全可以借鉴其创新模式培养具有创业能力、创新精神和专业技能的新型人才。"三螺旋"教育模式的主要内容包括推动专业教育、创新、创业教育这三者的快速结合以及整合教师资源、课程设置、教学形式等。在"三螺旋"教育模式中，专业教育与创新、创业

① 刘晓明，杨如顺. 高职校企合作的现状、问题及模式选择 [J]. 职教论坛，2003（14）：30，31.
② 匡维."三螺旋"理论下的高等职业技术教育校企合作 [J]. 高教探索，2010（1）：115-119.
③ 吴凯民. 基于三螺旋理论的高职学生实习策略研究 [J]. 芜湖职业技术学院学报，2014（2）：9-11.

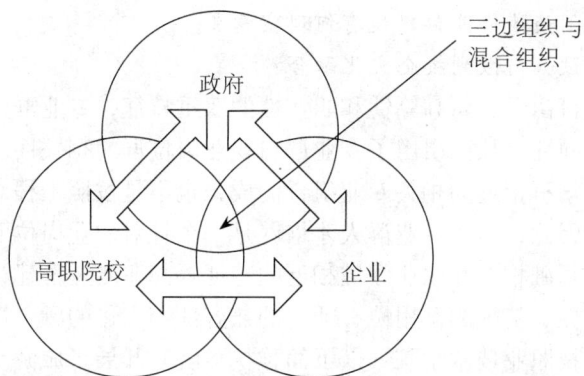

图 2-5 政府、企业、高职院校顶岗实习三螺旋模型

教育三者不是独立存在的，而是相互关联的。因此，我们可以把专业教育与创新、创业教育看成三个教育模块，各模块末端都蕴藏着相关教育链条，每个教育链条的资源内涵丰富，所涉及的课程都由实践课程、基础课程、理论课程等构成，教育链条中的课程性质各有差异，侧重各有所长，但知识效能互补促进，知识要点相辅相成，这就为创新型人才所需的综合知识积累打下了坚实基础。此外，在"三螺旋"教育模式中，专业教育与创新、创业教育所属的知识链条总是一直处于活跃状态，依据"三螺旋"的特点，三链条在动态发展的过程中，关系互相对应和制约，具有稳定的特征和协同要求：第一，专业教育与创新、创业教育三链条在交叉结合、上升的过程中，各自既保持独立，同时内核之间又相互渗透；第二，三链条之间教育理念相互移植，知识热点相互融合，从而产生新的教育力量，呈螺旋上升态势，最后处于最佳位置。因此，"三螺旋"教育模式对高职院校双创教育会产生带动作用和深远影响，从而培养出一批又一批具有创新创业能力、专业知识水平较高、综合素质过硬的技术技能人才。[①]

随着社会对高等职业技术型人才需求的增加，高等职业技术教育已经呈现出升温趋势，高等职业技术教育地位的提升指日可待，高等职业技术院校与企业、政府之间的关系会向三螺旋模式发展，两两之间的关系将会更加密切，三螺旋是实现高等职业技术教育人才培养的有效途径。高职院校想要实现突破性发展，就应该寻求与政府、企业的合作。通过建立调控机制、引导机制、互惠机制和合作机制，高职院校、政府与企业三大主体得以协调发展，从而使高职院校创新发展，尤其是专业群建设上一个新的台阶，为社会培养更多的优质人才。

案例研究

杭州科技职业技术学院旅游专业群建设实践

思考与讨论：

1. 杭州科技职业技术学院旅游专业群建设有何独到之处？

---

① 陶慧. 高校专业教育与创新创业教育协同创新研究——基于"三螺旋"理论视角 [J]. 现代商贸工业，2018（18）：94-96.

2. 结合本案例谈谈专业群建设有何现实意义。

3. 专业群建设如何做到校企文化融合？

高等职业教育由于有着高等性和职业性的双重特征，专业群人才培养也具有明确的职业岗位指向性，从而引出了专业群与职业岗位群的相关性。它既不同于学术型本科院校按照学科相近的相关专业组合而成，也不是按照工程对象相同、技术领域相近来划分。因此，高职专业群人才培养是一个针对职业岗位而互相联系的职业系统，具有学科基础相关和职业领域相近的特征。高职专业群建设要把握好几个要素：课程的共享性、基地的互用性、师资的兼容性、文化的融合性。依据专业群建设理论，杭州科技职业技术学院（以下简称杭科院）开展了旅游专业群建设的实践探索。

1. 杭科院旅游专业群建设的背景

"专业群"是由一个或多个办学实力强、就业率高的重点建设专业为核心专业，由若干个相近或相关的专业共同组成的专业集群[①]。专业群有时被作为"教学管理单位"，即"将专业作为课程的组织形式，将专业群作为学校内部资源使用与人才产出的实体组织""再以专业群为单元组建二级学院[②]"。"群主"是专业群建设的核心。"群主"的工作重点是把握专业群的发展方向，协调专业（方向）设置及课程资源，组织和加强专业群的课程建设[③]。根据区域旅游产业发展的需要，杭科院开展了专业群顶层设计与推动。学院领导、专业带头人通过理论学习、外出考察、行业调研，结合杭州社会经济发展的定位，跨出了探索专业群建设的第一步——解放头脑、探索未来，寻找专业之间的共性基础，在原有的酒店管理和会展策划与管理专业的基础上，于2011年成立了旅游学院，并在后期新开设旅行社经营管理专业，开展了以教学院长、专业带头人为"群主"的旅游专业群建设。学院根据《教育部 财政部关于实施国家示范性高等职业院校建设计划 加快高等职业教育改革与发展的意见》中提出的高等职业院校"专业群"建设任务，结合学院三个专业同属于高等职业教育专业目录中的旅游大类旅游管理类、相互关联度较高这一特性，经过几年的发展与积累，初步形成了以酒店管理专业为核心专业、会展策划与管理专业和旅行社经营管理专业相辅的旅游专业群。

在旅游学院建立初期，各专业在建设发展过程中都片面注重自身专业人才的培养，不能很好地着眼于全面增强人才培养的适应性与针对性，对高素质技能型专门人才缺乏系统性培养，致使各专业人才的职业生涯得不到可持续发展，也使有限的教学资源造成了浪费。2016年，《杭州市旅游休闲业发展"十三五"规划（2016—2020年）》提出了全面推动杭州旅游产业向观光游览、休闲度假、文化体验、商务会展"四位一体"转型升级，把杭州建设成为"国际重要的旅游休闲中心"的发展定位。同年7月，杭州市委又提出了把杭州建成"国际会议目的地城市"的目标等。旅游业作为现代服务业的重要组成部分，是一个综合性产业，具有"综合性

① 曹望. 对专业群建设中深化校企合作的探讨——以南京城市职业学院物流重点专业群为例 [J]. 职业教育，2015 (3).
② 梅亚明. 高校专业群的集约建设 [J]. 教育发展研究，2006 (17)：68-69.
③ 沈建根，石伟平. 高职教育专业群建设：概念、内涵与机制 [J]. 中国高教研究，2011 (11)：78-80.

高、关联性强、带动系数大"等特点①。通过汲取先进的教育发展理念，旅游专业群主动对接杭州市旅游休闲产业，适应区域经济和社会发展的需要，立足于培养"旅游住宿、旅行代理、会展节庆、休闲度假"等服务领域的高素质劳动者和技术技能人才，积极调整、优化专业结构，全面提升在高职院校、行业企业中的竞争力，为杭州乃至浙江的社会经济发展服务。

2.强调共性，构建共享型课程平台

杭科院旅游学院旅游专业群以浙江尤其是杭州的旅游业为"服务域"，并根据旅游服务产业的发展，确立了以酒店管理专业为专业群核心专业。虽然学院的成立时间不长，但旅游专业群得到了快速发展。酒店管理专业主要服务于酒店与餐饮企业，在服务业人才紧缺的大形势下发展迅速。经过几年的办学与校企合作经验的积淀，酒店管理专业对其他两个专业起到了较好的辐射与带动作用。会展策划与管理专业主要服务于各类展馆及会展企业。近年来，国家对会展行业逐步重视，尤其是江浙一带会展业发展迅猛，这给学院的会展策划与管理专业带来了极大的机会。2013年，由会展策划与管理专业负责人牵头，学院成功申报了杭州市属高校第二批市级重点实训基地——"会奖旅游综合实训基地"。旅行社经营管理专业成立于2013年，主要服务于旅行社与旅游风景区。以上三个专业所对应的职业岗位群具有内在的一致性。

旅游专业群中各个专业的岗位工作的核心内容均是服务，其服务属性，特别是对人的服务的特点十分鲜明，因此，其培养的人才都应具有较高的思想道德修养、人文素养和职业素养、良好的沟通表达能力和团队协作精神②。同时，旅游专业群三个专业的内在关联性，使学院内的教育资源得到了整合与共享，人才培养模式获得了整合优化，推进了课程改革和课程体系建设，使专业建设整体水平有了明显提升③。

结合行业发展的需求及专业间的共性特征，同时考虑到旅游服务行业共同的基本技术能力要求，旅游专业群首先在人才培养模式上进行整合优化，系统建构了"平台+模块"的专业群课程体系，打造了三个专业之间共同的专业基础课程（旅游专业群平台课程）——"旅游概论""人际沟通""职业形象与礼仪""市场营销基础"等。四门课程除共通的知识点外，还针对不同专业的人才培养进行了分模块教学。如"职业形象与礼仪"课程，不仅教授基本的礼仪知识，还根据酒店业、会展业、旅游业等的不同岗位，对学生进行针对性的模块教学；在公共基础课中共同开设"应用文写作"课程，实现三个专业的资源在旅游专业群教学中的共享共用。

同时，学院坚持以学生为中心，尊重学生所学专业的特性，更好地拓宽学生的知识面，增强学生的行业认可度，从而培养其可持续发展能力；让学生在学习专业群平台课程的同时，深入学习专业模块课程，以着重培养其专业能力。如酒店管理专业，着重培养学生掌握酒店服务管理的理论知识和实践技能，使其能胜任高星级

---

① 瞿立新. 高职旅游专业群建设的研究与实践——以无锡城市职业技术学院为例 [J]. 职教论坛，2012（33）：61-66.
② 瞿立新. 高职旅游专业群建设的研究与实践——以无锡城市职业技术学院为例 [J]. 职教论坛，2012（33）：61-66.
③ 孙毅颖. 高职专业群建设的基本问题解析 [J]. 中国大学教学，2011（1）：36-38.

和精品特色酒店的中基层管理等工作;会展策划与管理专业,着重培养学生掌握会展策划与管理的理论知识和实践技能,使其能胜任会展行业企业的策划、营销、项目管理等岗位的工作;旅行社经营管理专业,着重培养学生掌握旅行社运行操作的基本理论知识及经营管理理念,使其具有旅行社主要岗位的操作技能和导游服务基本技能,能胜任旅行社等旅游企业一线服务与管理的岗位工作。

在要求学生学习各种专业知识与培养其能力的同时,学院还鼓励学生选择其他专业的模块课程,并考取相应的职业技能证书,以培养学生掌握跨专业的知识与技能,从而拓宽其视野,提高其持续成长的能力,为其人生的跨专业成长打下良好的基础。

3. 资源互用,建立旅游综合实训基地

(1)实训基地的整合与提升。旅游专业群的实训主要以旅游学院已有的专业实训室为基础。由于校内实训资源有限,并且前期建设过程中存在专业定向分割倾向,导致场地分散、集约程度不高、功能单一与滞后等。这些问题的存在限制了校内教学与实训资源的共享,使实训基地无法适应行业快速发展变化的需求。为此,学院立足现有条件,集约建设,结合杭州市"产学对接"工程和市属高校第二批重点实训基地项目,全面整合学院的旅游专业群实训基地,对实训室进行了重新设计与整合,进一步完善了实训体系,加强了实训功能,实现了实训室资源功能的最大化。根据专业群平台课程的开设情况,设置了由"旅游营销创新实训室"(兼具旅行社"呼叫中心"的功能)、"会奖旅游创新实训室"(兼具原有的模拟会展公司实训室的功能)、"礼仪实训室"三个实训室组成的旅游服务专业群平台实训室,其他专业(如模拟导游、客房、餐饮宴会、展览设计、旅游综合管理、会议等)实训室各为专用。同时,学院还充分利用校内资源,构建"1+4"的教学实践模式,全面推进学生的职业技能学习。"1"是指旅游综合实训基地,也就是学院内的所有实训室。"4"分别指将校"餐饮实训楼"作为酒店管理专业的体验、实践基地;将校陶研馆、余云建金牌导游工作室(市级)作为旅行社经营管理专业的体验和实践基地;将校园读书节、实习推荐会、校内淘宝展、校内大型会议接待项目等作为会展策划与管理专业的体验和实践基地;将创业会奖旅游工作坊作为学院创新创业体验、实践基地,这4类基地统称为体验实践活动基地。

(2)建设智能化管理平台,方便管理与学生使用。旅游专业群的发展,需要多方面的条件准备和支撑,其中实训基地建设显得尤为重要。旅游学院在旅游综合实训基地的建设中融入实训室信息化管理系统平台,积极打造智慧旅游型实训基地。智慧旅游型实训基地建立在当下热门的"智慧旅游"这一全新概念的基础上,是互联网高速发展的时代大背景下培养新一代旅游服务业人才的摇篮。旅游综合实训基地集成了信息技术、互联网技术和移动通信技术等大量信息技术元素,是一个集信息管理、实时监控、无人值守、数据推送等功能于一体的信息管理平台。基于此平台,学生、教师能更高效地使用基地资源,教学、学习效率显著提高。此外,该平台也大幅提高了管理人员的管理效率。通过该平台,管理人员能收集实训室开放、使用过程中的相关信息。通过分析这些信息,提高实训室的使用效率,为进一步加强实训室建设提供决策依据。

（3）实现基地文化育人。校内实训基地作为教师和学生在校内的教学、活动场所，其完备的设施、完善的管理等也是重要的育人环境。学院为加强职场文化建设，更好地展现学校及学院创新的办学理念、专业建设成果、现代服务业职业素养、文化传承等内容，在实训基地建设中，将实训楼走廊建设成职场文化长廊。这个长廊体现了专业特色、人文关怀、旅游风情，展示了具有代表性的旅游景点、产品、酒店、会展中心的图片及简介等，提升了学院的精神面貌，传达了学院的相关信息，同时也让学生在校内就受到了旅游服务行业企业文化的熏陶。

4. 突出兼容，加强"双师"队伍建设

（1）鼓励教师走出去，深入大旅游行业。师资队伍是教学质量的保证，教学团队建设则是专业群建设的重点和难点。根据各专业及旅游专业群发展的需要，学院打造了一支以专业群建设为主线的师资队伍，要求全体教师积极提升学历和职称，积极开展教学研究，多出科研成果。同时，有计划地安排教师到企业挂职锻炼，鼓励教师利用周末、节假日下企业，为社会提供服务，并及时了解企业、行业的发展信息及对人才的要求。学院还积极鼓励专业带头人、教师参加培训、进修、做访问学者等，以此来拓宽教师的专业视野，提升教师的教学水平，帮助教师在现有的基础上明确个人的专业发展方向。同时，也鼓励不同专业的教师对大旅游业、基本职业形象与礼仪等有基本的认识，并能承担一门群平台课的教学任务。

学院不仅鼓励和要求专任教师以各种方式深入行业企业，还专门派出主管教学的副院长到旅游行政主管部门挂职半年以上，加强与旅游行政主管部门的联系与对接，进一步了解行业发展趋势及政府政策，为学院的良性办学、政校充分合作奠定了良好的基础。

（2）建立专业群教学团队。学院积极帮助专业群教师转变观念，增强"群"意识，特别是专业群平台课程教师。学院要求专业群教学团队中的教师在完成各自团队任务的同时，积极参加行业资格认证培训，获取不同专业职业资格证书，积极参与校内社团活动，面向整个学院开设与专业相关的素质拓展课等，努力打造具有三个专业都需要的教育教学能力、服务能力的教师队伍。在课程建设与教学中，组织任课教师对同一门群平台课程进行共同备课、共同开发课程标准，根据三个专业的共性及特性开展教学活动。鼓励教师就三个专业的共性部分相互交流、相互提升；在特性方面，按照授课特点及专业要求分模块教学，共同完成教学目标和任务，不断提升教学质量。通过专业群教学团队建设，学院内具有高级职称的教师比例达到40%以上，"双师型"专业教师比例达到90%以上，校外兼职教师及柔性引进人才比例达到35%以上。

5. 文化融合，拓展校外基地功能

（1）加强与区域行业企业合作，共建一体化校外实训基地。校企合作必须适应社会与区域市场的需求，必须以区域经济发展为目标。因此，了解行业企业的需求和发展趋势，对高职院校专业群建设有着十分重要的意义。旅游学院在旅游专业群建设的过程中，进一步拓宽校企合作的口径，由单一的专业与某个企业合作发展为专业群整体与企业集团合作；以常务理事会、会员单位等身份加入部分行业协会组织。与相关行业企业的紧密合作，使学院能更好地为区域旅游服务行业培养职业技能人才，也为学生的实习、实训以及未来的职业发展打下了良好的基础。

旅游专业群校外实训基地建设，以职业生涯规划实践基地、实习基地、就业基地"三位一体"为目标，注重专业群的共享性，推动各专业学生的相互学习与交流，注重专业的深入性，促进了学生职业能力的提升、实践教学的规范化、顶岗实习的职业化。在考虑学生专业能力的同时，也鼓励学生跨专业实习与就业。

目前，杭科院旅游专业群共建立了 35 个校企合作实习实训基地，其中 5 个实训基地为 3 个专业所共享。如 2016 中国杭州 G20 峰会，学院通过与杭州国际博览中心合作，派遣学生到接待酒店、峰会主会场、旅游景点等提供全面服务。学生表现出来的专业素养与技能，得到了中共浙江省常委、杭州市委书记赵一德及杭州市副市长陈红英的专门批示与肯定；学校也获得了"服务保障 G20 杭州峰会先进单位"的荣誉称号。

（2）加强专业群内涵建设，注重校企文化融合。为了使培养的学生能够很好地适应并融入相关行业企业的发展，学院专门成立了"专业群建设指导委员会"，并在人才培养方案制订初期就与行业企业对接，邀请行业企业专家参与方案论证会，使人才的需求契合度达到较高水平。同时，学院还利用多种渠道，培育学生的专业技能，有意渗透、营造企业文化，聘请合作企业的经理、技术骨干做兼职教师、开设讲座，使校企之间有深度的文化融合，使学生在校期间就可以对接业内的理念、技能和要求。学院还针对学生的专业归属感和就业、择业是非观，开设了"第二课堂""始业教育①""就业与职业规划""创新创业教育"等课程与讲座，邀请企业专家、毕业生结合自己的工作经历和人生感悟与学生进行交流、座谈。校企双方的长期互通合作，在一定程度上提高了学生的就业能力，培养了学生的可持续发展能力，也促进了校企双方的合作交流、文化融通。②

---

① 始业教育是指学生到一个新的学习环境后，对其进行的开学前的一段适应性教育，宣讲学校（学习环境）的一些校规、纪律、规范等。同时，可能伴随一些小小的测试，按成绩分班等。当前，始业教育是被各阶段学校所采纳的一种教育方式。

② 吴海丽. 高职旅游专业群建设实践之探索——以杭州科技职业技术学院旅游学院为例 [M]. 湖州职业技术学院学报，2017（2）：80-83.

第三章　专业群建设的问题与对策

充分发挥职业教育就业导向作用，引导农村剩余劳动力向城镇和非农产业有序转移。重点加强农民工、农民工子女和城市转岗就业人员的职业教育和培训。在城镇化建设中科学规划职业教育，院校布局更加贴近所服务的产业和社区。新增高等职业学校主要向中小城市布局。根据各主体功能区的定位，推动区域内职业院校科学定位，使每一所职业院校集中力量办好当地经济社会需要的特色优势专业（集群）。

——教育部等六部门关于印发《现代职业教育体系建设规划（2014—2020年）》的通知（教发〔2014〕6号）

通过对专业群建设现状进行研究，找出存在的问题，分析产生的原因，并针对问题提出解决对策和利于专业群发展的建议，从而促进专业群建设，提高高职院校的社会知名度和服务社会的能力，实现高职教育目标是高职院校专业群建设的重要环节。

一、专业群建设存在的问题

1. 缺乏共享理念，协同创新机制不够完善

专业群常由一个或若干个相近或相关专业及其专业方向共同组成，可在同一个实训体系中完成其基本的实践性教学，具有良好的共享性；专业群的核心理念是共享理念[①]。在我国的高职院校中，专业群的内部管理因院系设置、行政部门划分的束缚，导致缺乏共享理念，共生发展意识不强。这主要表现在：一方面，从属于不同行政部门的专业群内的教师沟通、交流不充分，合作意识不够强，影响了专业群的教育教学工作，阻碍了专业群内教师团队力量的发挥。另一方面，专业群的优质

① 李玉珍，肖怀秋. 高职院校专业群建设存在的问题与对策分析 [J]. 当代职业教育，2016（6）：28-31.

教学资源共享度不够高。实训设备、实训室、实训基地等教学资源分属于不同的专业系部，专业群内各教学单位间共享难度大，实训设备、实训室的利用率不够高。此外，专业群内专业相似课程的合并与取舍间存在矛盾，课程开设与岗位群的针对性、人才培养与产业链的适应性都是专业群共生发展必须解决的问题。①

高职院校专业群建设多以高职院校下设的系或教研室作为主体，倾向于沿袭院系现有的规章制度。而院系的规章制度与专业群建设发展的适配性不高束缚了专业群的协同创新，导致群内各专业间的协同创新停留在表面；在专业发展上马太效应明显，优势专业与弱势专业不能够优势互补，弱化了专业群的协同创新能力；缺乏长效发展机制，专业群建设缺乏整体规划，专业群内各建设主体间的责任划分不清，专业群建设的工作机制不够完善②。

2. 人才培养目标泛化，学生就业岗位趋同

部分专业群建设未能有效对接产业群发展，专业设置与企业岗位用人需求严重脱节，有的甚至只是直接将原有专业大类想当然地"分化"出名义上的专门化方向，进而"拼凑"出一个专业群。同时，在人才培养目标、课程设置与技能实习等方面也未做出相应的调整，导致人才培养目标因泛化而区分度低，学生就业岗位趋向同一。人才培养目标的模糊，造成了职业院校教学行为的混乱，使得本应该有序的课程体系变得比较紊乱。而学生所掌握的专业技能在无法进一步向专门化拓展的时候，其通用性特征又在无意识中损害了专业群建设的现实意义，并戕害了职业院校专业建设的生命力与社会吸引力。换言之，许多职业院校在专业群建设中尚未真正理解专业与专业的关系，以及作为整体的专业群存在的现实意义③。

3. 专业划分合理性不够，设置"雷同化"现象严重

专业群建设可以说是以专业建设为核心的资源整合活动，有利于资源有效利用并形成高职院校专业的集群优势，所以属于同一专业群的多个专业应该具有共同的行业基础或行业背景，且有共同的资源基础与技术基础。从这些专业内部来看，由于有共同的职业基础、资源、技术和社会基础，其内部存在共同的课程基础，如存在共同的基础理论课程、共同的技术课程，甚至存在共同的核心课程。但是，实际上，很多高职院校的专业划分不够科学合理，很牵强地把一些不相关的专业组合到同一专业群里，造成资源不但没有得到共享，反而限制了该专业群的发展。④

近年来，为了争夺生源，各职业院校纷纷根据学生的择业意向开设热门专业门类，而这些门类大都趋同，由此造成了各职业院校开设的专业门类新而不强、多而不精。专业设置的随意性和盲目性导致各职业院校专业设置"雷同化"现象严重，这样建设起来的现代化专业群也就存在很大问题。其不但降低了职业院校的整体办

---

① 刘阳，高树平. 高职院校航空类专业群建设的问题及对策研究 [J]. 长沙航空职业技术学院学报，2017 (6)：15-17，21.
② 刘阳，高树平. 高职院校航空类专业群建设的问题及对策研究 [J]. 长沙航空职业技术学院学报，2017 (6)：15-17，21.
③ 姜汉荣. 职业院校现代化专业群建设的问题与对策——基于专业群的"现代性"认识 [J]. 职教论坛，2017 (36)：14-18.
④ 胡蕙芳. 论专业群建设过程中的经验与问题 [J]. 浙江工商职业技术学院学报，2010 (6)：47-50.

学水平，而且导致大量办学资源的浪费[①]。目前，已经有越来越多的高职院校意识到打造专业群的意义，但是专业群内专业划分盲目、片面，缺乏科学性和合理性，从而难以保证高职教育的特色和专业建设的针对性、特殊性和科学性，进而难以使专业建设与经济社会发展、市场变化趋势相符合。

以郑州市为例，各院校之间开设专业的重复率较高，导致专业发展方向不够明晰，办学实力差异明显，过于"大而全"。郑州市地方高职院校开设专业大类统计见表 3-1。

表 3-1　　　　　　　　郑州市地方高职院校开设专业大类统计

序号	专业大类名称	所属产业	涵盖专业（个）	所占比例（%）
1	农牧渔业	一	8	2.4
2	交通运输	三	36	10.7
3	生化与药品	二	24	7.1
4	资源开发与测绘	二	6	1.8
5	材料与能源	二	20	5.9
6	土建	二	12	3.6
7	水利	一	11	3.3
8	制造	二	25	7.4
9	电子信息	三	24	7.1
10	环保、气象与安全	三	6	1.8
11	轻纺食品	二	12	3.6
12	财经	二	33	9.8
13	医药卫生	三	20	5.9
14	旅游	三	12	3.6
15	公共事业	三	11	3.3
16	文化教育	三	25	7.4
17	艺术设计传媒	三	38	11.3
18	公安	三	2	0.6
19	法律	三	12	3.6
	总计		337	100

---

① 刘洪．"现代化专业群"建设发展存在的问题和建议［J］．电脑知识与技术，2018（2）：102-103．

郑州市地方高职院校开设的专业涵盖了教育部颁布的《普通高等学校高等职业教育（专科）专业目录》中的 19 个专业大类、79 个二级学科中的 63 个专业。大部分专业分布于财经、土建、电子信息和艺术设计传媒大类。专业分布不均衡，表现在二级学科专业覆盖率较高的专业大类中专业的分布以及院校开设的专业方面。例如，在财经大类中，郑州市 33 所高职院校中有 29 所开设了会计专业，60% 以上的学校都开设了物流管理、电子商务和市场营销等专业。在电子信息大类中，20 所学校开设了计算机应用技术专业，17 所开设了计算机网络技术专业。①

4. 专业设置与产业岗位对应度低，关联性不强

职业院校的专业群设置一般都会以示范或品牌专业为核心，根据本地产业群岗位的需求再聚合多个专业，形成专业方向不一、办学规模不等的专业群。但在实践中，职业院校往往轻视专业结构与产业结构的吻合度调研，专业群结构与产业群结构的吻合度调研更是鲜见。在政策与利益而非自身发展需要的驱动下，许多职业院校认为同一专业大类下都可以形成不同专门化方向的、任意的专业组合。这种多个专业简单组合成"群"的行为，忽视了产业群对不同专业岗位人才需求的内在逻辑性，从而造成专业群内的专业设置架构松散，缺乏真正的关联度。这种不合理的结构设计严重影响了专业群建设的可持续发展，也对产业集聚发展背景下专业设置"进""退"机制的有效运作形成了阻碍。②

以航空类专业群为例，就存在航空类专业群与航空产业链对接不够紧密的问题。航空职业教育跟不上航空产业飞速发展的步伐，航空职业教育链与航空产业链的对接不够紧密。随着低空空域的进一步开放，临空经济快速发展，将成为民航产业发展新的经济增长点。此外，2020 年我国将建成 500 多个通航机场，通航产业将迎来快速发展期。而高职院校航空类专业的教育教学改革步伐明显滞后于航空产业转型升级的进程，教学链与产业链、岗位链融合的深度还不够，相关高职院校对行业企业的人才需求情况了解得不够精准，行业企业参与的办学模式、培养模式、教学模式、评价模式改革的积极性尚未调动起来，导致高职院校难以较好地满足产业对人才的需求，行业企业缺少优质技术技能人才；加之高职院校未走出校园开放办学，与行业企业的合作浮于表面，建设专业群的内在逻辑停留在按照学科设置专业和按照当下就业热门设置专业，导致高职院校专业设置趋同，人才供给过剩，学生就业难，教育资源严重浪费。③

此外，专业群建设还存在偏离特色产业发展的问题。一般来说，每个城市都有自己的特色产业，需要大量与特色产业对接的高素质技能型人才，然而部分高职院校在专业建设方面没能很好地与当地的特色产业接轨，无法满足地区产业及经济发

① 姚瑶. 地方高职院校专业群发展对策研究——以郑州市为例 [J]. 太原城市职业技术学院学报，2018 (4)：1-3.
② 姜汉荣. 职业院校现代化专业群建设的问题与对策——基于专业群的"现代性"认识 [J]. 职教论坛，2017 (36)：14-18.
③ 刘阳，高树平. 高职院校航空类专业群建设的问题及对策研究 [J]. 长沙航空职业技术学院学报，2017 (6)：15-17, 21.

展需求。①

5. 专业群建设成效低于预期

有的高职院校构建了专业群之后，专业群并没有发挥其辐射带动作用，没有形成自己的专业特色和品牌优势。原因在于这些院校没有合理地对专业群进行管理和依据经济发展与社会发展的需求进行调整和优化②。此外，专业群建设过程中还存在核心专业的辐射带动作用不明显等问题。

如何使专业群具有提升各专业实力的功能，如何充分发挥专业群在人才培养工作中的作用，实现教育教学管理在人才培养过程中的实质性融合，这些都需要在实践中逐步摸索。③

6. 专业群评价机制尚未建立

专业群建设评价指标体系是专业群建设的主要依据和参照标准，专业群建设的好坏很大程度上取决于是否有科学合理的专业群评价指标体系。所以现代化专业群建设的关键是完善相关的评价机制。由于各高职院校情况不一，还需要制定一套切合自身实际的专业群建设评价体系和标准，这样不仅能够促进专业群建设，还能带动整个学校教学水平的提高④。

高职教育领域专业群建设的研究起步晚，如何建立一个科学合理、具有指导意义的评价指标体系，现在还没有现成的研究成果和实践经验可以借鉴；实际上，很多高职院校虽然有专业群这一教学机构称号，但还是按专业在建设，关键是专业群的评价机制没有建立起来。高职院校应当制定一套切实可行的专业群建设评价体系和标准，按一定的周期进行考核，不仅能促进专业群建设，而且对学校整体专业建设有提升作用，更主要的是能带动整个学校教学水平的提高。如浙江工商职业技术学院已经连续多年组织开展专业群建设进展情况评比，评比内容主要涉及专业建设、课程建设、教材建设、师资队伍建设、教学改革、技能比赛、教学成果奖、教研教改论文八大项。评比取得了较好的效果，导向作用明显。但是，这其中还存在不少问题，比如：其一，项目组设计的只是专业群年度建设评比计分标准，未构建专业群建设水平评价指标体系，而且现有的部分评价指标和分值的确定都是经验总结，其科学性有待检验；其二，评比把项目都按分数量化，如何用定性的方法设计指标的分值、权重还需探讨；其三，专业群（专业数、教师数）规模不同，如何更合理地体现公平性仍需探讨。⑤

7. 专业群的管理与运行存在不足

专业群组织管理机制问题是专业群建设中最重要的现实问题。专业群是专业集合而无行政序列，从组织管理上很难实现综合协调管理；专业群整体竞争优势的发

---

① 李洁. 基于湖北产业发展需求的高职院校专业建设研究 [J]. 产业创新研究，2018（8）：46-48.
② 刘洪. "现代化专业群"建设发展存在的问题和建议 [J]. 电脑知识与技术，2018（2）：102-103.
③ 胡蕙芳. 论专业群建设过程中的经验与问题 [J]. 浙江工商职业技术学院学报，2010（6）：47-50.
④ 刘洪. "现代化专业群"建设发展存在的问题和建议 [J]. 电脑知识与技术，2018（2）：102-103.
⑤ 胡蕙芳. 论专业群建设过程中的经验与问题 [J]. 浙江工商职业技术学院学报，2010（6）：47-50.

挥离不开统一协调管理，专业群管理体系上的松散性与专业群、产业群融合的一致性是相矛盾的①。

许多高职院校虽然已经把专业群建设纳入学校的发展规划，从机制上建立了专业群，但实际上仍然停留在传统的专业建设的思路上，对专业群的组织架构、人事安排、待遇薪酬等管理与运行方面的考虑欠缺。比如，未完善相关岗位职责和管理制度；专业群负责人权责不明，处境尴尬，无法充分发挥作用。另外，如果突破资源共享、专业灵活调整等专业群建设的单一目的倾向，以更开放、更宽阔的视野来看待专业群建设，则可能会出现跨分院、跨学科组群，甚至有的专业可能同时属于不同的专业群等情况。在这样的情况下，专业群内各专业之间的关系应如何处理，专业群应以什么样的组织形式来进行管理，则成为高职院校专业群建设实践中必然要面对的问题②。如湖南商务职业技术学院商贸类专业群建设以市场营销专业为核心专业，以电子商务专业、连锁经营与管理专业、物流管理专业、国际贸易专业为相关专业。从专业群发展的角度，需要群内各专业组成一个整体，做到与产业对接；同时，群内各专业资源做到尽可能地共享。但现实中，专业群内各专业分属不同的教研室，各教研室出于行政约束与绩效考核的需要，往往以争取本部门的利益为出发点，因此专业群建设的过程中受组织管理机制的影响，专业群仅是教研室的组合，各自为政的小团体现象明显存在，一定程度上阻碍了专业群共享优势的发挥。③

二、专业群建设问题的原因分析

导致"群"观念不强的主要原因就是专业群的组织形式和行政管理模式束缚了其发展④。

1.专业群建设思路停留在传统模式上

许多高职院校都将专业群建设纳入其发展规划中，从机制上建立了完整的专业群，但是建设思路实际上还停留在传统模式上。因此，许多高职院校在专业群的组织架构、认识安排等专业群的管理与运行方面，都存在很大的不足。⑤

传统的教育教学思维模式束缚了专业群的建设发展。在教学中，某些课程还在沿用以"教师、教材、课堂"为中心的传统教学方式，仍然采用学科体系的三段式结构，强调教材和理论知识，还存在着"教材知识观"，认为教材就是知识的源泉。专业课程的授课方式还是讲授式，强调理论基础知识的积累，并强调知识的完整性与系统性，而不是在实践中学习理论基础知识，存在着理论知识的"基础观"。传统的教育教学模式在一定程度上阻碍了现代教育技术的应用，降低了学生的学习质

① 卢宁."双一流"背景下高职院校商贸类专业群建设探讨——以湖南商务职业技术学院为例［J］.教育科学论坛，2018（2）：94-98.
② 胡蕙芳.论专业群建设过程中的经验与问题［J］.浙江工商职业技术学院学报，2010（6）：47-50.
③ 卢宁."双一流"背景下高职院校商贸类专业群建设探讨——以湖南商务职业技术学院为例［J］.教育科学论坛，2018（2）：94-98.
④ 王东梅.高职院校特色专业群建设中存在的问题及对策［J］.辽宁省交通高等专科学校，2014（8）：61-63.
⑤ 刘洪."现代化专业群"建设发展存在的问题和建议［J］.电脑知识与技术，2018（2）：102-103.

量和学习兴趣的培养。传统的教育教学模式对专业群建设造成了一定的制约与阻碍，难以满足岗位发展对复合型人才的需求，降低了教学质量，阻碍了专业群的发展。高职院校在专业群建设过程中，应摒弃这种教育教学思维，教学方式要适应岗位对人才提出的新要求。

2. 校企合作和产学研合作机制不健全

狭义上的群共享通常是指校内专业群之间的共享；广义的群共享应是校企共享、校际共享，是打破校企或校际界限的共享。就目前来看，校企或校际群共享合作程度不够，而且合作制度不健全，深度合作困难重重。

校企深度合作主要包括：企业参与专业、课程建设，提供兼职教师作为实习指导教师，提供顶岗实习基地和教师培训基地等。目前，高职院校的校企合作主要存在浅表层合作和形式化合作的问题，这种合作没有形成制度，没有一定的约束力和保障措施，导致现有合作不能顺利进行，深度合作受阻。而且，现有合作中还存在学校单向热情、企业不够重视的问题，企业在合作过程中没有获得经济效益和智力支持。总之，校企合作的长效、稳定、紧密机制还没有真正形成。①

为了深化校企合作和产学研合作，实现校企合作和产学研合作稳定、持续、深入开展，推行互利共赢的制度化合作机制尤为重要。通过稳定的校企合作机制保障，一方面，学校为企业直接培养和输送优秀人才；另一方面，企业为专业群建设提供各种行业资源和学生实习实训的机会，实现校企双方的双赢，也为建立长期稳定的合作关系提供了保障。在专业群建设过程中，我们应该鼓励企业深度融入专业群建设，如提供兼职教师参与专业群教学，为学生提供顶岗实习的机会，为教师提供下厂锻炼的机会，也可将员工培训与专业群建设相结合，让学校承担企业员工培训任务，实现校企双赢。②

3. 专业群内资源短缺问题还比较突出

专业群建设需要有效实施资源整合，以形成高职院校核心发展力。而专业群建设中的资源主要包括实习、实训资源和师资等方面，资源限制导致专业群优势受限。

（1）实习、实训等教学资源不足。实习、实训是高职教育的特色之一，是高职教学活动的关键环节；实习、实训基地是专业群建设的重要一环，也是专业群建设与发展的保障。在专业群的建设中，必须对实习、实训资源予以充分考虑，没有实习、实训基地的现代化，就不会有专业群的现代化。

实训基地人力、财力和物力的投入在专业群建设中占比最大，也是最难以得到保证的，因为在技术进步和产业发展的步伐不断加快的背景下，专业岗位技能持续变革，专业群的专业化方向也随之不断变化，专业设置"进""退"频率的加快，以及技术革新促进教育创新等都给实训基地建设带来了诸多的不确定性。③

① 王东梅. 高职院校特色专业群建设中存在的问题及对策 [J]. 辽宁省交通高等专科学校学报，2014（8）：61-63.
② 李玉珍，肖怀秋. 高职院校专业群建设存在的问题与对策分析 [J]. 当代职业教育，2016（6）：28-31.
③ 姜汉荣. 职业院校现代化专业群建设的问题与对策——基于专业群的"现代性"认识 [J]. 职教论坛，2017（36）：14-18.

近年来，职业教育越来越受到重视，国家陆续投入大量专项资金，购置一些实习、实训设备和教学资源。但是，职业教育实训设备更新较快，需求量较大，虽然加大了资金的投入，但还是不能完全满足专业群内学生实习、实训的需要。这种情况产生的原因主要有以下三个：一是资金问题，职业教育不同于普通教育，有教室和教师就能完成授课，学生就能学到将来从事某一岗位或岗位群所需的能力；职业教育需要通过实际的操作训练，学生才能把一些默会知识转变成自身的技能，这就需要提供更多的实习、实训设备供学生实际操作。由于实训设备的昂贵性，很多职业院校没有经费购买足够的设备。二是没有整合实习、实训设备，导致有些院校设备不足，有些院校设备出现闲置、利用率低下等现象①。三是专业群实训基地往往就是原有专业实训基地的简单组合，自然无法实现高水平运作。

此外，在校外顶岗实习资源方面也存在资源不足问题。顶岗实习是高职教学活动的特殊环节，存在学生发生劳动伤害的可能；顶岗实习的管理主体也存在多元性，学校和实习单位为了规避劳动伤害风险，一定程度上限制了实习内容和规模，从而限制了本来就有限的实习资源。

（2）双师型教师队伍数量不足，结构有待进一步优化。师资是专业群建设中最为基础的资源，而"双师型"师资是专业群建设中的核心资源。很多高职院校虽然注重专业群师资队伍建设，但是双师比例还没有达到优秀水平，即教育部规定的优秀院校专业基础课和专业课中双师素质教师比例达70%以上②。就双师类型而言，高职院校专业群内的教师大部分为双职称型教师，而双素质型教师（双证书+双能力+双融合）较少；就教师能力而言，专业群内教师中年轻教师相对较多，而专业带头人、专家、教授等资深教师数量严重不足，并且在本行业中影响力较低，校内专职教师较多，企业专家较少；就师资培养而言，双素质教师的培养渠道比较单一，主要是通过获得中级技术职称及其有关专业资格的"双证"形式，有部分教师是到企业挂职锻炼，但是这种挂职锻炼还停留在"挂"的层面上，没有融入岗位中，做到顶岗实践。专业群内的年轻教师有强烈的进修培训的期望，对自己能力、素质的提高也有较高的要求，但受限于各种资源与现实情况，难以真正做到深入一流院校或行业标杆企业进行深造或挂职锻炼，对提高教师素质、能力不利，也影响了专业群的建设效果③。在职称结构上，高职院校年轻教师较多，职称较低，导致副高级职称缺乏，教师团队职称结构不合理。

4. 专业群内教师考核与激励存在问题

在专业群建设中，教师队伍建设是根本，教师团队工作的积极主动性直接影响着专业群建设效果，因此专业群内教师的考核与激励非常重要。从体制上来说，高职院校专业群建设受行政管理体制的影响，专业群内教师的考核与激励工作主要由教研室和院系负责，并无专业管理机构对各专业群统筹管理，同时也无法从整体上

① 王东梅. 高职院校特色专业群建设中存在的问题及对策 [J]. 辽宁省交通高等专科学校学报，2014（8）：61-63.
② 教育部办公厅. 关于全面开展高职高专院校人才培养工作水平评估的通知 [Z]. 2004.
③ 卢宁. "双一流"背景下高职院校商贸类专业群建设探讨——以湖南商务职业技术学院为例 [J]. 教育科学论坛，2018（2）：94-98.

实现对专业群内教师的考核与激励；就考核与激励本身而言，对专业群内教师团队的负向考核较多，正向激励较少，难以调动专业群内教师的积极性和创造性。①

5. 专业群的教学与管理信息化程度低

"信息化"是"现代化"所蕴含的应有之意。专业群的"现代化"，前提就是"信息化"。"信息化"从根本上来说，其实是一个基于信息技术的"作用力"，作用于一定范畴内的各个要素并使之紧密结合而成为有机体系或系统。但是在现代化专业群建设中，还存在着对"信息化"的片面认识，认为专业群的"信息化"就是"信息化教学"，由此产生了实践偏差，将很大一部分精力用在了教学的"信息化"上，有的甚至局限在了课堂教学的"信息化"上。还有部分职业院校的开放共享意识薄弱，专业群理实一体教学设施设备的投入和数字化教学资源建设均立足于一地一校一专业，没有形成事实上的课内与课外、校内与校外，以及专业群内各专业之间的有效衔接，不自觉地形成了专业群的"信息孤岛"，根本不可能与产业发展构成必要关联，更不要说与相关企业的生产形成实际联系。②

三、专业群建设的总体策略

加强专业群建设，既是高职院校内涵建设的要求，更是其提高办学水平和人才培养质量的有效抓手。专业群建设不是原有专业的简单拼盘，而是要通过专业群建设优化学校的专业结构，打造专业品牌，凝练专业特色，进而通过建设一流专业群形成学校的办学优势和特色③。为此，要采取以下总体策略：

1. 理念先导，合理构建

高职院校专业群建设只有从以下基本理念出发，才能实现合理构建：一是以问题为切入点。我国高职教育起步于市场经济，其发展理念主要是以市场为导向。这种指导思想在当时高职教育起步阶段对扩大职业教育办学规模、促进高职教育发展起到了很好的指导作用，但随着我国经济结构调整和产业转型升级，这种市场导向的指导思想已经不能适应高职教育从规模扩张向内涵发展转变的需要，从而导致高职教育专业设置存在着许多问题：高职院校片面追求效益，专业设置低水平重复；专业定位不明确，办学同质化现象严重；专业资源配置效率低，服务产业的能力有待提升。专业群的构建应以问题为导向，着手解决高职院校专业设置中存在的现实问题。二是以"职业联系"为依据。高职专业群的建设势必引起专业结构的解构与重构，以什么为依据动态调整专业结构、组织教学、整合资源是专业群建设的根本问题。目前，存在着"学科联系"和"职业联系"两种主导的高职专业群建设理念④。"学科联系"是指在学科基础上设置专业，"职业联系"是指在对接产业、职

① 卢宁."双一流"背景下高职院校商贸类专业群建设探讨——以湖南商务职业技术学院为例 [J]. 教育科学论坛, 2018 (2)：94-98.
② 姜汉荣. 职业院校现代化专业群建设的问题与对策——基于专业群的"现代性"认识 [J]. 职教论坛, 2017 (36)：14-18.
③ 张连绪. 高职院校专业群建设的目标、逻辑与制度 [J]. 广州职业教育论坛, 2014 (10)：1-5.
④ 沈建根, 石伟平. 高职教育专业群建设：概念、内涵与机制 [J]. 中国高教研究, 2011 (11)：78-80.

业岗位的基础上设置专业。高职教育是一种跨界教育，兼具职业性和教育性，培养面向一线的高技术技能人才是其基本定位，一线的岗位知识和技术应是高职教育的主体内容。"学科联系"更适合培养研究型人才，学科内在逻辑易限制产业的现实要求和对专业培养方向的实际需求。"职业联系"的本质是工作要素的关联，任何职业能力都是在知识与具体工作要素之间形成的联系，因此，"职业联系"应是高职专业群构建的依据。三是以引领产业为目标。现代职教理念要求职业教育服务需求、服务经济社会和人的全面发展，与技术进步和生产方式变革以及社会公共服务相适应。我国的高职教育已经从紧跟产业发展阶段进入到了目前的对接、服务产业发展阶段，为经济社会的发展提供人才和智力支撑[①]。但是，高职教育的发展绝不能止于此，要创新高职教育发展观，高职教育应由对接、服务产业向引领、提升产业发展转变。通过专业群的构建，重塑教育价值链，培养职业精神与职业技能高度融合、具有人文情怀、精益求精、追求卓越的大国工匠，将高职院校建成技术技能积累、创新的聚集地。[②]

2.动态调整，有序发展

为保持专业结构及专业群的活力，高职院校要紧跟产业发展趋势，根据产业发展要求建立专业动态调整机制，使专业始终紧密对接产业。

（1）高职院校应基于区域经济发展动态调整专业群结构，构建适配的专业技术群。职业教育要紧密围绕当地主导产业与实体经济科学设置专业，加大技术技能人才的培养力度，提高服务地方经济和社会发展的能力。专业群建设要立足当地经济发展，与当地主导产业适配，专业群构建之初要做好市场调研并建立动态调整机制，构建适配的专业技术群。

（2）高职院校要合理确定专业群内各专业的招生人数。专业群内常有两个或两个以上的专业，群内各专业的协调发展是专业群建设的根本，如果专业间发展失衡，那么专业群建设是失败的。专业间发展失衡，也不利于专业群的健康有序发展，会严重制约专业群培养高质量的复合型人才。杨开亮以深圳职业技术学院为例，探讨了专业群各招生专业的均衡问题，提出了"三阶段"人才培养计划并制定了专业修读细则，值得我们借鉴。

深圳职业技术学院在招生时以二级学院为单位"宽口"招生，入读第一年不分专业，从第二或第三学期开始再选择专业方向。目前，学院按专业群招生的类别主要为以下两种：一种是将二级学院内的全部专业联合为一体，按同一专业群名称招生；另一种是将二级学院内的某一部分专业联合为一体，按同一专业群名称招生。以第一种专业群招生为例，学院将二级学院——汽车与交通学院（共计 5 个专业）作为试点，在 2010 年的招生计划中，按"汽车与交通"1 个专业群对外招生，招生计划总数为 480 人；专业群的招生人数按照总数控制原则，在高考招生时不分专业，考生只需报名填写专业群名称，具体专业在入学一年后进行二次填报。深圳职

---

① 朱厚望.产教融合、校企合作视域下高职专业结构调整研究与实践［J］.中国职业技术教育，2014（26）：57-61.
② 刘阳，龚添妙.中国制造 2025 背景下服务产业发展的高职专业群建设研究［J］.机械职业教育，2017（1）：26-28.

业技术学院汽车与交通学院专业计划招生人数分配见表3-2。

表3-2　　　　深圳职业技术学院汽车与交通学院专业计划招生人数分配

序　号	专业	招生人数分配
1	汽车运用技术	120～160
2	汽车技术服务与营销	80～120
3	汽车电子技术	40～80
4	交通安全与智能控制	80～120
5	城市轨道交通控制	40～80

　　深圳职业技术学院汽车与交通学院制订了以专业群课程平台为基础的人才培养计划，其中包含三个能力课程模块，即公共基础能力培养阶段+专业核心能力培养阶段+综合拓展能力培养阶段（简称"三阶段"）。按专业群招生的"三阶段"人才培养框架计划见表3-3，第一学年为公共基础能力培养阶段，课程设置包括全校公共基础课程和专业群平台课程；第二学年为专业核心能力培养阶段，课程设置包括专业核心课程、专业技能训练课程；第三学年为综合拓展能力培养阶段，课程设置包括本专业的限选课程、专业群任选课程、顶岗实习与毕业作品等。在学院的人才培养计划中，公共基础课程、专业核心课程、顶岗实习与毕业作品属于二级学院管理范围内的必选课程；任选课程为校级管辖开设的人文修养类课程，学生均可不分专业进行选修。[1]

表3-3　　深圳职业技术学院汽车与交通学院按专业群招生人才培养框架计划

学年	培养阶段	课程体系	学分
第一学年（一、二学期）	公共基础能力	公共基础课程、专业群平台课程	50
第二学年（三、四学期） （第三学期为第一次专业分流时间）	专业核心能力	汽车运用技术 汽车技术服务与营销 汽车电子技术 交通安全与智能控制 城市轨道交通控制	31
第三学年（五、六学期） （第五学期为第二次专业分流时间）	综合拓展能力	任选（人文修养类） 必选（顶岗实习与毕业作品）	28
合计			109

---

① 杨开亮. 高职院校按专业群招生需要权衡的问题及对策 [J]. 温州职业技术学院学报，2010（12）：26-29.

（3）基于专业大类设置群名称。我国高等学校专业目录在设置时采取了专业大类、专业类和专业名称的层级分类法，而目前大多数高职院校在设置专业群时，是基于专业类甚至专业名称进行设置的，这不利于专业群动态结构调整。若在构建专业群之初就从专业大类的角度出发，则有利于专业群在发展过程中动态调整专业，顺应行业发展需求，也有利于进行群公共基础课和群专业基础课及群公共实践课程的配套改革，既利于学生专业综合技能的培养，又利于学生职业能力的迁移，还可基于行业对复合型人才培养的具体要求及时调整群内各专业人才培养计划或设置符合新要求的专业方向，使专业群的发展与经济发展同步。[①]

3. 调整布局，优化结构

（1）开展专业群与产业群的结构吻合度调研。这是合理设计专业群架构的前提。为产业群提供人才支撑是专业群建设的根本方向，决定着现代化专业群的未来发展。专业群与产业群的结构吻合度主要体现在供需两侧的均衡上，表现为专业群专门化方向的结构及各专业人才培养规模与产业群岗位需求结构及人才需求数量、层次保持协调。这需要职业院校主动联合行业组织与区域内骨干企业，通过严谨的工作程序开展好专业与产业的吻合度调研，以获得与产业群对应的专业结构；在形成人才需求报告的基础上，专业建设指导委员会对专业群各个专业的设置需求进行充分论证，确定专业设置的可行性，并规划好各专业的相对规模和人才层次——中专、高职（大专）甚至本科阶段多个层次的教育，以保证专业群毕业生的专业所学与本地就业岗位高度吻合。

（2）进行区域内的教育布局规划。这是专业群优化发展的关键。保证专业群与产业群结构的较高吻合度，关键是区域内各职业院校在主管部门的统筹规划下能够进一步明确自己的功能定位与专业服务领域，避免因同一专业群的重复建设导致专业群与产业群的结构失衡以及最后的人才供需矛盾。这实际上就有一个专业集聚发展的问题：一方面，专业群建设是产业在某一区域集聚成群发展的客观要求，可以提高人才培养的针对性，解决结构性就业矛盾，更好地服务产业群发展；另一方面，专业集聚发展背景下的人才培养可以最大限度地对接产业群发展，统筹教育教学资源，提高人才培养效率。

（3）拥有国际化的办学思路。这是专业群获得更大发展空间的保障。随着我国在国际分工中扮演越来越重要的角色，众多领域所取得的成功经验已然成为世界范围内的中国方案、中国智慧，中国社会主义特色的职业教育也必将为世界发展做出更大贡献。我国职业教育在学习、借鉴先进职教理论与实践的基础上，完全可以依托"一带一路"等倡议深度参与国际分工与合作，面向世界培养技能人才。这需要我国的职业教育人员深入研究国际分工与产业布局，细化专业门类，提升我国职业教育培养国际化人才的能力。[②]

（4）聚焦专业方向，优化专业结构。高职院校专业结构是专业群建设的核心要

① 李玉珍，肖怀秋. 高职院校专业群建设存在的问题与对策分析［J］. 当代职业教育，2016（6）：28-31.
② 姜汉荣. 职业院校现代化专业群建设的问题与对策——基于专业群的"现代性"认识［J］. 职教论坛，2017（36）：14-18.

素，紧密对接行业的专业结构是形成特色专业群的基础。高职院校应根据自身现有特色以及优势，在充分进行行业企业调研的基础上，明确办学定位与服务领域，并根据服务产业的需求，围绕对接的产业链设置专业，通过撤销、新建等手段，优化整体专业结构，促使专业向服务产业聚焦。高职院校要按照产业链对高层次技术技能人才的需求和国家职业资格要求，将服务同一产业链的关联专业组织为专业集群。围绕对接产业链和职业岗位群，将专业基础相通、技术领域相近、职业岗位相关的专业组成专业集群，形成相互支撑、优势互补的格局，并选择特色鲜明、技术领先、基础建设条件较好、具有辐射性的重点专业、龙头专业作为专业群核心专业，统筹整合人才培养目标，实现核心引领、全面发展。①

（5）改变专业群组织构成及职责划分。专业群是专业技术和行政管理双重职能的结合点。专业群管理要建立大教研室的思想，打破原有的管理结构，改变以教研室、系部为主体的传统行政管理组织模式。高职院校进行专业群建设，就要树立面向市场进行企业化运作的管理理念，引进经营型管理的方法，基于这种管理理念，实行"系主任领导下的专业群经理负责制"②。之所以叫专业群经理，主要是因为作为专业群带头人，要具有企业化运作的管理理念、管理才能和丰富的实践经验。"系主任领导下的专业群经理负责制"是在系主任（二级学院院长）的指导下和专业群经理企业经营管理意识的指导下，进行专业群发展、师资团队建设、实训基地建设等的规划，完善系工作规则和评判制度，进行专业群教学资源、资金等人、才、物的分配，协调教学组织和运行，创新人才培养模式。③

4.突出特色，发挥优势

各高职院校的专业群应各具特色。当前，专业设置的随意性和盲目性导致各高职院校专业设置"雷同化"现象严重，这样建设起来的专业群存在很大问题。因此，要进行专业布局调整，着重打造院校办学特色，这样才能缓解院校间的专业同质化。特色发展之路才是可持续发展之道，而专业群的建设正是形成院校办学特色的关键。优先和重点发展的专业应该是专业群中的核心专业、特色专业，也是专业群中师资力量强、办学基础好、社会需求大、有院校特色的优势专业。院校的核心竞争力主要体现在专业（群）建设上，加强专业群建设，有利于在较短的时间内集聚起师资、实训、科研、教改、专业与课程建设等方面的优势，形成合力，创出特色和品牌，提升学院的核心竞争力。④

5.完善机制，强化管理

（1）构建良好的制度保障体系。制度建设是一项系统性工程，也是专业群建设的重要组成部分。政府要为高等职业教育的发展提供条件，保障专业群建设顺利

---

① 刘阳，龚添妙.中国制造2025背景下服务产业发展的高职专业群建设研究［J］.机械职业教育，2017（1）：26-28.
② 黄盛兰.高职院校专业群建设的实践与思考［J］.石家庄职业技术学院学报，2009（1）：1-4.
③ 王东梅.高职院校特色专业群建设中存在的问题及对策［J］.辽宁省交通高等专科学校学报，2014（8）：61-63.
④ 胡蕙芳.论专业群建设过程中的经验与问题［J］.浙江工商职业技术学院学报，2010（6）：47-50.

进行①。

首先，要建立有效的资金分配机制。高职院校教育质量与实验实训设备密不可分，政府作为高职教育经费的主要提供者，要根据地区经济的发展水平与高职院校的办学规模及专业特点，探索科学的拨款机制，而且高职院校的拨款数额应高于普通本科院校，工科专业的拨款数额要高于文科专业。在经费使用方面，也要设立专项资金，专款专用，以保证优势专业、品牌专业的教学资金，加大对重点专业群、重点职业院校的投入，保障实训设施的改善，从而增强学生的实践操作技能。

其次，落实统筹管理职能。为保证专业群建设与行业发展适配，要充分调动企业、行业与社会力量参与专业群建设，形成政府主导，行业、企业、学校与社会合力的多元化办学格局。完善师资培训机制，增加教师编制数，建立师资与学生规模同步协调发展的机制，形成师生比合理的师资队伍，为专业群建设提供人力保证。

再次，要构建完备的校企合作机制，改变当前职业院校热情高涨而企业反应冷淡的局面；要建立和完善校企合作稳定机制，为学生和教师提供实践锻炼的机会，也为企业提供员工培训与继续教育的机会。政府在企业提供了优质的上述社会服务的情况下，可适当减免其税负。只有通过多方联动和良好的机制建设，才能强化高职院校的专业群服务地方经济的作用。②

最后，要以多元化的专业激励约束机制为驱动。为此，一方面要构建新设专业质量监控机制，对新设专业从建设初期开始着手，实施专业办学基本条件合格评估，在建设周期结束后进行专业可持续发展的再评估，将其结论作为专业结构调整的参考依据，进一步决定该专业是继续招生、限制招生还是暂停招生。另一方面要制定激励策略，可设立专项经费，鼓励专业参加国家或国际的专业认证；采取适当的置换激励政策，如"撤一申一"等；实施服务产业特色专业建设计划，支持高校建设一批应用型人才培养的专业集群。同时，建立调控机制。政府教育主管部门要把招生计划、就业情况和专业发展三方面有机结合起来，适当控制连续多年毕业生就业率低于整体平均水平的专业发展规模，控制其招生计划，限期整改，甚至取消招生计划。③

（2）完善专业群的评价机制。首先，高职院校应建立起统一的专业群建设评价体系和标准，并量化成分数。其次，进行绩效评价。评价标准要切合院校实际，满足专业群可持续发展的要求，具有阶段性、具体性和全面性等特点。专业群建设是一种系统化、体系化的专业设置模式，要协同制定相应的人才培养目标，以此为契机，推动现代化专业群建设的内涵发展，建立更加高效、更具弹性的专业结构更新机制④，适应产业结构变革的要求。

（3）校企共谋专业群制度建设，促进其有序发展。为了更好地促进专业群的发展，不仅应该强化对专业群的组织管理，更应该努力建立专业群的运行机制。一般来讲，专业群组织管理采用教研室的管理模式，院系领导担任管理者，完全可以变

① 王东梅. 高职院校特色专业群建设中存在的问题及对策 [J]. 辽宁省交通高等专科学校学报，2014（8）：61-63.
② 李玉珍，肖怀秋. 高职院校专业群建设存在的问题与对策分析 [J]. 当代职业教育，2016（6）：28-31.
③ 姚瑶. 地方高职院校专业群发展对策研究——以郑州市为例 [J]. 太原城市职业技术学院学报，2018（4）：1-3.
④ 胡蕙芳. 论专业群建设过程中的经验与问题 [J]. 浙江工商职业技术学院学报，2010（6）：47-50.

革原有的管理模式。高职院校应引入企业人员参与专业群组织管理，将企业管理与学院治理相结合，即选聘企业的能工巧匠担任专业群带头人，负责专业群的管理工作，明确赋予其指导专业群的课程开发与教学、师资团队建设、统筹配置专业群的教学资源等管理职责。专业群有序发展和持续运转不仅需要优秀的专业群带头人，还需要完善的运行机制。如长沙航空职业技术学院为了维持航空机电设备维修专业群的有序运转，不仅设置了专业群建设指导委员会科学规划、指导专业群发展，而且建立了专业群统筹发展机制，实现专业群与产业链协同发展，确保人才培养能够适应航空机电设备维修产业迅猛发展的要求，带动并提升专业群整体水平。因此，为了进一步使企业参与专业群建设的行为常态化、规范化，高职院校有必要加快制定"校企合作管理办法"，区域政府有必要尽快制定和出台与"校企合作管理办法"相配套的政策，推动专业群与企业在人才培养、课程建设、教学资源建设等方面开展深度合作。[①]

6. 信息化建设，提升水平

高职院校的专业群建设要注重以信息技术为手段，提升专业群建设水平。现代化专业群建设一定是以信息化建设为基础和前提的，只有信息化程度较高的专业群才可能被理解为现代化专业群。专业群的信息化建设主要应在设施设备配套建设、教师信息技术培训和群资源共建共享等方面谋求突破。

（1）设施设备配套建设。现代化专业群设施设备的功能集成度要高，各场所均能通过互联网联结在一起，并通过统一接口进行数据的采集、分析、处理、及时反馈。

（2）教师信息技术培训。专业群专任教师需要掌握一定的信息技术，能够熟练操作各类信息化设施设备开展教育教学活动。一方面，教师要有信息化教学意识，自觉将信息化教学作为提高教学效率的最重要手段贯穿于教育教学的全过程；另一方面，也要充分认识到信息化教育教学手段的局限性，合理地将信息化与各类教育教学活动有机结合。

（3）群资源共建共享。专业群的各类资源，尤其是教育教学资源是以同一产业为纽带而聚集的"类资源"，形式可以多样，但需具有同一指向。专业群资源应该是校企深度合作下产教融合的产物，院校与企业为共同提高人才培养质量而彼此配合，共同建设；要保证实验室、生产性实训室、产品研发中心等设施齐全，设备型号、功能及训练与企业实际生产工艺或服务流程类似，满足广泛开展综合性技能训练等的要求。院校与企业有平等的资源使用权，院校培养学生、企业培养员工，都可以使用专业群共建资源。[②]

总之，为满足"中国制造2025"等一系列国家战略任务的需求，我国职业教育必须积极应对、适应需要、顺势发展。在新一轮的改革发展中，专业群建设将替代专业建设成为最为关键的改革抓手之一。只有建立更加高效、更具弹性的专业结

① 刘阳，高树平. 高职院校航空类专业群建设的问题及对策研究 [J]. 长沙航空职业技术学院学报，2017（6）：15-17，21.
② 姜汉荣. 职业院校现代化专业群建设的问题与对策——基于专业群的"现代性"认识 [J]. 职教论坛，2017（36）：14-18.

构更新机制，并以此为契机，才能更好地推动职业教育内涵式发展，促进职业教育真正走上良性循环、持续推进的健康发展道路。①

案例研究

广东交通职业技术学院专业群调整及组群的探索

思考与讨论：

1. 为什么要强化专业群建设？专业群建设的动因有哪些？

2. 为了促进专业群建设，专业调整与组群应坚持哪些原则？

3. 如何提高专业群组建的成效？

高等职业院校专业群建设既要注重学科基础，更要体现专业群与产业发展、职业岗位需求的关联性。这里我们以广东交通职业技术学院专业群组建为例，系统阐述高职院校专业群组建的思路及举措，以期引领高职院校加快向内涵发展转型。

1. 专业群建设的动因分析

（1）行业转型发展的客观需求。当前，经济发展、产业结构调整与社会人才培养出现了结构性的错位，"技工荒"与"就业难"问题并存，行业发展与产业升级对人才需求提出的挑战日益明显。由于新技术、新工艺和新业态层出不穷，相近技术领域与相近类型人才之间的界限越来越模糊，社会对高素质、复合型人才的需求也与日俱增。加之人才类型结构呈现出新的特点，而对此类人才的培养主要依赖于专业结构的调整，要求专业结构与行业企业的结构匹配、对应。因此，对以培养高素质技术技能人才为己任的高职院校而言，迫切需要树立调整优化专业结构的理念，通过不断地调整专业结构，优化专业布局和人才类型结构，拓宽专业口径，不断提升人才培养质量。②

（2）学校内涵式发展的迫切要求。1999—2012 年，广东交通职业技术学院（以下简称"广交院"）先后开办了 67 个专业，涵盖经、管、文、工，涉及土建、制造、交通运输、电子信息等 11 个专业大类。其专业门类齐全、覆盖率高，但规模差异较大，以交通运输、制造、电子信息、财经、土建五大类为主导，占总体规模的 89%。随着广东省区域经济创新发展、产业结构转型升级及现代职业教育改革与发展，广交院以规模扩张为主的"外延式"发展理念已严重落后。学院专业结构深层问题凸显，制约了学校内生式的发展改革。专业发展主要存在以下几方面的问题：一是专业数量偏多、规模偏小，在校生及师资数量较少，专业规模效应差，市场竞争力弱；二是专业间学科关联性差，专业间的相互支撑作用不够，未形成专业集群，培养定位不清晰；三是专业特色不够鲜明，专业设置前瞻性较差，与新兴产业相关的专业设置明显滞后，交通行业特色有所淡化；四是专业结构与产业结构不匹配，结构性短缺；五是专业岗位对口度较差，学生职业综合能力有待加强，毕

① 匡英. "现代化专业群"建设发展之策略 [J]. 江苏教育，2017（4）：40-43.
② 王桂林，吕翊. 行业特色高校的专业结构调整 [J]. 教育评论，2014（5）：18-20.

业生发展后劲不足。为解决以上问题，广交院亟须走"内涵式"发展道路，调整专业结构，优化专业布局，提升人才培养质量。

（3）学校办学定位的明确导向。办学定位是高校发展进程中必须认真对待的一个具有方向性、全局性、长期性的重大问题。高等学校的办学定位具有统领引导作用，是学校对办学规模、办学层次与形式、办学类型与类别做出方向性选择的依据，统领学校工作的全局，引导学校的改革与发展方向[1]。广交院根据自身的办学理念和发展定位，确定了"立足交通，服务粤港澳经济与社会发展；质量为本，锻造学生综合职业能力与发展潜力，培养技术应用型、工程实施型、基层管理型的创新性技术技能人才；致力于文化传承，强化科技服务，拓展开放式教育，把学院建设成为国内知名、行业领先的技术应用型高等院校"的办学定位，进一步明确了学校的人才培养目标和人才培养规格，为学校专业结构调整指明了方向。

2.专业调整及组群

（1）专业结构调整思路。高等职业教育是我国教育改革发展中产生的高等教育新类型，经过 10 多年的快速发展，已经占据了高等教育的半壁江山，无论是院校数量还是在校人数都能与普通本科院校分庭抗礼，成为我国高等教育大众化的主要贡献力量。但是，由于高职院校发展历史不长，院校起点较低，办学资源积累与沉淀不足，加之总体而言前无借鉴，只能摸着石头过河，导致在专业结构方面还存在一些突出的问题[2]。作为珠三角培养综合交通类人才的高职院校，随着珠三角区域经济的转型发展和产业结构的调整，广交院主动适应广东省新时期的产业结构和对高素质技术技能人才的需求，抓住广东省优先发展先进制造业和现代服务业的战略机遇，在进一步明确学院办学定位的背景下，对院内专业进行调研，出台专业结构调整优化的实施方案，并最终确定了以"公路、水路、轨道三路引领，机电信息、经济管理两翼发展"的专业布局。为了控制专业规模，体现综合交通的特色，结合学院办学历史和发展实际，确定了"优化整合现有专业、做强交通特色专业、量身定制紧缺专业"的专业调整思路，将专业数量最终控制在 40 个左右，其中预留 3~5 个新申报专业。

（2）专业群组建依据。高职教育专业群的内在联系依据是"学科基础上设置专业"的"学科联系"还是"与产业、职业岗位对接"的"职业联系"，是高职教育因专业群建设而引发的争议[3]。已有的研究资料表明，高职院校专业群构建主要遵循"专业基础相通、技术领域相近、职业岗位相关、教学资源共享"4 个原则。广交院根据自身的办学定位、办学特色以及专业特点确定了"学科基础、岗位面向、核心课程"3 个专业结构调整和组群的维度。

①学科基础组群。学院根据学科基础建群，并按所组建的群成立二级学院进行管理，这既与最新出台的高等职业教育专业目录相符，也与普通本科高校在建二级教学部门时以学科为基础的方式相同。

① 朱振林.高等学校办学定位探析 [N].光明日报，2005-04-12（16）.
② 潘荣江，姬瑞海，伍红军.高职院校专业结构调整优化研究 [J].高等工程教育研究，2014（3）：186-190.
③ 沈建根，石伟平.高职教育专业群建设：概念、内涵与机制 [J].中国高教研究，2011（11）：78-80.

②岗位面向组群。它是指按照与学生毕业后所面向的就业岗位相似或相同的专业组建专业群。要确定就业岗位是否相同或类似，需要进行一系列的人才需求调研和分析才能得出结论。广交院将毕业生毕业 3~5 年后所从事的职业岗位作为调研和分析基础，按照"专业调研与国际职业资格标准分析→职业生涯发展路径分析→人才培养目标定位→岗位职能分析与归纳"的路径对每个专业进行了详细的分析，根据分析结论将职业岗位相同或相近的专业组建成专业群。

③核心课程组群。如果严格按照教育部 2015 年出台的高职专业目录中的专业大类进行建群，有些专业是不能组在一起建群的，但实际上分属于不同专业大类的部分专业有着相同的职业岗位需求，专业基础课程相同或类似，是可以划分到一起组建专业群的。例如，会计属于财经商贸大类中的财务会计类，但旅游管理类会展策划与管理专业的毕业生的就业岗位确实需要熟悉会计这一领域的知识，因此学院组织设立了会计基础类课程。

（3）专业群组建措施。广交院依据办学定位，落实《广东省中长期教育改革和发展规划纲要（2010—2020 年）》《中国制造 2025》等有关文件的精神，对接学校新的专业布局"公路、水路、轨道三路引领，机电信息、经济管理两翼发展"，按照精简、拓展、组群、分类四个阶段分步实施专业结构调整，优化专业布局。

①精简专业。产业结构调整和技术升级将带动人才需求从传统行业和一般制造业向高新技术产业、新兴产业、先进制造业转移。高职院校的专业增设应依据校情和社会需求，集聚教学资源，以产业发展规划为导向，优先发展与节能环保、新一代信息技术、生物等高新技术产业和战略性新兴产业相关的专业[1]。2012 年，广交院根据市场需求和学院发展实际以及各专业人才培养质量，参考各专业一次就业率和第一志愿报考及录取率，对涵盖 11 个大类的 67 个专业进行了调整和优化，精简了包括汽车定损与评估、网络系统管理、文秘、新闻采编与制作等在内的共 27 个专业、7 个专业大类。精简后的专业数量剩下 41 个，其中工科类和交通类特色专业比例有所提高。这一阶段的专业调整大幅度地精简了学院人才培养质量较低、特色不明显以及师资力量和教学资源薄弱的专业，进一步优化了专业结构；同时，将专业结构调整与二级学院、系的长远发展相结合，成立了 8 个二级学院。

②拓展专业。由于广东省是制造业大省，制造类人才严重匮乏，为适应广东省机械装备制造、智能制造的发展，广交院新成立了机电工程学院，将原有的分散在其他二级学院的"机电一体化""电气自动化""制冷与冷藏技术"专业归入该学院，并预留 2~3 个新专业（如工业机器人技术等专业）。由于广东省在信息产业发展方面急需信息技术类人才，考虑到学校校区规模和专业大类、专业数量以及学校发展实际和已有师资，结合学院专业布局和办学定位，新增"物联网通信技术"和"移动通信技术"2 个专业，归入电子与通信工程学院。

③专业组群。广交院根据学院的整体专业布局和 3 个组群维度，组建了 7 个专

---

① 王建华，张建平. 高职院校专业动态调整机制建设研究 [J]. 中国高教研究，2014（12）：75-78.

业群：土建工程专业群、汽车专业群、轨道专业群、航海专业群、机电装备专业群、信息技术专业群及物流运输与经济管理专业群。

● 将物流运输管理专业群与经贸管理专业群融合，组建物流运输与经济管理专业群，跨校区管理。

● 将计算机专业群与电子信息专业群融合，组建信息技术专业群，跨校区管理。

● 将智能交通技术运用由计算机专业群移至轨道专业群。

● 停办停招专业3个（商务英语、工业设计、人力资源管理），融入合并其他专业5个（制冷与冷藏、营销与策划、汽车运用技术、应用电子技术、城市交通运输），见表3-4。

表 3-4　　　　　　　广东交通职业技术学院专业群组建情况表

专业群		专业		组群依据
1	土建工程专业群	1	道路桥梁工程技术	学科基础组群
		2	城市轨道交通工程技术	
		3	建筑工程技术	
		4	工程造价	
		5	工程测量技术	
2	汽车专业群	6	汽车检测与维修技术	以岗位面向组群为主、学科基础组群为辅
		7	汽车电子技术	
		8	汽车技术服务与营销	
		9	工程机械运用技术	
3	轨道专业群	10	城市轨道交通机电技术	以岗位面向组群为主、学科基础组群为辅
		11	智能交通技术运用	
		12	城市轨道交通车辆技术	
		13	城市轨道交通运营管理	
		14	高速铁道工程技术专业	
4	航海专业群	15	航海技术	以产业链组群为主、学科基础组群为辅
		16	轮机工程技术	
		17	船舶电子电气工程技术	
		18	港口与航运管理	

专业群		专业		组群依据
5	物流运输与经济管理专业群	19	交通运营管理	以学科基础组群为主、岗位面向组群为辅
		20	物流管理	
		21	报关与国际货运	
		22	连锁经营管理	
		23	国际贸易实务	
		24	电子商务	
		25	会计	
		26	会展策划与管理	
6	信息技术专业群	27	计算机网络技术	以学科基础组群为主、岗位面向组群为辅
		28	软件技术	
		29	数字媒体应用技术	
		30	物联网应用技术	
		31	电子信息工程技术	
		32	移动通信技术	
7	机电装备专业群	33	机电一体化技术	学科基础组群、岗位面向组群
		34	电气自动化技术	
		35	预留相关专业	

经过专业组群，学院专业结构趋于合理，专业布局得到进一步优化，专业水平得到进一步提升，具有较强的交通特色。

④分类发展。专业组群的目的是实现资源共享，从而实现人才培养质量的提升。广交院初步组建了7大专业群，但并非所有专业群都能共同发展、齐头并进，因为学院资源等有限。因此，学院实行专业群的重点投入、分类发展，形成了"金字塔"形的专业发展布局。广交院以国家优质高职院校、广东省一流高职院校建设项目为依托，计划重点打造9个高水平专业（理工类专业7个、文管类专业2个），其中对接"三路引领"的专业5个（汽车检测与维修技术、道路桥梁工程技术、智能交通技术运用、城市轨道交通运营管理、轮机工程技术）、对接"两翼发展"的专业4个（机电一体化技术、电子信息工程技术、计算机网络技术、物流管理）。学院建立了专业群分类发展机制，根据专业群的发展目标进行分类投入。根据"赛马竞争"进行专业群"升降级"，逐步形成专业动态调整机制，达到"汽车专业群攀峰，土建工程、轨道、航海、机电装备专业群做强，物流运输与经济管理、信息技术专业群做特"的目标。攀峰型专业群定位为国内一流、出成果、重点

投入、重点建设；做强、做特型专业群定位为省内一流、出亮点、均衡投入、竞争建设。

3. 专业群组建成效

广交院针对专业结构问题，经过不断探索与实践，从自身实际和区域产业发展需求出发，精简专业，压缩规模，改造老专业，细分细化潜力专业，增设社会急需新专业，新旧专业相辅相成，形成了"以长求稳、以短求活、以稳求精、以活求实"的专业结构。学院以专业群发展战略为依托，提高专业建设的战略意识，通过组建专业群完成专业结构内部机理组合与外部机制运行，为全面提高人才培养质量提供了顶层设计和具体指导方法。

（1）专业建设成效显著。2015 年 11 月 26 日，中共广东省委十一届五次全会通过的《中共广东省委关于制定广东省国民经济和社会发展第十三个五年规划的建议》提出："加快构建具有国际竞争力的产业新体系，重点发展智能制造装备、船舶与海洋工程装备、轨道交通等先进制造业。"广交院依据自身的办学定位和区域经济发展，以服务发展为宗旨，以提高人才培养质量为目标，

坚持有所为有所不为，专业发展重点对接金融、现代物流、电子商务、商务会展、信息服务等生产性服务业，组建的 7 大专业群贴合交通行业和区域经济发展对创新性技术技能人才的需求，为学院的专业发展提供了广阔空间。经过专业调整与布局优化，广交院专业整体实力不断增强，专业特色明显，成效显著。目前，学院先后立项建设 8 个国家级、18 个省级重点建设专业，2 个广东省一类品牌专业，12 个广东省二类品牌专业。

（2）人才培养质量显著提高。经过专业调整，专业聚集度提高，专业结构与产业结构的适应性明显增强，学生人才培养质量显著提高，市场需求旺盛。广交院连续 3 届（2013—2015 年）毕业生初次就业率均超过 98%，远远超出省平均就业率，居全省同类院校前列，专业对口率有所提高，比全国骨干高职院校更具有优势。学校毕业生的职业期待吻合度呈明显上升趋势，2013—2015 届分别为43%、46%、47%，与全国骨干高职院校（2013—2015 届分别为 41%、43%、44%）相比，具有一定的优势。毕业生实际从事职业与预期相符程度较高。近 3届毕业生半年后月收入水平呈现上升的趋势，2013—2015 届分别为 3 215 元、3 370 元、3 587 元，与全国骨干高职院校（分别为 3 083 元、3 289 元、3 499 元）基本持平。

（3）学校整体实力不断提升。广交院经过几年的专业调整与布局优化，专业群组建效益凸显，交通专业特色越来越明显，专业品牌实力日益增强，综合实力明显提升，位居全省前列。近几年，广交院先后荣获"广东省一流高职院校建设计划"立项建设单位、"2015 年高等职业院校服务贡献 50 强院校"、"2016 年国家职业院校文化素质教育基地"、"广东省大学生创新创业教育示范学校"等荣誉称号。①

---

① 朱强，刘喻，陈玲，等. 高职院校专业群建设的探索与实践——以广东交通职业技术学院为例 [J].南方职业教育学刊，2017（7）：47-51.

第四章　专业群的人才培养创新

　　各地要统筹管理本地区专业设置，围绕区域产业转型升级，加强宏观调控，努力形成与区域产业分布形态相适应的专业布局。要紧密对接"一带一路"、京津冀协同发展、长江经济带等国家战略，围绕各类经济带、产业带和产业集群，建设适应需求、特色鲜明、效益显著的专业群。

　　——教育部关于深化职业教育教学改革全面提高人才培养质量的若干意见（教职成〔2015〕6号）

　　专业群是高职院校新一轮加强内涵建设、深化教育教学改革、提高人才培养质量的突破口。专业群建设要取得成效，关键是实现其人才培养模式的创新，重点包括专业群人才培养模式创新、专业群校企合作机制创新、专业群课程体系建构创新、专业群实践教学体系创新、专业群实践教学团队建设创新和专业群管理运行机制创新等。

一、专业群人才培养模式创新

　　从目前我国高职院校专业群建设的实践来看，专业群建设不仅是以提高专业建设水平为目标的资源整合活动，体现了学校办学形态的转变，更是职业院校教育理论的突破和职业教育理念的创新。专业群建设实现了学校专业教育层次的突破和创新，而集聚理论的引入，又拓宽了职业教育决策者的视野和思路，使职业教育理论更加丰富。专业群建设直接面向产业链和职业岗位群，与高职院校传统的单一性专业建设的价值取向完全不同。面向职业岗位群的专业群建设比单一性专业建设更为重要，因为单一性专业建设模式满足不了社会对职业教育的需求，也满足不了高职院校内涵发展、特色发展的客观需要。专业群建设不是对传统专业课程体系架构的修补和综合，而是事关学校长远发展的专业格局优化、调整。高职院校专业群建设只有立足于产业链和职业岗位群，与行业、企业、产业密切结合，与区域经济转型升级紧密结合，才能形成自己的专业集群优势，形成自己的特色和品牌，实现人才培养模式的再创新。

1. 人才培养模式的概念与特性

"模式"一词来源于拉丁文 modus，意思是与手有关的定型化的操作样式。它最初只是对操作过程的经验性概括，之后这一词语的意义更加抽象，一般指"方式"。到了 20 世纪末，随着社会活动的多样化，人们又把"模式"从"方式"中分离出来，意指某种方式中具体的定型化活动形式或活动结构。在现代汉语中，模式则指"某种事物的标准形式或使人可以照着做的标准样式"。显然，这种表述与我们目前所要讨论的与人才培养有关的"模式"的概念相去甚远。模式首先是一种观念、认识；它来源于实践，又高于实践；模式是理论与实践的中介，对新的实践具有指导意义。[①]

近年来，很多学者都从各自角度提出了对人才培养模式的不同认识。中国知网文献显示，目前，国内对人才培养模式概念的表述至少有十几种，可谓仁者见仁、智者见智。综合来讲，目前，学术界对人才培养模式的定义共有五种[②]：一是过程说。该观点认为，"人才培养模式实质上是人才素质要求和培养目标的实施的综合和实践过程"[③]。二是方式说。有的学者认为人才培养模式的本质是组织方式，"是指在一定的教育思想和教育理论指导下，为实现培养目标而采取的教育教学活动的组织样式和运行方式"[④]。三是方案说。该观点认为，人才培养模式是"在一定的教育教学思想、观念的指导下，为实现一定的培养目标，构成人才培养系统的诸要素之间的组合方式及运作流程的范式"，是"教师和教学管理人员在教学活动中借以进行操作的既简约又完整的实施方案"[⑤]，是"为实现一定的培养目标而采取的教育方案和教育方式"[⑥]。四是要素说。该观点认为，人才培养模式是指"在一定的教育思想的指导下，培养目标、教育制度、培养方案、教学过程诸要素的组合"[⑦]，"是为实现人才培养目标而把与之有关的若干要素加以有机组合而形成的一种系统结构"[⑧]。五是机制说。有的学者认为，所谓人才培养模式，是指"在一定的教育思想、教育理论和教育方针的指导下，各级各类教育机构根据不同的教育任务，为实现培养目标而采取的组织形式及运行机制"[⑨]。

学者们有关人才培养模式的定义相互间并不是冲突的，本质上是一致的，其分歧的原因在于视角的差异。学者们对人才培养模式的定义的一致性主要表现在以下几个方面，这也构成了人才培养模式的特性：第一，人才培养模式具有目标性。从表面上看，尽管学者们对人才培养模式的定义有着巨大的差异，但是他们都承认人

① 韩德红. 高等职业教育人才培养模式的概念及内涵 [J]. 科技信息, 2008 (17): 599.
② 周泉兴. 人才培养模式的理性思考 [J]. 高等理科教育, 2006 (1): 39-43.
③ 易松. 音乐表演专业"6+1"艺术实践改革模式研究与实践 [J]. 艺术科技, 2016 (8): 9, 67.
④ 杨杏芳. 论我国高等教育培养模式的多样性 [D]. 武汉: 华中理工大学, 1998.
⑤ 杨峻, 刘亚军. 面向 21 世纪我国高等教育培养模式转变刍议 [J]. 兰州大学学报: 社会科学版, 1998 (5): 5-12.
⑥ 潘柳燕. 复合型人才及其培养模式刍议 [J]. 广西高教研究, 2001 (6): 51-54.
⑦ 俞信. 对素质和人才培养模式的基本认识 [J]. 工程教育研究, 1997 (4): 9-11.
⑧ 李硕豪, 阎月勤. 高校培养模式刍议 [J]. 吉林教育科学, 2000 (2): 43-44.
⑨ 阴天榜, 张建华. 论培养模式 [J]. 中国高教研究, 1998 (4): 46-47.

才培养模式本质上是人才培养目标的实现。第二，人才培养模式具有相对稳定性。无论是方案说、过程说还是要素说，这些理论都承认人才培养模式具有相对的稳定性，即人才培养模式的本质就是针对人才培养形成一种固有的机制，也即人才培养活动规范化、制度化。因此，人才培养模式不能够随意变化，否则会造成人才培养活动的断裂。第三，人才培养模式具有发展性。人才培养模式具有稳定性并不是说人才培养模式一旦形成就不再改变，而是说人才培养模式不能随意改变，应该保持人才培养的连续性。但是，随着社会的发展和人才培养环境、条件的改变，人才培养模式也是变化的。"在高等教育发展史上，为适应不同历史时期社会发展对人才特征的一般性要求，大学自产生迄今，其人才培养模式经过了三个历史阶段：前工业经济时代，大学的人才培养以知识为导向；工业经济时代，大学的人才培养以学科为导向；知识经济时代，大学的人才培养以素质和能力为导向①"。第四，人才培养模式是一定教育理念（思想）的产物。尽管学者们对人才培养模式的定义存在分歧，但是他们都内在地认同人才培养模式是一定教育理念（思想）的产物，教育理念（思想）直接决定着人才培养模式中的人才培养目标、人才培养方式等，没有教育理念（思想）的指导，也就不存在人才培养模式。第五，人才培养模式由诸多要素构成。无论是坚持动态的过程说、活动说，还是要素说、方案说，它们都有一个共同的观点，即人才培养模式必须由诸多要素组成，只是他们对组成的要素的内容存在分歧。

综合以上方面，所谓人才培养模式，是指在一定的教育理念（思想）的指导下，为实现一定的培养目标而形成的较为稳定的结构状态和运行机制。它是一系列构成要素的有机组合，表现为持续和不断再现的人才培养活动。②

2. 人才培养模式的层次与构成

毋庸置疑，高职院校是人才培养模式的主要策划者和实施者，但人才培养涉及的层面不仅限于高职院校。为了加强研究的针对性和有效性，对人才培养模式进行分层就显得十分必要。刘献君、吴洪富把人才培养模式分为三个层次："最高层是主导整个高等教育系统的模式；第二层是各高校所倡导、践行的培养模式；第三层则是某专业独特的培养模式。③"我们可以在此基础上，根据人才培养模式涉及的范围，将其分为国家、高校和专业三个层面，每个层面的构成要素也有所不同。④

（1）国家层面。国家政策性文件是人才培养模式制定的重要依据。人才培养模式的国家层面，是指国家对人才培养模式的顶层制度设计和提倡的教育理念，包括教育方针政策（如招生制度、课程标准等）和国家倡导的教育理念（如培养复合型人才和创新应用型人才等）。

（2）高校层面。高校是人才培养模式的制定和实施主体。人才培养模式的高校层面，是指高校在国家教育制度和教育理念框架下，根据一定的办学理念和办学实

① 龙先琼. 论大学人才培养模式的历史嬗变 [J]. 湖南师范大学教育科学学报，2006 (1)：71-73, 89.
② 姜士伟. 浅析人才培养模式的概念、内涵及构成 [J]. 山东省青年管理干部学院学报，2008 (3)：77-80.
③ 刘献君，吴洪富. 人才培养模式的内涵、制约与出路 [J]. 中国高等教育，2009 (12)：10-13.
④ 刘忠喜. 人才培养模式概念、层次及构成要素 [J]. 海南广播电视大学学报，2014 (3)：107-110.

际进行人才培养的具体运行方式。其要素包括教学理念、专业设置模式、课程设置模式、学校制度体系、教学组织形式、教学管理模式和教学评价方式等。

（3）专业层面。人才培养模式的专业层面，是指相关院系在学校相关管理制度框架下，针对本专业人才培养进行专业、课程、教学方式等方面的具体设计和实施。专业层面的人才培养模式由教育理念（思想）、人才培养目标、人才培养过程、人才培养制度和人才培养评价五个方面构成。

①教育理念（思想）。它是人才培养的灵魂，贯穿于人才培养活动的整个过程，内在地规定着人才培养活动的方向。因此，教育理念（思想）是人才培养模式构成的第一要素。

教育理念是人们对教育领域内的各个运行要素（如教育制度、人才培养目标、人才培养方式）、制度、现象的理解、看法、观点和价值选择的总称。它是人才培养活动所尊崇的教育观念和原则，规定着人才培养活动的性质和发展方向，是"一定人才培养模式建立的理论基础和依据"[①]。教育理念是所有教育行为和活动的内在动力，任何教育行为和活动都必须以教育理念为先导，人才培养活动更不例外。没有教育理念的指导，教育目标必定是片面的，教育活动的结果也必定是短期的。因此，任何人才培养模式都必须在一定的教育理念的指导下建立，人才培养模式是教育理念的具体化和实践化，是教育理念的表现，对人才培养模式的探讨不能割舍教育理念。[②]

②人才培养目标，即培养者对所要培养人才的质量和规格的总规定。一般可以表述为：培养社会发展所需要的、具有某些特质的全面发展的人才。这里的全面发展指个体身心和谐地发展，并不是样样精通、"百科全书式"的通才。人才培养目标可以有多种表达方式，但无论怎样表达，其基本精神都应该包括如下几点：一是体现方向性，即培养出的人才为哪个阶级或集团服务；二是培养公民或建设者，即培养出的人才是既履行义务又享受权利的社会成员；三是注重全面性，即培养出的人才是身心和谐发展的；四是崇尚个性，即培养出的人才是有自身特点的；五是考虑多方面的需要，即培养出的人才不仅能谋生而且会休闲，懂得追求和满足物质和精神方面的需要；六是拥有现代品质，即具备与现代社会相适应的进取精神、协作意识、自主性、时效观念等品质。[③]

③人才培养过程。它是指为实现培养目标，根据人才培养制度的规定，运用教材、实验和实践设施等中介手段并使之相互配合，以一定的方式从事教学活动的过程。因而培养过程是人才培养模式的本质属性。人才培养过程主要包括专业设置、课程体系、培养途径和培养方案等。[④]

专业设置是高等教育部门根据学科分工和产业结构的需要所设置的学科门类，是人才培养模式的重要构成要素。它规定着专业的划分及名称，反映着培养人才的业务规格和就业方向，通常包括设置口径、设置方向、设置时间和空间等内容。设

① 张相乐. 关于本科专业人才培养模式改革的思考 [J]. 石油教育，2004（1）：31-34.
② 姜士伟. 浅析人才培养模式的概念、内涵及构成 [J]. 山东省青年管理干部学院学报，2008（3）：77-80.
③ 朱晟利. 论人才培养模式的概念及构成 [J]. 当代教育论坛，2005（3）：10-11.
④ 郑群. 关于人才培养模式的概念与构成 [J]. 河南师范大学学报：哲学社会科学版，2004（1）：187-188.

置口径是指划分专业时所规定的主干学科或主要学科基础及业务范围的覆盖面；设置方向是指在专业口径之内是否分化专攻方向以及分化多少，大专业、多方向是专业设置的改革趋势；设置时间和空间是指专业设置的早晚、松紧和弹性与灵活性。

课程体系"就是教学内容按一定的程序组织起来的系统"和"教学内容及其进程的总和"①，是人才培养活动的载体。衡量课程体系构造形态的指标主要有课程体系的总量与课程类型、课程体系的综合化程度、结构的平衡性、设置的机动性和发展的灵活性五个方面。

培养途径是人才培养活动所借助的一定的载体，通常包括基本途径和综合途径、教学途径和非教学途径等。基本途径是普遍认同和采纳的课程教学、科学研究和社会实践；综合途径就是"产学研结合"的一体化培养途径；非教学途径是相对于正常教学活动而言的，主要包括一切被称为"隐性课程"的教育环境及教育活动，如校园文化、社会实践、课余活动等。

培养方案是指人才培养模式的实践化形式，主要包括培养目标的定位、教学计划和非教学途径的安排等。其中，培养目标的定位主要是明确人才的根本特征、培养方向、规格及培养要求。教学计划"具体地规定着一定学校的学科设置、各门学科的教学顺序、教学时数和各种活动"②。它是人才培养方案的实体内容，一般由课程设置、学时和学分结构、教学过程的组织三部分组成。

④人才培养制度。它是有关人才培养的重要规定、程序及其实施体系的制度，是人才培养得以按规定实施的重要保障与基本前提，也是培养模式中最为活跃的一项内容。高职教育中的人才培养制度包括专业设置制度、修业制度和日常教学管理制度三类。专业设置制度是教育部门根据学科分工和产业结构的需要所设置的学科门类。它规定着专业的划分及名称，反映着培养人才的业务规格和就业方向，通常包括设置口径、设置方向、设置时间和空间等内容。修业制度有学年制和学分制两种形式。学年制高度结构化，课程有严密的层次划分及先后顺序，课程修习以学时、学年为计算单位，便于统一培养人才。其不足之处主要在于缺乏灵活性。学分制按院（系）招生，按学科专业制订教学计划和组织基础教学，学生学习的自主权较大，可以实行弹性学制。学分制也有不足，表现为教学计划的完整性、系统性不易保证，教学内容和质量标准缺乏统一要求。

⑤人才培养评价。它是指"依据一定的原则建立与培养目标、培养方案、培养过程、培养策略相适应的评价方法与标准，以保障培养目标的落实、完成"③。人才培养评价是人才培养活动中的最终环节，也是衡量和评判人才培养活动成败优劣的环节。高职教育中的人才培养从入口到出口是一个统一的过程，在各个环节都需要一定的评估措施以保证人才培养质量。在入口方面，需要选择有一定培养潜能的学生进入高校，传统上主要以高考的方式来完成。在培养过程中，不仅包括通过考试或考查的方式对学生的学业成绩进行评价，还包括通过多种方式对学校的办学思想、办学条件、教师、课程与教学等进行评价。在出口方面，院校通过设定一定的

① 潘懋元. 新编高等教育学 [M]. 北京：北京师范大学出版社，1996：347-349.
② 中国大百科全书总编辑委员会. 中国大百科全书·教育卷 [M]. 北京：中国大百科全书出版社，1985：153-154.
③ 张相乐. 关于本科专业人才培养模式改革的思考 [J]. 石油教育，2004（1）：31-34.

标准，以能否获得毕业证书和学位证书作为人才培养目标是否完成的标志。由于高职教育与社会的联系更为紧密，在设定各种评价标准时，社会的要求应该得到充分反映。[①]

教育理念（思想）是人才培养模式构成的第一要素，它规定着人才培养活动的发展方向。培养目标是教育理念（思想）的具体化，是人才培养活动的开始阶段。人才培养措施中的人才培养过程是人才培养活动的实施阶段，是教育理念（思想）的具体实践，是人才培养目标的贯彻实现。人才培养制度是人才培养模式形成的关键要素，只有将人才培养活动制度化、规范化，人才培养行为才能持续和再次发生，人才培养活动才具有可重复性。人才培养评价是对人才培养活动的全程监控，使其按照预期规划进行，这样才能够有效地实现预期的培养目标，人才培养过程和制度才能得到优化。就功能而言，教育理念（思想）、培养目标、培养过程、培养制度、培养评价所发挥的功效是不同的，但是它们在人才培养模式中所处的地位却是相同的，无论离开它们中的哪一个，人才培养模式都无法形成。[②]

3. 全球典型的职业教育人才培养模式

纵观全球职业教育人才培养模式，比较典型的有德国"双元制"人才培养模式，美国和加拿大的 CBE（Competency Based Education）人才培养模式，澳大利亚的 TAFE 人才培养模式，国际劳工组织的 MES（Modules of Employable Skill）人才培养模式等。

（1）德国"双元制"人才培养模式。德国作为世界制造业强国，其"双元制"人才培养模式不仅为本国的职业教育发展做出了巨大贡献，对世界职业教育发展的影响也极大，已成为世界各国职业教育的标杆。[③]

德语的双元制一般用"Duale Ausbildung"或"Duales Studium"来表示，英语一般用"Dual Training"或"Dual University Studies"来表示，而德国学者却认为这种翻译并不能准确表达"双元制"的深刻含义，因为在这两种英文译法中，一个强调办学的主体在职业领域，另一个强调在高校领域，都是从一个教育主体出发，并不能体现出企业与高校合二为一、深度融合的实质含义。德国学者认为，"Cooperative Education"更能从一定程度上解释"Duale Ausbildung"的含义，即学生在企业接受岗位实践操作技能培训和在高校接受专业理论知识培养相结合，是分别在企业和高校两个地点，由两个施教主体和两个管理机构分别进行而又相互融合的一种教育模式。"双元制"尤其强调产业深深根植于教育领域，强调二者紧密融为一体。朱勃、顾明远主编的《比较教育》是国内较早评价"双元制"模式的著作，它给"双元制"下的定义是：一种双重职业训练制度，即在企业学习实际操作和在职业学校学习理论知识平行进行，使学校教育与企业训练密切结合起来。

① 朱晟利. 论人才培养模式的概念及构成 [J]. 当代教育论坛，2005（3）：10-11.
② 姜士伟. 浅析人才培养模式的概念、内涵及构成 [J]. 山东省青年管理干部学院学报，2008（3）：77-80.
③ 曾学清. 德国"双元制"人才培养模式对中国职业教育转型启示 [J]. 石家庄学院学报，2016（5）：155-157.

"双元制大学"是企业与高校深度合作、共同发挥作用的一种极富独特性魅力的教育模式①。与普通大学教育模式相比，"双元制"教育模式具有明显的优势，它通过校企合作的方式来培养应用型人才，学生毕业之后可以直接就业。"双元制"职业教育人才培养模式推动了德国经济的腾飞，其主要体制就是将职业学校和企业结合起来，并且沿袭了德国传统的师徒制。学生在校学习期间主要是接受企业培训，学校的教育只作为辅助。学生有 60%～70% 的学习时间用于接受企业的技术教育培训，30%～40% 的学习时间用于理论知识学习，而且职业院校和企业对学生进行交替教学。"双元制"职业教育人才培养模式实行的是"双导师"制度。另外，学校对学生进行理论知识的考核，企业对学生进行实际操作的考核。②

①德国"双元制大学"的兴起。据季靖、李玉珠总结，目前，德国高等教育体系包括三种类型的大学：

第一种是为大家所熟知的、具有极高声誉与办学传统的综合型大学。其包括成立于 1385 年的海德堡大学和成立于 1388 年的科隆大学，这些大学历史悠久、资源丰富，主要以研究型为导向，能提供学士、硕士到博士的教育，目前这类高校数量达到 104 所③。

第二种是应用科学大学（UAS）。德国应用科学大学最早成立于 20 世纪 60 年代初，正式得名于 1998 年德国文化教育部长联席会议（KMK）和高校校长联席会议（HRK）上做出的决议。当时成立的背景是第二次世界大战后，德国经济发展较为迅速，工业化进程加快，产业界对技术创新和劳动者的素质提出了更高、更迫切的要求，企业迫切需要既掌握科学的知识和方法又具备实践能力的高层次应用技术型人才，而德国传统的综合型大学培养的从事基础研究与理论研究的人才与社会各界的需要脱节，因此各联邦州长于 1968 年讨论通过了《联邦共和国各州统一高等学校协定》，将一些基础较好的工程师学校与一些商科学院合并组建了应用科学大学。应用科学大学的成立，很好地满足了社会各界的需要，也受到了各界的普遍欢迎，从最初创办时期的 130 所增加到德国联邦统计局 2014 年公布的 212 所，培养的学生人数占到毕业生总数的 32%。据不完全统计，德国 2/3 的工程师、2/3 的企业经济师、1/2 的计算机工程师都毕业于应用科学大学④。应用科学大学的主要特点是以应用与实践为导向。应用科学大学由传统的工程学校与商科学校转变而来，与传统大学的明显区别是在 3 年的教育设计中增加了一个学期的实习期，从而使毕业生更具有实践能力，也更受雇主的青睐。虽然有企业参与到学生一个学期的实习过程中，但由于办学与人才培养仍旧以高校为主，所以这类学校并不是严格意义上的"双元制大学"。

第三种是"双元制大学"。其得名时间并不久远，正式得名于 2009 年 3 月 1 日，而在这之前叫职业学院。"双元制大学"最早不是由政府主办的，而是由企业

① 季靖，李玉珠. 德国"双元制大学"应用型人才培养模式特点及启示 [J]. 职教论坛，2017（22）：75-80.
② 高鸿翔. 德国"双元制"教学模式对高职机电类实践教学改革的意义 [J]. 科技创业家，2013（15）：176.
③ 蔡跃. 德国综合性大学的"双元制"教育模式研究 [J]. 外国教育研究，2010（7）：80-85.
④ 席茹，沈鸿敏. 德国双元制与高层次应用技术型人才培养 [J]. 世界教育信息，2015（24）：12-16.

发起的，它们的建成来自于企业与高校的双重驱动力。20 世纪 70 年代，德国的一些职业学校升格为应用科学大学后，企业界发现，尽管应用科学大学培养体系中增加了半年的企业实习机会，但毕业生实际问题的解决能力还是不如企业自己培养的员工强，在就业系统中出现了人才断层或者说员工就业能力缺失的现象，即企业缺乏具有较强实践应用能力的高级管理、技术和服务人才。同时，高校对二选一的学生教育模式也比较困惑：学生要么接受职业学院这种边工作边学习的教育；要么接受传统大学学术式教育，重视理论学习，为硕士、博士阶段深造做准备。因此，以当时的戴姆勒-奔驰股份有限公司（如今称为戴姆勒股份公司）、罗伯特·博世有限公司和洛伦兹标准电子股份有限公司（如今属于阿尔卡特朗讯公司）等为代表的企业界主导，与以斯图加特行政与经济学院为代表的高校联合成立了巴登符腾堡州立职业学院和曼海姆职业学院，形成了职业学院与相关企业双元办学、理论学习与技术培训双元教育的产学研创新教育模式。2009 年，职业学院更名为"双元制大学"。经过不断的发展，巴登符腾堡州立双元制大学（DHBW）已经发展成为该州规模最大的大学，DHBW 有 9 个不同的校区，近 35 000 名学生，绝大多数为本科生，近年也推出了硕士课程；毕业生的就业率一直保持在 85% 以上[①]。"双元制大学"已受到越来越多人的认可，目前 16 个联邦州中已有 11 个州建立了 60 所类似的教育机构，"双元制大学"的发展趋势持续受到关注。

德国的三类高校都有自己明确的定位和办学模式。三类高校都是高中后三年制本科教育，这三类高校颁发的学士学位证书在欧盟得到广泛同等认可。三类高校的人才培养模式各有侧重，各具特色，见表 4-1。[②]

②德国"双元制"职业教育人才培养模式的机制。

第一，职业教育人才培养模式的法律保障。德国为了保障"双元制"职业教育人才培养模式的顺利实施，制定了一系列的法律、法规。从 1965 年开始，德国就积极推动职业教育的发展，同时对相应的职业教育法律、法规进行了完善，确立了职业教育的基本框架和法律地位。这从法律层面保障了德国职业教育的平等性和公平性，对职业教育的职能进行了完善，同时也保障了职业教育发展的可持续性，能够源源不断地为社会输送技能型人才。[③]

德国主要的职业教育法律就是《联邦职业教育法》。其包括七个主要部分，分别是总则、职业教育、职业教育的组织、职业教育研究规划与统计、联邦职业教育研究所、处罚规则、过渡条款与衔接条款。《联邦职业教育法》明确提出：职业教育，只要经过协商，可以由研究部和联邦经济和劳动部对其进行认可，无须经过联邦参议院的同意。此外，德国的《职业教育条例》明确规定了职业教育的考试内容、教育框架、教学计划、职业技能、知识和能力、教育期限、教育职业名称等，同时也对职业教育层次的递进等级做出了明确的规定。[④]

① 徐纯，钱逸秋. 高等教育与职业教育共融下的德国"高等双元制课程"[J]. 职业技术教育，2015（20）：72-75.
② 季靖，李玉珠. 德国"双元制大学"应用型人才培养模式特点及启示 [J]. 职教论坛，2017（22）：75-80.
③ 路明兰. 德国"双元制"职业教育中政府推动校企合作的启示 [J]. 职教论坛，2011（2）：39-40，43.
④ 魏晓锋，张敏珠，顾月琴. 德国"双元制"职业教育模式的特点及启示 [J]. 国家教育行政学院学报，2010（1）：83，92-95.

表 4-1　德国综合型大学、应用科学大学与"双元制大学"人才培养模式比较

项目	综合型大学	应用科学大学	"双元制大学"
人才培养目标	学术型人才	以培养高层次应用技术型人才为目的，即在掌握科学知识与方法的基础上能够胜任相关行业工作岗位的专门人才	培养在技术、经济领域和社会工作第一线从事生产、管理和教育等直接为社会服务的应用型职业高级人才
办学层次	学士、硕士、博士3个层次	学士和硕士层次，与研究型大学联合培养博士	学士和硕士层次
学科专业设置	多学科、综合性、文理兼顾	应用性强、容易就业的专业领域，如工程学科、商科等	专业分为技术、经济和社会事业三个大的领域，各个领域都根据本州企业和社会事业机构的实际需要开设不同的专业方向；在技术培训领域，各专业方向还分成若干专业重点
教学与科研	教学与科研相结合，更重视科研（尤其是基础性科研），教授每周授课8小时	教学型高等教育机构，从事应用性科研，教授每周授课18小时	教学、科研、实践紧密结合，研究课题来自于企业实践，在企业的创新中发挥较大作用，大部分教师来自于企业
实践性教学	理论性教学所占比重远高于实践性教学	实践性教学的比重增大，包括实验教学、实践学期、项目教学、毕业设计和学术考察，学生必须要完成一个学期的实践学习，与理论培养相结合，60%~70%的学生在企业完成论文	实践性教学占总的培养计划的一半，由合作企业进行设计。3年的培养时间、72周的企业实践、72周的课程学习，所有学生在企业完成论文
师资结构与教师聘任	全职教师、青年教授以及辅助教授、科学和科研的中层学术人员	没有中层学术人员，除全职教授外，有许多兼职的校外特聘讲师；重视教授候选人的实践工作经验，其中要有5年的实践工作经验，至少3年是在高校以外的领域工作的	专、兼结合，教授要有博士学位，且要有5年的企业管理经验。高级管理者能讲授60%以上的课程
招生	通过普通高校入学资格及绑定专业的高校入学资格考试	除普通高校入学资格及绑定专业的高校入学资格考试外，还有专门针对应用科学大学的入学资格，即高等专业学院入学资格	学生要有高中毕业证书，无须考试，由合作企业决定是否录用
校企合作的紧密程度	只在特定专业有合作	多渠道、全方位、立体式的校企合作。企业以不同的形式参与（如提供实习岗位、作为合作科研伙伴、设立基金支持的教授职位、参加高校理事会）	紧密合作、深度融合，企业与高校是承担相同责任、具有相同地位的合作主体。合作企业担任监管理事会的负责人及成员

　　第二，政企校结合的职业教育模式。德国"双元制"职业教育人才培养实行的

是一种自上而下的垂直管理模式。德国每个州都享有一定的包括教育在内的文化主权，职业教育模式是由私人企业和公办职业学校合作打造的。德国"双元制"职业教育的主体是政企校，也就是政府、企业培训中心、企业、职业学校、学生家长相互制约，共同促进职业教育的协调发展。在"双元制"职业教育人才培养模式中，政府扮演着调控师和领航员的角色。政府主要通过制定相应的法律、法规对学校和企业的教育任务进行明确，同时对学校和企业的教育行为进行监督。"双元制"职业教育人才培养模式的主导者是企业。企业是教育的直接参与者和投资者，更是职业教育成果的直接享用者。职业教育中的学生，同时也是企业的员工，企业在与其签订用工合同之后，再将其送到相应的企业培训中心和职业学校学习，学费均由企业负担，并从企业领取一定比例的工资。职业教育的主要实施者是职业学校，且大多为公立学校，当地政府为其筹备师资，并对其拨款，学校所教授的职业课程都由企业来决定。[①]

事实证明，德国"双元制"职业教育人才培养模式是一种具有较强实用性的人才培养模式，在专业技术人才的实践教育方面比大学具有更多的优势。"双元制"职业教育人才培养模式为德国输送了大量高素质的技能型人才，推动了德国的经济发展和社会进步。我国高职院校的专业群建设也应该从德国"双元制"职业教育人才培养模式的成功中获得启示，大力完善相应的人才培养机制，推动我国职业教育的良性发展。[②]

（2）美国和加拿大的 CBE 人才培养模式。美国、加拿大的职业教育非常发达，能力本位的 CBE 模式以培养学生的能力为宗旨，在课程开发、教学方法和学业评价等方面体现出了鲜明的职业教育特点。CBE 模式作为当今世界上较为典型的职教模式之一，在美国和加拿大的职业教育中得到广泛的运用。

第二次世界大战期间，美国著名的心理学家布鲁姆教授为满足美国社会对各类从业人员培训时间要求紧、技能要求高的需要，提出了一种有效的教学模式，即只要给予适当的帮助、充分的时间、恰当的教学和灵活的学制，就能以社会化的教育满足个体化的需求，实现掌握性学习，这就是 CBE 教学模式的雏形[③]。CBE 模式作为较为典型的四大职教模式之一，是以岗位能力为基础、以美国著名心理学家布鲁姆的理论为依据开发的一种职业教育模式，是当前相当流行的一种教育思想。为使学生具备适应不同岗位工作的职业能力，CBE 模式围绕职业工作需要确定培养目标、设置专业和开展教学，强调职业所需能力的培养和训练。这里所说的能力是一种综合职业能力，包括知识、经验、态度和反馈四种专项能力。由此可见，这种能力不是单纯的技能，而是一种适应就业能力，即以胜任岗位要求为出发点，涉及与本职业相关的知识领域、动机情感领域、活动领域和评价评估领域的一种综合能力。以能力为本位的 CBE 模式，不仅突出对学生实际工作能力的培养，而且将学生是否具备这种能力作为衡量学生、教师乃至学校办学质量的重要标准。由于

① 黄华. 对德国"双元制"职业教育的考察与思考 [J]. 教育探索，2010（3）：151-153.
② 霍立静，任军利. 德国"双元制"职业教育人才培养模式及其启示 [J]. 黑龙江畜牧兽医，2017（3）：237-239.
③ 刘伟彦，刘斌. 基于 CBE 理念的高等职业教育模式研究 [J]. 高等函授学报：哲学社会科学版，2009（11）：66-67.

CBE 模式是一种以能力为本位的教育模式，因而它特别适用于职业教育。①

①从产业结构调整的视角探析 CBE 人才培养模式在美国的演变历程。产业结构是经济结构的关键组成部分，从根本上决定了一国的人才培养模式。美国的产业结构经历了农耕经济主导阶段—工业化阶段（包括工业化早期、工业化时期和工业化后期）—非工业化阶段的演变过程。在此期间，CBE 人才培养模式逐渐形成、发展、完善，被应用于不同领域，为美国产业结构调整培养了大量适宜的人才。根据张学英和王璐的研究，CBE 人才培养模式的发展历程可划分为四个阶段。

一是理论积淀阶段。从 19 世纪末到 20 世纪 20 年代，是 CBE 模式的理论积淀阶段。1776—1884 年，美国以农耕经济为主导。在这 100 多年中，美国农业人口比重、农村居民比重以及农业在国民收入中所占比重均超过工业部门。即便是重要的工业部门，半数以上也是以家畜产品为原料，在很大程度上依赖于农业。直到 19 世纪末 20 世纪初，美国才完成了从农业经济向工业经济的转变。以工业净产值超过农业净产值为标志，美国正式进入了工业化早期；大工业生产成为经济发展的主流，社会化大生产对生产效率的要求使管理科学应运而生。科学管理理论的创立者弗雷德里克·温斯洛·泰勒（Frederick Winslow Taylor）将工作分析的思想提升到科学的层次，试图对工人操作的每个动作进行科学研究，以代替传统的凭借经验生产的方式。工作分析成为当时指导工人完成工作任务、对员工进行培训最有效的手段。这一思想进而被应用于课程开发科学化运动，运动早期的倡导者约翰·富兰克林·博比特（John Franklin Bobbitt）在《课程》一书中以工作分析为基础提出了"活动分析法"。这种方法通过对人类现有经验和工作的分析，提出每项具体活动的目标，再对目标进行选择以制订计划、安排课程。综上，美国的工业化进程催生了企业对提升员工生产效率的诉求。而工作分析作为科学管理的方法之一，能够对具体工作进行层层拆解，针对不同专业、不同岗位的学习者和员工安排有针对性的课程和培训项目，使之具备相应的工作能力。工作分析理论与教育培训的有机结合就成了 CBE 人才培养模式的雏形。

二是模式初创阶段。20 世纪 20 年代到 50 年代是 CBE 模式的初创阶段。这期间是美国工业进入飞速发展的时期。美国工业人口在 1920 年前后首次超过农业人口，从工业革命结束到 20 世纪 50 年代，美国的农业地位日益下降，在国民收入中的比重只占到了 14% 左右。而制造业一直保持上升势头，工业成为国民经济的主导产业。美国善于利用战争发展本国经济，两次世界大战给美国工业进步和产业结构升级带来了发展的契机。第一次世界大战是人类的首次机械化战争，在一战期间，美国大量的民用工业向军用工业转变，技术人员的需求量也因此急剧增加。当时的形势客观上需要一种高效率的培养方法来弥补技术人员的缺口，使士兵和转业工人尽快掌握一门技术。这就促使人们对将工作分析与教育联系起来以提高教育与培训效率的方法进行了深入研究。二战对技术人员的需求比一战时期更甚，为此，美国展开了历史上最大规模的教育和培训活动。这种教育和培训从工作分析出发，根据每项分析的结果确定目标，并且为学习者提供灵活、个性化的学习方式，通过

① 陈田，白杨. 大职业教育 CBE 模式对我国职业教育的启示 [J]. 产业与科技论坛，2017（21）：141-142.

在真实工作环境中的实践达到标准和熟练程度。战争加速了美国产业结构的调整和升级，为尽快补充技术人员，美国军队引入了这一诞生于 20 世纪初、颇具 CBE 雏形色彩的培训方式，极大地满足了战争对技术人员的质量和数量的需求。二战结束后，这种培训方式也被应用于退役人员的转业训练。美国教育委员会为了避免这一教育经验的流失，特成立研究小组对其进行研究，并形成研究报告，为这一模式的创立奠定了理论基础。

三是具体实践阶段。20 世纪 50 年代到 80 年代是 CBE 模式的具体实践阶段。第二次世界大战使欧洲主要发达国家都遭受了不同程度的损失，而美国却通过其战争策略获得了巨大的利益。大量的资本积累和雄厚的国际实力推动了美国产业结构的升级。这一时期，美国产业结构调整的显著特征是制造业的产值和就业人数在总体中所占的比重开始下降，服务业所占比重逐渐上升。第三产业从 20 世纪 60 年代起在国民收入中所占比重超过半数，劳动力也迅速由第一、二产业向第三产业转移。到了 70 年代，第三产业在国民生产总值中的比重达到了 59%，就业人数也占到了总人数的 62.5%，成为美国经济的主导产业。1946—1964 年这 19 年间，美国经历了从工业化向后工业化的过渡，经济得到了飞速发展。相对富裕的经济环境促使美国出现了一次人口出生高峰，在此期间出生的人被称为"婴儿潮"一代。人口规模的扩大相应地带动了教育的发展；与此同时，长期的经济繁荣给社会带来了结构的变化和观念的变革。中产阶级规模的扩大和消费、道德等观念的变化，使人们对待政治、金钱、两性关系和宗教的态度都更加自由化。青年受教育者的增多以及他们反对传统观念束缚的态度成为当时教育的一大难题：一方面，教育规模的扩大增加了对教师的需求量；另一方面，教师与学生这两代人之间的交流因观念的改变而显得越发困难。教育任务的日趋繁重凸显了新任教师教育和教学能力的不足。于是在 60 年代中期，美国决定通过改革教师教育来提高教育质量，并在全国范围内征求改革良方。在百余份改革方案中，美国联邦教育总署决定采用"能力为本"的教师教育模式并迅速进行大面积推广。这种模式的优越之处在于它把复杂的教学过程分解为具体的技能标准，以"微格教学"的方式进行应用，形成了一套描述和评估能力本位教育的准则，并从最初的师范教育领域向其他职业教育和培训领域广泛扩展。可以说，CBE 模式在教师培养中的引入使这一模式开始切实应用于实践。

四是成熟应用阶段。20 世纪 80 年代以来是 CBE 模式的成熟应用阶段。这一时期，美国的产业结构调整呈现出两个趋势：一是国民经济的重心向非物质生产部门的第三产业转移；二是制造业的重心逐步向高级技术工业转移。美国产业结构的调整（升级）不仅表现为第三产业向技术密集型方向发展，也表现为第二产业中关键的传统工业同样进行了新技术、新工艺的改造。但不可否认的是，第三产业发展的速度已经远远超过了第一、二产业，成为维持美国国民经济继续增长的重要保证。1980 年，美国第三产业的就业人数占到了总体的 71.7%。到 1983 年，这一数字上升到了 74.3%，成为美国就业人数最多的产业。第三产业规模的扩大和层次的升级对从业者的数量和质量提出了双重要求。但是第二次世界大战后，特别是 20 世纪 60 年代以来，苏联、日本和西欧各国等在军事、经济和科技方面发展迅速，美国虽然在经济发展方面一直处于领先地位，但是在其他一些领域（特别是教育领域）却一直成绩平平。产业结构调整所产生的人才需求与美国教育的疲态形成了制约美国经济发展的矛盾，并日益引起产业界的关注。当时的产业界普遍反映，教育特别是职业教育与就业需求的脱节现象十分严重，学生只注重知识与理论的学习，而忽视实践应用，导致培养出来的从业者缺乏实际操作的能力。在产业界对劳动者职业能力的强烈要求下，能力本位教育和培训理念成为世纪之交职业教育和培训改革的主导理念。高新技术和信息产业的发展带动了这一时期的产业升级，在产业界的强烈要求下，能力本位教育和培训理念成为世纪之交职业教育和培训改革的主导理念。CBE 模式正是从此时由师范教育逐步应用于职业教育，完成教学管理、成人教育、企业培训等多重目标。CBE 模式也是在这一阶段作为一种提升人才培养层次的职业教育改革思想盛行于北美，并且在 20 世纪 80 年代中期，英联邦国家也先后引入这一教育思想，构建本国的职业教育与培训体系。90 年代初，这一思想经加拿大传入中国。世界范围内的普遍关注将这一培养模式推向了一个新的高度。[①]

可见，CBE 人才培养模式在美国经历了从理论积淀到具体实践、从满足第二次世界大战期间作战需要到与职业教育完美匹配的过程，并随着美国经济的发展而不断完善，为美国产业结构调整提供了匹配的人才，促进了美国经济扩张。产业结构是经济运行的关键因素，它直接决定着人才需求的数量、质量和结构，进而间接决定着一个经济体人才培养的模式选择。因此，从产业结构调整的视角出发，探析在美国经济发展的各阶段，其产业结构调整不断引发人才需求的变动，进而促进 CBE 人才培养模式形成、完善、普及的历程，提炼出产业结构调整背景下的人才培养经验，为我国顺利实现从"制造业大国"向"制造业强国"的转变，探索适宜的人才培养模式，以满足产业结构调整和经济转型的人才需求具有重要意义。CBE 人才培养模式无疑为我国的技能型人才培养提供了崭新视角和诸多启迪。

②从加拿大社区学院看 CBE 人才培养模式的特点。加拿大的职业教育多指高中后的社区学院教育。社区学院教育体现了加拿大全民教育、终身教育的特色。社区学院教育普遍实行 CBE 模式，已得到世界的广泛认可，其独特的培养模式具有以下四个特征[②]：

一是坚持以培养学生能力为宗旨的职业教育理念。CBE 模式是一种以培养学生能力为本位的教育模式。该模式认为教学的重点在学，不在教，学生学习成绩的差异不是源于个体差异，而是由学习环境不充分造成的。任何学生只要找到适合自己的学习条件都可以熟练地掌握所学内容。因此，在教学过程中，高水平的教学指导是最重要的。CBE 模式的核心理念是培养学生的实际工作能力，强调自学和自我评价，侧重实践环节，强调"在做中学会做"，在实践中学习技巧，注重对学生能力的评价和考核。CBE 模式包括四个阶段：课程开发 DACUM（即 Developing a Curriculum 的缩写）、教学开发、教学实施和教学考评。课程开发是课程设计的目

---

① 张学英，王璐. 产业结构调整视角下的美国 CBE 人才培养模式探析 [J]. 职教论坛，2012（21）：93-96.
② 陈田，白杨. 大职业教育 CBE 模式对我国职业教育的启示 [J]. 产业与科技论坛，2017（21）：141-142.

标，必须根据工作岗位的能力要求进行开发；课程设计是实现课程开发目标的主要途径。教学开发主要是依据教学大纲确定培养途径、编写教材、确定教学内容。教学实施主要是通过确定授课人员、设计教学环节、入门指导、编制教学计划和设计目标等课堂教学和技能训练培养学生的专项能力。教学考评主要包括入学前的诊断性测评、学习期间的考试和考评以及毕业测评，即对学生原有的能力进行考核，对达到一定标准的能力给予承认，并缩短学习时间；强调学生自我评估、自我测评，学院每年对学生进行 2～3 次全面评估，决定学生是继续学习还是采取措施补救。CBE 模式在强调理论知识传授的同时，还要求学生必须从社会实践中获得所需的技巧。因而，衡量 CBE 模式培训效果的指标，不是学生修了多少学分、参与多少次社会实践，也不是教师完成了多少教学任务、上了多少课时的课程，而是学生是否掌握了可检测的职业技能。学生掌握的职业技能是由相关标准逐一检验的。①

二是以行业需求为核心的课程开发体系。培养实用和适用人才是贯穿 CBE 模式始终的原则，因此，在人才培养过程中，CBE 模式采用以行业需求为核心的课程开发体系。CBE 模式重视课程开发，其独具特色的课程开发程序不仅列出每门课程必须掌握的技能和知识点，而且将人才市场的需求与教学相联系，形成一套新的教学体系。课程开发由长期从事教育工作、经验丰富的人员组成政府咨询委员会，他们通过对职业范围、工作领域等进行分析，列出工作需要的职业能力和综合能力，编制 DACUM 表，提出教学模块，确保专业培训目标的设定与课程内容的设置是社会急需的。DACUM 表编制好后，相关部门依据 DACUM 表和相关步骤召开课程开发教师会议、课程开发委员会会议，设计开发课程，确保课程开发的系统性和严密性。这一过程大约耗时 1～4 个月。DACUM 不仅使以行业需求为核心的课程开发体系得以实现，而且在尊重学生学习主体地位的同时，充分发挥学生的主观能动性。以加拿大 Centennial College 为例，该学院的许多专业都有企业顾问委员支持，这些顾问委员都是各个行业的专家，他们负责确定学习技能和培养效果的评估标准。这样不仅能确保培训出来的专业人才是社会所需要的，而且能确保课程设置和教学内容随着职业发展和学生的变化及时调整，确保学院在业界的领先地位。

三是注重学生态度培养的教育导向。学生态度是指学生对工作的态度，即对工作的情感、价值观、职业道德和团队精神。CBE 模式不仅注重培养学生掌握基础理论知识、基本技能和综合能力，还特别强调培养学生的工作态度。加拿大联邦政府以及各院校对学生的态度培养不仅有明确的要求，而且有硬性的考核指标。如阿尔伯塔省教育部规定，所有学院在课程设置上都必须开设以下课程：如何做人以及与人相处、交流的语言交流课，如何树立做人准则的技术写作课，如何与商家打交道、尊重和理解他人、善于合作的商业和人际交往课以及计算机课。从行业和雇主对人才的需求来看，这些课程的开设不仅能使学校的人才培养与企业对人才的需求更加适应，而且还能使学生在较短的时间内给公司带来效益。

四是以学生为中心的就业中心。为确保学生就业、提高学生就业率，CBE 模式要求就业中心在学生入学前调查和确定社会紧缺专业，以调整学校的人才培养规

---

① 李春梅，杨阳. 加拿大 CBE 职教模式及对我国职业教育的启示 [J]. 河北职业技术学院学报，2007 (3)：10-11.

划；学生入学后，就业中心还负责与企业联系，开展校企合作项目，既能为学生了解企业、参加社会实践提供帮助，同时又能增加学生的收入，增进企业对学生的了解；临近毕业时，就业中心负责向企业、雇主提供学生的基本资料，宣传、推荐学生。据统计，经过就业中心的努力，职业学校的学生毕业 6 个月内，几乎都能找到满意的工作①。以学生为中心的就业中心的存在不仅确保了职业教育的高就业率，而且有力地保证了职业教育的生源和入学率。

职业教育的关键是培养学生的实践技能，以能力为基础的 CBE 模式的核心教育理念是注重学生综合职业能力的培养，这不仅满足了社会对技能型人才的需求，适应了经济发展的需要，而且提高了职业教育的质量，产生了良好的效果。CBE 模式在职业教育中的成功运用为我国职业教育的改革和发展提供了一定的参考价值，值得国内职业院校关注、研究和借鉴。

（3）澳大利亚的 TAFE 人才培养模式。TAFE 是 Technical and Further Education 的简写，意为技术与继续教育，是澳大利亚职业教育的一种人才培养模式，目前已形成极具特色的职业教育体系。

①TAFE 的发展历程。TAFE 从建立之初的基础发展时期，到 20 世纪 80 年代的繁荣昌盛时期，历经 20 多年的发展，已经成为澳大利亚职业教育重要的组成部分。之后，TAFE 历经系统结构的重新调整和职能的不断变化，朝着以能力为本位、以技能综合训练为基础和以市场为导向的方向发展。20 世纪 90 年代，澳大利亚成立了国家级别的培训局，建立了 TAFE 管理机构和与职业教育培训相关的机构，并建立了全国统一的毕业证书制度。同时，确定了学位框架，实行澳大利亚联邦政府、州政府和行业共同管理的职业教育新体制，即政府主导，行业参与，有效促进，并高度重视行业组织的专业特长，按照职业能力来设置课程。TAFE 模式重视职业能力和岗位能力的培养，并在教学安排上邀请企业人员参与，随企业需求及市场变化来调整教学计划。

TAFE 模式为澳大利亚全民提供了方便的学习环境，受教育人群越来越多，不仅满足了不同层次人的教育需求，同时也满足了社会的需求。70% 的澳大利亚中学毕业生进入 TAFE 学院学习。大多数澳大利亚本土大学都接受职业院校的学分转换，学生拿到职业院校的文凭后可以直接进入这些大学学习，一些大学毕业生为了更好地就业，还会选择重新回到职业院校学习，因而不少澳大利亚国民都会选择在 TAFE 接受培训。TAFE 学院在澳大利亚境内共有 200 多所、教学园区 700 余个②。TAFE 学院由州（State）或领地（Territory）政府拥有并负责投资管理，每个州有独立的 TAFE 管理系统，行政经费 75% 来自州政府、25% 来自联邦政府。TAFE 在 20 世纪 80 年代进行了一次收费政策的改革，行政经费不再由政府全部承担，由职业院校采取各种方式筹集办学基金，学校完全面向市场。TAFE 的课程科系多而且广，培训时间长短不一，且形式多样灵活。TAFE 模式中最有特色的就是建立了培训包（TP），在培训包中规定了职业资格证书的专业方向、等级形式及能力单元。

① 任靖福. 加拿大百年理工学院基于 CBE 模式的课程开发及启示 [J]. 河北能源职业技术学院学报，2014（2）：3-5.
② 吴高莉. 澳大利亚 TAFE 模式及其对电子商务专业建设的启示 [J]. 职业教育，2017（12）：192-193.

证书分为 6 个等级，每个等级有不同的证书数目和对应的岗位，不同的等级设有不同的培养目标。[①]

②TAFE 模式的特点。TAFE 是澳大利亚全国通用的职业技术教育模式，是澳大利亚建立在终身教育理论（学习-工作-再学习-再工作）基础上的具有鲜明特色的职业教育体制（如图 4-1 所示）[②]，侧重于学历教育与岗位培训相结合。TAFE 模式属于新型的现代学徒制度，满足专业、半专业，高级技师、技师及操作员等不同层次的学习需求。该模式以柔性的教育培训方式培养学生的实践操作技能。TAFE 模式根据澳大利亚国家培训局（ANTA）建立的全国统一的国家培训框架（NTF）来设置课程，有效保证了课程质量。培训包不仅是核心部分，也是 TAFE 学院及其他职教培训机构开展教育培训的指南和主要依据。各 TAFE 学院根据培训包的要求设置课程，组织教学工作，并对毕业生和受训者的学习成果进行考核。

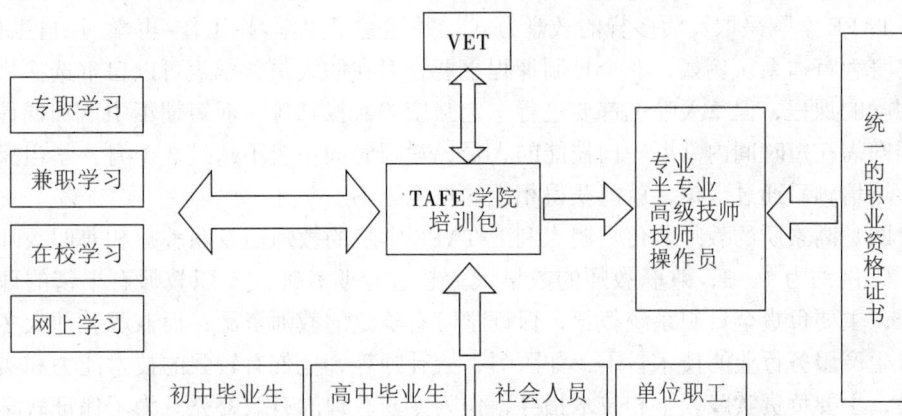

图 4-1　澳大利亚 TAFE 模式

TAFE 模式的主要特点体现在以下几个方面：

一是以需求导向和能力本位设置专业和课程。TAFE 最大的特色就是以市场需求为导向、以培养职业能力为目标设置专业和课程，为社会发展培养高素质、高水平的技术型人才。TAFE 学院以行业技能培训标准和国家资格与能力评估指南为依据决定所要开设的课程，学院负责人大多是来自行业的资深专家，他们参与专业设定、课程设置、教学方式设定和考核评估等，让所有课程都根据从事行业工作所应具备的能力来设置，保证了人才培养和岗位需求充分对接。在能力本位的思想指导下，TAFE 学院将实践教学作为授课重点。在政府和企业的投资下，每所 TAFE 学院都拥有较完善的实习实训基地和先进齐全的设施，如汽车维修实训基地、酒店管理实训基地和实习厨房等，不仅保证了实践教学的顺利实施，还能让学生在课余时间自主练习，尽快掌握相关技能，大大提升了教学效果。TAFE 学院也将实践能力考核作为考试重点，并为教师提供 12 种标准测试方法，比单纯理论考试更能体现学生的综合能力。[③]

二是灵活的教学方式。TAFE 学院建立了以能力为本位的培训体系，打破了传

① 李国和，闫辉. 澳大利亚 TAFE 模式研究 [J]. 中国职业技术教育，2017（9）：78-81.
② 吴高莉. 澳大利亚 TAFE 模式及其对电子商务专业建设的启示 [J]. 职业教育，2017（12）：192-193.
③ 苏彦. 澳大利亚 TAFE 模式对我国高职教育发展的启示 [J]. 厦门科技，2018（2）：31-34.

统的以学科为中心制定课程的思路，使学员能较快地适应社会职业岗位的需求。TAFE 学院以"实用""够用"为标准，设置的课程涉及 40 个行业，超过 1 200 门；根据不同学习对象的学习需求，展开不同形式的教学工作。比如，教学地点既可以是教室，也可以是实训车间、工作地点等。在课程设置方面，以行业为主导，促进课程开发的主体多元化；同时，根据社会需求的变化，对教学目标、教学内容、教学方法等及时调整，以更好地满足社会的需要。[①]

三是终身教育理念下灵活多样的学习方式。TAFE 学院为所有愿意接受教育的人提供服务，在招生上没有年龄限制，学生可以根据自身情况自主选择培训场所、课程甚至学制。学生既可以选择在校学习，也可以选择在工作单位或在家学习。只要考核合格并积累到所要求的学分，就能获得证书。TAFE 学院一般提供以下 5 类课程：全日制课程、非全日制课程、短期集中培训课程、学徒制课程和网络学习课程。TAFE 学院采取灵活多样的教学方式，并建立了"学习-工作-再学习-再工作"的终身教育体系。例如，非全日制课程主要针对在职人员，学生可以自主选择每学期想学的课程，但每天晚上都要进行一定强度的实操训练。而短期集中培训课程主要面向需在短时间内掌握一门技能的人员，学习时间一般不超过 3 个月，学生只要在短期培训后通过考核，就能获得相应的技能证书。[②]

四是高素质的教师队伍。澳大利亚 TAFE 学院的教师由专职教师和兼职教师构成，比例约为 1∶3，兼职教师的数量大大超过专职教师。专职教师有丰富的理论知识，主要负责全日制系统教学，保证学院有稳定的教师资源；而兼职教师大多是来自生产服务行业的技术骨干，如医师、会计师等，他们有较强的技术能力和实操经验，主要负责实践教学和技术指导，作为专职教师的有效补充。为了保证教学质量，TAFE 学院要求所有教师都必须接受过一年以上的师范教育且持有教师资格证书。其中，专职教师应具备大学本科以上学历，拥有 5 年以上所教专业的实践工作经验；最低要求是获得"培训与评估 IV 级证书"，即行业四级技能证书，有些专业性强的课程甚至要求任课教师有 5~10 年的行业工作经验[③]。澳大利亚对教师的培训已经形成了一套完善的体系。此外，TAFE 学院还要求教师必须加入相关行业协会，并定期进企业实践，不断更新专业知识和技能，保证所有课程内容根据市场需要而设定。

五是国家统一的职业资格认证制度。澳大利亚学历资格框架（Australian Qualifications Framework，AQF）于 1995 年首次启用，是监管澳大利亚教育和培训资格的国家政策（见表 4-2）[④]，它将基础教育、职业教育和培训以及高等教育都包含在内。TAFE 的专业设置、课程开发、教学实施等都以此框架为基础。学生只要完成所有课程并通过考核，就能获取学历资格框架所规定的职业资格证书。国家统一标准的职业资格认证制度避免了多个机构同时颁发证书、没有统一认证标准而导致证书含金量不同。AQF 为基础教育、职业教育和培训以及高等教育之间的转换提供了可能，学生可以用所获得的学分来免修同等级的课程，大大缩短了学习时

① 吴高莉. 澳大利亚 TAFE 模式及其对电子商务专业建设的启示 [J]. 职业教育，2017（12）：192-193.
② 苏彦. 澳大利亚 TAFE 模式对我国高职教育发展的启示 [J]. 厦门科技，2018（2）：31-34.
③ 纪夏楠. 澳大利亚 TAFE 学院办学模式研究及对我国高职教育的启示 [D]. 南昌：江西科技师范大学，2014.
④ https://www.aqf.edu.au/sites/aqf/files/aqf-2nd-edition-january-2013.pdf.

间，提高了学习效率，加快了获取证书的速度。[①]

表 4-2　　　　　　　**澳大利亚学历资格框架（AQF）**

资格等级	AQF资格证书颁发者			学习时间
	学校	职业教育与培训（Vocational Education and Training，VET）院校	大学以及经政府注册认可的高等教育机构	
10级			博士学位	3～4年
9级			硕士学位	1～2年
8级		职业研究生证书	研究生文凭	1～2年
		职业研究生证书	研究生证书	0.5～1年
7级			学士学位	3～4年
6级		高级专科文凭	副学士学位	1.5～2年
5级		专科文凭		1～2年
4级		四级证书		0.5～2年
3级		三级证书		1～2年
2级		二级证书		0.5～1年
1级		一级证书		0.5～1年
0级	高中毕业证书			

总之，澳大利亚的 TAFE 模式具有鲜明的特色，并在实践中获得了国际认可。其核心是"以职业能力为本位"，不仅提出了专业技能的具体标准，更为高职院校专业群建设指明了方向。我国的高职院校应做到因地制宜，在澳大利亚 TAFE 模式的基础上进行开发和创新，立足于中国现实，走出中国特色的职业教育之路。

（4）国际劳工组织 MES 人才培养模式。MES 是 Modules of Employable Skill 的简写，可译为模块化技能培训，也称为"模块培训法"。它是国际劳工组织于 20 世纪 70 年代末 80 年代初在借鉴德国、瑞典等国的"阶段式培训课程模式"以及英、美、加等国的"模块培训"等经验的基础上，运用系统论、信息论和控制论开发出来的以现场教学为主、以技能培训为核心的一种职业技术培训模式[②]，旨在推动当时世界的职业教育与培训改革，培养各类职业需要的应用型人才。

MES 模式是政府从发展经济、提高劳动者职业技能的角度出发，以系统论、信息论和控制论为基础，以市场经济模式为前提，以模块为基石，将职业培训组织与管理、技能标准制定、培训大纲与教材开发等环节有机联系起来形成的职业技能培训模式。在运作方式上，MES 首先确定某职业应该具备的全部职能（Function），再把这些职能划分成各个不同的工作任务（Tasks），将每项工作任务作为一个模块

---

① 苏彦．澳大利亚 TAFE 模式对我国高职教育发展的启示 [J]．厦门科技，2018（2）：31-34．
② 闫凤霞，赵存河．MES 模式与弹性学制 [J]．考试周刊，2013（12）：155-156．

（Modular Unit，MU），将某个单项的知识和技能称为一个学习单元（Learning Element，LE）[1]。MES 模式由若干个模块组成，而每个模块又由若干个学习单元组成。MES 的基本结构如图 4-2 所示[2]。

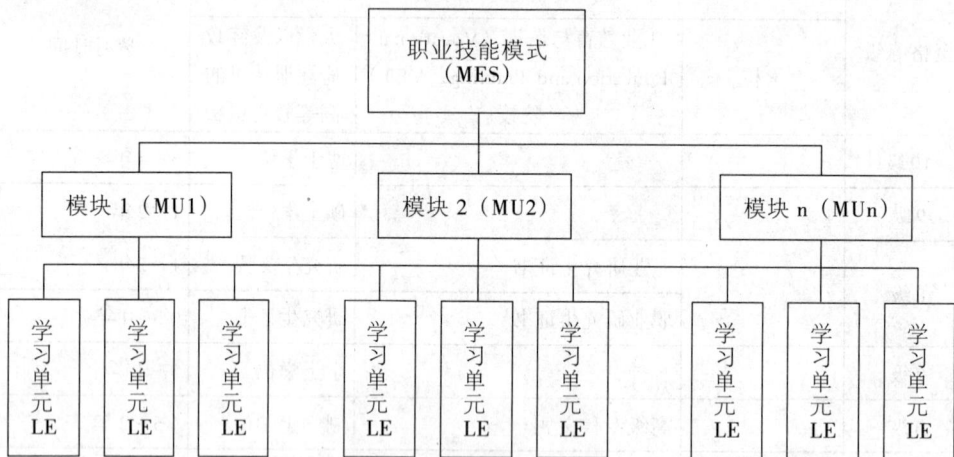

图 4-2　MES 模式的基本结构

①MES 模式的优势。MES 作为一种技能培训模式，将某一职业或岗位所需的能力分为不同的模块，每一个模块所培训的内容对应一种单项能力，不同的模块组合可以适应不同的培训计划。哪一种能力是学员所欠缺或者不足的，就有针对性地对其进行培训，可以在短时间内有计划、有步骤地消除学员的短板。这种模式对短期的专业技能培训十分有效，优势具体体现在以下三个方面：[3]

一是以任务为导向。MES 的任务导向性表现为它以就业为导向设置课程的结构和内容。在任务的实施过程中，学习者是"主动参与者"而不是"被动接受者"，从而做到"教、学、做"三位一体。在接受了 MES 的继续教育之后，学习者能够较快地掌握某一工作的职业技能和其他要求。在上课之前，学习者要自学学习材料，教师的讲授则是学习者对所学习内容的进一步巩固。在学习过程中，学习者有明确的目标，对自己的不足之处进行有目的的强化，学习效果得到显著提高。

二是相对独立。MES 将岗位所需的能力分为不同的模块，模块的数量和组合按学习者的需求设定。在 MES 模式下，每一个学习模块都是相对独立的[4]。这种相对独立性使得学习者在学习完一个模块之后，就可以掌握相应的工作技能，从事相应的工作。学习者在学完一个或若干个模块后，认为自己不需要再学习其他内容，就可以结束学习了。

三是终点考核。MES 实行的是终点考核方式，学习者根据自身的学习能力，选择合适的学习方式，学习的节奏由自己把握；在学习的最后阶段，通过重点考核即可结束课程学习。这种考核制度增强了学习者学习的自主性。

②MES 模式的实施过程。MES 模式从职业培训需求分析，到开发培训模块和

① 刘登高. MES 引进我国十年来的回顾与思考 [J]. 中国培训，1997（8）：11-14.
② 廖勇. 地方本科院校应用型人才培养的思考——基于模块化技能培训模式（MES）介绍 [J]. 襄阳职业技术学院学报，2016（5）：122-125.
③ 汪苑. "蚁族"的继续教育模式研究——基于 MES 与 CBE 的分析 [J]. 河北大学成人教育学院学报，2015（9）：18-22.
④ 岳雅坤. 农民工继续教育模式研究 [D]. 太原：山西财经大学，2011.

学习单元，再到实施培训以及培训结束之后的跟踪调查，整个培训过程目的明确，高效统一。据廖勇总结，MES模式的实施过程主要包括以下六个步骤：

第一步，开展培训需求分析和评估。MES培训运行的第一步就是进行培训需求分析和评估，以便确定培训的目的和实施步骤。这是整个系统运行的先导，它直接关系到MES培训的成败[1]。开展培训需求分析和评估可从以下五个方面进行：一是确定培训需求是否符合政策和客观实际；二是提出相应的策略，帮助解决培训需求问题；三是确定需求的数量和规格；四是研究培训方案的可行性；五是确定是否实施培训方案。

第二步，开发培训模块和学习单元。在对培训需求进行分析和评估之后，还必须对工种、任务和技能进行分析。其包括四个步骤：一是分析和确定工种规范，即应该完成哪些工作，工作标准是什么，培训要求是什么，并简要描述MES每个模块的名称及所需的设备。二是确定模块内的工作步骤。这些步骤按一定的逻辑顺序排列，每一个步骤都包含一定的技能及工作标准。三是分析模块内的技能。MES中的大多数模块都限定在一个特定的职业领域内，有的MES则包含不同职业领域的模块。四是确定模块所需的学习单元，制定"模块学习单元参照表"，使模块内各个工作步骤与不同的学习单元产生联系，通过表格将模块所需的全部学习单元确定下来。

第三步，编制培训大纲和教材。MES的培训大纲不同于传统课堂讲授的教学大纲，它打破了普通的学科体系，在模块、学习单元的基础上，通过"MES模块化培训大纲参照表"体现出来。培训大纲参照表包括职业领域、工作范围、工种、工作名称、培训对象、培训时间、学时分配、教学目标八方面内容。在编制过程中，充分考虑模块的排列与所对应的各类单元课程的合理性，合理分配学时。在实施过程中，每个模块、单元课程的操作步骤分别与参照表发生密切联系，使之定位准确、教学目标清晰。在选编MES培训教材时，根据职业培训标准，最大限度地满足专业培训计划与教学目标的需要。教材中不能出现与培训计划、教学目标无关或超目标的内容；重视教材的针对性、目标和内容的完整性。模块化培训教材与现行的行业职业技能鉴定教材既融合，又具有相对的独立性，体现出了很强的可操作性和灵活性。

第四步，确定培训教师、培训方法和学员。MES模式与传统教育在对教师的要求上也有着明显的差异。传统教育对教师强调的是"教"，而MES模式对教师着重强调"指导"。MES模式下的教师必须具备以下四个条件[2]：一是在其从事的职业和工作范围内具有较高的技术水平和实践经验；二是曾接受过教学法和教学技术方面的培训；三是曾在企业或培训学校有过培训教师的经历；四是能掌握MES的有关理论、概念和方法。

MES采用的是"以学员为中心"的形式，在教学实践中提倡现代培训方法，如案例分析法、研讨法等，并充分运用现代教学手段进行现场教学。MES培训教

① 刘登高. 技能训练是工人岗位培训的核心——推荐MES培训模式（四）[J]. 北京成人教育，1998（10）：30-31.
② 徐鸿烈. MES岗位培训的有效方法[J]. 成人教育，1991（5）：33-34.

材以学习包的形式交给学员，学习包中的学习单元易学易懂，与培训目标无关的内容全部剔除在外。在 MES 模式下，招收学员时，必须进行严格的评估和考核，包括工作和培训经历、智力水平和气质性格等，以确定他们资质、能力及制定相应的培训规范。

第五步，建设学习站（Learning Station）。学习站是 MES 模式下自成系统的学习场所，在学习站内可以进行以学员为中心的学习。学习站通常由以下各部分组成：一是学习单一技能或成组技能所必需的设备、机器；二是设备、机器的基本附件；三是手工工具、刀具和量具；四是安全装置、防护服；五是培训工件和实物、消耗性材料；六是供阅读学习单元和其他学习材料用的桌子；七是学习单元和其他学习材料的存放处；八是放置图纸和工作说明的托架；九是必需的视听辅助装置；十是培训大纲中给定的学习单元。学习站是为学员完成一个模块或学习若干种技能而准备的场所，是以操作技能训练为核心又兼顾专业理论知识传授的自成体系的培训点。它既不同于传授理论知识的教室，也不同于专供学员进行操作技能训练的实习基地，而是两者的有机结合。

第六步，培训考核、培训管理和跟踪调查安排。学员在完成一个模块的培训之后，需要进行一次综合考核，以检验其知识和技能的掌握情况。在设计考核题目时，要充分考虑与模块的培训目标、企业的实际工作条件、国家标准相对接。MES模式的管理监控通过图表形式的管理文件进行，具体包括：一是指明学员必须完成的学习包或大纲中学习单元的顺序；二是根据不同的学习单元选择合适的学习站；三是规划和安排培训车间中学习站的布局和使用程序；四是记录学员完成每个学习单元所用的时间；五是记录学员在培训过程中的进步、态度和行为；六是记录学员在培训过程中模块考试的成绩。需要强调的是，MES 模式下的培训与传统培训的重要区别之一是通过建立一个快速有效的跟踪调查与反馈评估机构，在学员完成培训进入工作岗位后，及时进行跟踪调查及反馈评估，不断改进培训工作，避免与社会经济需求脱节。①

4. 我国人才培养模式的现状

人才培养模式的概念在我国出现得比较晚。20 世纪 80 年代出现的第一波教育改革热潮中，用得比较多的是"教学模式"。随着改革的不断深入，一些教育研究者发现"教学模式"已经不能完整地概括人才培养要素、活动过程，于是，"人才培养模式"的概念应运而生，进而在 90 年代被教育界广泛应用，学者们也开始从概念上对人才培养模式进行各种诠释。很多学者认为，人才培养模式是指在一定的教育理论和思想的指导下，按照特定的培养目标和人才规格，以相对稳定的教学内容、课程体系和培养方法构建的一种人才培养样式。这个概念强调的人才培养模式，实际上就是人才的培养目标和培养规格以及实现这些培养目标的方法或手段。

目前，我国高职教育的人才培养模式，按照国务院文件口径，就是《国务院关于大力发展职业教育的决定》（国发〔2005〕35 号）提出的"工学结合，校企合

---

① 廖勇. 地方本科院校应用型人才培养的思考——基于模块化技能培训模式（MES）介绍［J］. 襄阳职业技术学院学报，2016（5）：122-125.

作"。这种人才培养模式是在学习和借鉴德国"双元制"人才培养模式的基础上、在服务于我国新型工业化发展道路、调整经济结构和转变增长方式的办学实践中逐步形成的。其核心是建立行业、企业、学校共同参与的办学机制，最大的特点是突出了"能力本位"，强调要依托专业所对应的行业和企业，一切以培养学生的职业能力为出发点，将能力培养专业化、课程设置职业化、教学内容任务化、教学环境企业化，教师在将专业技能传授给学生的同时，还要教给学生胜任未来职业发展的能力以及与职业发展相联系的社会价值观，形成"职业-价值-能力-技能知识"这样一种与传统人才培养方式不同的教育思维定势。具体来说，这种人才培养模式的目标特征是坚持以立德树人为根本，以服务为宗旨，以促进就业为导向，人才质量要求与企业岗位要求"无缝对接"，提高学生的就业能力，培养高素质劳动者和技术技能人才；内容特征是坚持校企合作、工学结合，强化教学、学习、实训相融合的教育教学活动，推行项目教学、案例教学、工作过程导向教学等教学模式；实践特征是教学过程与生产过程对接，毕业证书与职业资格证书对接，职业教育与终身学习对接，根据职业、岗位需要设计和安排各种教育教学活动。近些年来，随着"工学结合，校企合作"人才培养模式的推进，又派生出"订单式""冠名班""现代学徒制"等人才培养模式。

2014 年《国务院关于加快发展现代职业教育的决定》（国发〔2014〕19 号）对职业院校创新人才培养模式采取七大举措进行引导：①坚持校企合作、工学结合，强化教学、学习、实训相融合的教育教学活动；②改革教学模式，推行项目教学、案例教学、工作过程导向教学模式等；③调整和完善人才培养方案，加大实习、实训在教学中的比重，创新顶岗实习形式，强化以育人为目标的实习实训考核评价；④加强实习管理，健全学生实习保险制度；⑤推进"双证书"制度；⑥校企联合开展现代学徒制试点，推进校企一体化育人；⑦开展职业技能竞赛。这七大举措对高等职业院校人才培养模式创新无疑具有非常重要的指导意义。

5. 专业群建设对现有高职院校人才培养模式的影响

（1）专业人才培养理念的突破。专业群人才培养强调专业群与产业集团的融合，跨专业及专业方向的融合，教学、学习、实训相融合，学历证书与多种职业资格证书相融合，为学生的职业成长提供更加宽厚的学习环境。其中，与产业集团的融合、跨专业及专业方向的融合是传统意义上的单一性专业难以实现的。

（2）专业人才培养方案思路的突破。传统意义上的单一性专业人才培养方案以服务单一职业领域的职业岗位群为基础，通过市场调研，形成本专业的培养目标、人才规格、课程结构、教学安排、主要专业课程及教学要求、专业教师要求、实训条件要求、实施建设。专业群人才培养方案以服务某一产业领域的职业链和职业岗位群为基础，基于整个专业群的专业架构，把群内的所有专业整合在一起，在市场调研的基础上，对本专业的培养目标、人才规格、课程结构、教学安排、主要专业课程及教学要求、专业教师要求、实训条件要求、实施建设等方面进行重新整合，突破了围绕某个专业的单向思维的局限性，从集群的层面思考怎样发挥群的集聚性优势，实现 1+1＞2 的办学效果，提高人才培养质量。

（3）人才培养定位的突破。非专业群人才培养定位一般仅立足于本专业所覆盖的工作岗位对应用型技能人才的需求，考虑面比较窄。专业群人才培养定位必须考虑整个群所覆盖的产业领域的职业链和职业岗位群，强调宽基础、多技能，关注学生职业迁移能力的培养，以适应行业和企业对应用型人才规格多变的需求，尤其是对创新型人才的需求。[①]

6. 专业群人才培养模式创新的原则

（1）职业导向原则。高职专业群人才培养模式创新要求高职院校积极与企业开展深度合作，以市场调研为根本，全方位正确地掌握相关专业毕业生的就业方向，根据岗位对专业人才的具体要求，重新规划教学实践活动及理论课程体系，以便更好地适应岗位。同时，应将专业相关岗位对人才的要求纳入培养方案中，拓展毕业生的就业选择，让他们能够更快地适应岗位环境，提升可持续发展能力。

（2）工学结合原则。专业群人才培养模式创新应加大对学生创新意识及能力的培养力度，以工学结合为契机，深入挖掘工学交替、目标驱动、项目指导、上岗实习等有助于学生综合能力提升的教育模式。在教学过程中，应充分重视实践、职业及行业，重点把握专业理论课程、实践课程和上岗实习三个环节，倡导集教育、学习、实践于一体的教学体系。各专业课程应明确自身的发展方向及人才培养目标，实现与院校教育目标的一致性。

（3）发挥核心优势原则。在专业群建设特别是优化人才培养模式的过程中，需要充分发挥专业群中核心专业的优势和辐射作用，将核心专业建设的成果和经验创造性地推广运用到有较高关联性的专业群中的其他专业之中，带动各专业共同发展。

（4）资格证书原则。专业群人才培养模式创新应依据专业技术及专业岗位群的任职资格，参考各专业对应岗位、职业资格要求，结合各专业特点，构建以培养职业技能为根本任务的课程体系。鼓励各专业以班级为讲课（基础）单位，方便校企合作以及行业人员来校亲临指导。灵活运用多种形式的课程教学方法，全面落实专业资格证书及学历证书等证书体制，并将其纳入人才培养的过程中。

（5）素质教育原则。人才培养模式的改革还要注重学生之间的不同特点，掌握每位学生的学习能力、知识基础。人才培养方案应与学生的学习模式相适应，不仅要规范人才培养体系，还要满足不同学生的需求，尊重学生的个性化发展，大力提升学生的综合素养。因此，要将素质教育课程逐一渗透到各专业教学当中。

（6）善于变通原则。高职院校的专业指导委员会应充分发挥自身职能，根据人才培养目标构建人才培养方案。在这一过程中，委员会应将一致性与变通性相结合，严格按照国家统一标准，使各专业依据自身特色，发挥其优势与专长，构建具有鲜明个性的人才培养方案。[②]

（7）坚持共性与个性相结合的原则。共性与个性相结合，既体现在专业群人才

---

① 卞建鸿. 职业学校专业群建设理论与实践探索 [M]. 上海：华东师范大学出版社，2015：27.
② 田维维. 学分制视角下高职专业群人才培养模式改革与实践 [J]. 山东农业工程学院学报，2018（4）：128-129.

培养模式的教育教学理念中，又体现在专业群的培养目标与培养过程之中。相较宏观和中观层次的国家、学校人才培养模式，专业群人才培养模式的教育教学理念更接地气；与微观层次的具体专业人才培养模式相比，其覆盖面更广。专业群人才培养模式中的培养目标与培养过程既需要体现通用的职业教育规律以及产教融合、校企合作和工学结合、知行合一等共性要求，更需要体现专业群职业特征、服务区域经济产业发展要求以及专业群内各专业的个性特点。专业群的课程体系需要体现专业群内核心专业与其他专业的共性，围绕各专业的共性要求构建共性课程；同时，需要体现专业群内不同专业人才培养方向的个性，围绕不同专业人才分流培养的个性要求构建个性课程等。

（8）系统设计原则。专业群人才培养模式的系统设计主要包括以下三个方面：一是专业群人才培养模式的整体系统设计，即专业群人才培养模式的总体设计，包括理念与思路、目标与规格、过程与方式的有机协调与统一。二是专业群内各子系统的系统设计。就专业群课程体系而言，需要设计由与职业岗位群基础技能相对应的专业群共享平台课程、与职业岗位群核心技能相对应的专业群核心课程、与不同类别岗位分项技能相对应的各专业培养方向"模块"课程、与职业岗位群拓展技能相对应的专业群互选互认课程组成的专业群课程体系，实现专业群课程体系的底层共享、中层分立、高层互选，从而体现专业群内核心专业课程与相关专业课程共性与个性的对接。三是专业群人才培养模式实施推进过程的系统设计，围绕确定的专业群定位、人才培养目标及规格，坚持统筹兼顾，体现理论与实践、能力与素质、线上与线下、学校与企业、课内与课外、专职与兼职等方面的有机结合。[①]

7. 专业群人才培养模式创新要突出校企融合"五对接"

为了实现校企深度融合，专业群人才培养模式创新一定要突出校企融合"五对接"：①专业培养方案与工作岗位对接，根据企业岗位能力需求制订专业群人才培养方案；②将行业岗位职业标准纳入课程体系，实现职业资格证书与毕业证书对接[②]；③模拟真实的生产环境，使教学过程与生产过程对接；④整合产学合作企业的资源与学校的教学资源，实现校企教学资源对接；⑤营造良好的企业氛围，实现校园文化与企业文化对接。

（1）根据企业岗位能力需求，校企共同制订人才培养方案，实现专业培养方案与工作岗位对接。专业群与企业签订合作协议，进行全面、深层次的产教融合，使课程设置更加合理，并且具有可操作性。

（2）引入企业岗位职业标准，实现毕业证书与职业资格证书对接[③]。学历教育和职业资格教育的"无缝"对接是高职教育教学改革的一个基本方向，它有利于提高学生的就业能力。针对专业群的产业服务领域以及合作企业需求确定学习性岗位，归纳出岗位的核心技能，将企业的岗位职业标准纳入专业群的课程体系中，按

① 许建民. 高职专业群人才培养模式优化的原则及保障对策——以南京科技职业学院市场营销专业群为例 [J]. 江苏教育研究，2016（5）：3-6.
② 刘宏申. 提升旅游管理专业服务地方经济能力研究——以黑龙江职业学院为例 [J]. 东方企业文化，2012（21）：24.
③ 莫坚义. 中职教学改革"五个对接"的实践探索 [J]. 百色学院学报，2013（3）：137.

照职业标准制定相关课程的考核标准①，实现毕业证书与职业资格证书对接。

（3）模拟真实的生产环境，使教学过程与生产过程对接。如江苏食品药品职业技术学院食品设备自动化专业群借助学校是江苏省食品工程实训基地这一优势，通过对企业生产一线真实生产过程的调研，改变实训环境，重新设计了教学内容和教学方法。该专业群模拟企业的真实生产过程建成了焙烤生产线、牛奶生产线、肉制品加工生产线、果汁饮料生产线、啤酒酿造生产线、黄酒酿造生产线、葡萄酒酿造生产线，实现了教学过程与企业生产过程的对接。此外，该专业群还搭建了校企合作平台，以"食机汇""蒙牛虚拟乳品工厂"等现代化设备资源库的建设为载体，专业教师深入到合作企业，学习食品自动化设备行业的新工艺、新技术，与合作企业专家组成团队，根据真实生产过程开发教材，共同打造"食品自动化设备网络资源库"，将企业实际生产中的案例提炼成教学项目，形成专业课程教学内容。

（4）整合产学合作企业与学校教学资源，实现校企教学资源对接。将合作企业实际生产中的设备、产品生产工艺、工作管理流程等信息纳入专业教学内容中，聘请企业专家、技术能手到课堂开展现场教学，实现学校资源与企业资源的对接②。围绕专业群相关产业服务领域，通过现代信息手段，共建现代信息化教学资源库。企业资源与学校资源的对接必须借助于现代化的信息手段，引入企业专业岗位的资源，精心做好教学内容设计，认真组织实施，做好教学效果的评价。同时，实施"一课双师"制度，校企互兼互聘，组建专兼互补的特色教学团队。聘请企业专家、技术骨干、岗位能手等作为兼职教师，与校内专职教师共同完成一门课程的教学。兼职教师学习教学方法，专职教师学习企业一线的实践经验。高职院校可制定相关岗位设置与绩效考核制度，实行双工作量要求，校内教师承担校内工作量的同时，必须深入企业完成企业调研、技术服务、对外培训等实践工作，培养和提升自身的素质。对企业兼职教师制定校外兼职教师职称评定办法，对其进行考核和评审校内职称，按照职称级别发放课时津贴。通过校企互兼互聘、双向交流的合作机制，增强专业群教学团队的实践教学能力、技术创新能力和社会服务能力。将专业群岗位技能划分为通用技能和专业技能，按专业岗位将实验室、实训室分类，组建实训基地，以提高校内实践资源的使用效率。利用职教集团等大型合作平台，开发校外实训基地，实现学校与企业的资源共享、优势互补、共同育人。按照岗位群各专业岗位能力培养目标，将企业生产中的实际项目引入学校，创建实训基地；同时，引入企业管理制度与企业文化，对实训基地进行管理。实践教学以模块化、项目化的形式开展，满足专业群各岗位的共性能力需求和专门化能力需求。

（5）营造良好的企业氛围，实现校园文化与企业文化对接。吸收企业现代管理理念，建立以"企业需要、就业导向、6S管理"为目标的学生管理新模式，推进专业群学生工作的制度化、规范化建设，促进学生养成教育，在全系形成"学、赶、超"的良好氛围。通过"6S"管理（整理 Seiri、整顿 Seiton、清扫 Seiso、清洁 Seiketsu、素养 Shitsuke、安全 Safety，"5S"起源于日本，我国在此基础上增加

---

① 薛兵旺，王康生. 论校企合作搭建"双师型"教师队伍建设的有效平台——以武汉商业服务学院酒店管理专业为例［J］. 企业导报，2011（13）：71.
② 李宏，等. 食品设备自动化专业集群的构建与实践——以江苏省高校"十二五"重点建设专业（群）为例［J］. 江苏教育研究，2014（6）：28-31.

了安全（Safety）要素，形成了"6S"，因前 5 个内容的日文罗马标注发音和后一项内容（安全）的英文单词都以"S"开头，所以简称 6S），营造良好的企业文化氛围，对学生的日常行为和教学过程进行管理，特别是加强生产性实习实训管理，使学生在学习过程中不断感受企业文化，提升职业素养。各类企业一直都强调管理的规范化。多年以来，各大中型企业都进行过"4S 管理""5S 管理""6S 管理"等管理模式的改革与运用，均获得了显著的经济效益和社会效益。科学的管理模式已成为企业品牌形象建设的基石，是企业文化的重要内涵。专业群将合作企业的企业文化引入校园，通过企业顶岗、企业调研、企业技术骨干讲座、优秀毕业生见面会等形式，能让高职学生更好地了解企业文化。①

二、专业群校企合作机制创新

高等职业教育培养的是高素质技术技能人才，这类人才是经济发展的基石，在经济发展过程中将发挥越来越重要的作用。市场需求是高等职业教育发展的内在要求，校企合作是高等职业教育发展的必由之路。校企合作的重要作用表现为使人才培养目标更明确，避免了学习与实践的脱节，提升了高职人才的岗位适应性等。

校企合作是高等职业教育当前和今后人才培养模式改革的主要方向，是当前高等职业教育发展的重点和难点。"没有深度融合的校企合作，就没有高质量的高职教育"，校企合作的深度、广度决定了工学结合的程度和质量。要搞好校企合作，必须将其全方位地贯穿到人才培养的全过程中，必须进行更深层次的合作。②

以职业性和实践性为本质的职业教育，与产业界有着天然的联系。职业院校与企业共生共荣、共同发展是职业教育的特有规律。校企合作是职业教育的本质特征之一。因此，有必要在梳理校企合作内涵和对校企合作模式进行剖析的基础上，探讨以建设专业群为重点的校企合作机制与模式创新，为专业群的人才培养做好铺垫。

1. 校企合作的内涵及其发展历程

从国外文献来看，"校企合作"一词的表述多种多样，如 cooperative education，business‐education partnership，school‐work partnership，school‐enterprise cooperation，school-business link，cooperation between industry and education，等等。其中，关键词是 business，industry，school，education，partnership，cooperation，link，实质上反映了校企合作的核心要素——企业、学校、教育与合作。应该说，校企合作是一个内涵丰富的概念，是指学校和企业在人才培养、科学研究、产品开发等方面的联合行为。就高职教育而言，现阶段主要是指人才培养方面的合作。这是一种利用高职院校和企业不同的教育资源，采取理论教学与学生参与工作有机结合的方式，或通过合作将两种不同的教育环境和资源进行融合，以培养高职学生的全面素质、综

---

① 刘奎武，边巍，孙铁波. 专业群"校企融合五对接"人才培养模式的研究与实践［J］. 职业技术教育，2015（5）：18-21.
② 何福贵，张梅. 专业群和企业群的校企深度合作模式研究［J］. 中国电力教育，2013（11）：9-10.

合能力和就业竞争力，为不同用人单位输送技术技能人才的教育模式。其根本目的是通过合理匹配教育资源，让学习者"将课堂上的学习与工作中的学习结合起来，将理论知识应用于实践中，然后将工作中遇到的挑战和见识带回学校，促进学校的教与学"，实现供给"主体"与需求"主体"的相对融合，提升教育产品质量和市场竞争力。①

校企合作的思想在国外早已有之。英国的空想社会主义者托马斯·莫尔最早提出了劳动教育的模式，他在 1516 年出版的《乌托邦》一书中提出了"劳动教育"的主张，指出对公社里的所有儿童进行初等教育时，要求他们既在学校里学习农业知识，又要到城郊田地从事农业劳动。威廉·配第在 1648 年发表的《威廉·配第就知识的某些特殊部分的进展致哈特利布先生的建议》一文中，提出了建立"劳动学校"（即"科学工场"和"机械中学"）的计划。英国经济学家贝勒斯是英国最早倡导建立工业学校的人，他在《关于创办一所一切有利于手工业和农业的劳动学院的建议》一文中提出的劳动学院就是社会主义的生产合作体。马克思称赞贝勒斯教育改革方案体现了"结束现行的教育和分工"的要求。正式的校企合作组织形式的出现以 1903 年美国赠地学院（Land-Grant Colleges）创办的工程实验站为标志。20 世纪 50 年代，斯坦福大学创办了硅谷科学园区，70 年代中期又建立了大学研究中心等。到 80 年代末，美国政府开始资助校企合作，标志着校企合作进入新的发展阶段。

随着高职教育的发展和社会经济环境的变化，我国各级政府部门在正式颁布的文件中都提及了校企合作，并提出实现职业院校的人才培养目标，必须走校企合作之路。例如，2005 年 11 月，《国务院关于大力发展职业教育发展的决定》提出要深化职业技术教育办学体制改革，形成政府主导、依靠企业、充分发挥行业作用、社会力量积极参与的多元化办学格局②。这是国家层面提出依靠企业等社会力量进行多元化合作办学的理念，应该是校企合作的雏形。2006 年，《教育部关于全面提高高等职业教育教学质量的若干意见》指出要加强校企合作，加强实训，实行工学结合、校企合作、顶岗实习的人才培养模式③。该文件明确了校企合作可作为一种崭新的人才培养模式。

2010 年 7 月，《国家中长期教育改革和发展规划纲要（2010—2020 年）》提出要调动行业企业的积极性，建立健全政府主导、行业指导、企业参与的办学机制；研究制定促进校企合作办学的有关法规，推进校企合作制度化；鼓励行业组织、企业举办职业学校，鼓励委托职业学校进行职工培训等。④

从国家出台的各项政策文件中可以解读出，校企合作是职业院校改革发展的重要方面。其主要体现在办学模式、人才培养、社会服务等领域。职业院校要谋求发展、提升教育质量，就必须采取与企业合作的方式，注重人才的实用性与实效性，

① 贾慧. 校企合作的概念界定及其相关理论探讨 [J]. 高等职业教育：天津职业大学学报，2013（4）：22-25.
② 国务院. 国务院关于大力发展职业教育的决定 [EB/OL]. [2013-03-13]. http://www.moe.edu.cn/publicfiles/business/htmlfilemoe/moe_1778/200710/27730.html.
③ 教育部. 教育部关于全面提高高等职业教育教学质量的若干意见 [EB/OL]. [2007-04-21]. http://www.moe.gov.cn/publicfiles/business/htmlfiles/moe/moe_1464/20070421822.html.
④ 国务院. 国家中长期教育改革和发展规划纲要（2010—2020 年） [EB/OL]. [2010-08-10]. http://www.moe.edu.cn/publicfiles/business/htmlfiles/moe/moe_838/201008/93704.html.

有针对性地为企业培养人才。因此，校企合作是一种注重培养质量、注重在校学习与企业实践、注重院校与企业资源、信息共享的"双赢"模式。①

从 2013 年起，在强调校企合作的内涵的基础上，教育部还特别提出融入"产教融合"的基本精神。《教育部关于 2013 年深化教育领域综合改革的意见》提出要改革办学体制，完善职业教育产教融合制度。其具体包括研究制定职业教育校企合作促进办法，出台职业教育集团化办学的指导意见，提升行业指导职业教育的能力，建立健全行业企业参与办学的体制机制，建立职业学校与行业企业联动开发课程机制②。意见主要强调从办学体制方面完善产教融合的制度建设，这是职业教育改革发展的关键内容。

2014 年，《国务院关于加快发展现代职业教育的决定》提出：构建以就业为导向的现代职业教育体系，进一步确定现代职业教育体系的主要任务是服务发展、促进就业；基本特征是产教融合、校企合作；培养模式是工学结合、知行合一；培养目标是职业精神与技术技能高度融合③。一方面，文件将"产教融合，特色办学"作为加快发展现代职业教育的基本要求之一，同步规划职业教育与经济社会发展，协调推进人力资源开发与技术进步，推动教育教学改革与产业转型升级衔接配套，突出职业院校的办学特色，强化校企协同育人。另一方面，"产教融合、校企合作"也成为现代职业教育发展的基本特征。

2015 年，《教育部关于深化职业教育教学改革全面提高人才培养质量的若干意见》，从职业教育教学改革和人才培养的角度再次提出"完善产教融合、协同育人机制，创新人才培养模式""坚持产教融合、校企合作"的基本原则，并就如何推进产教深度融合从 4 个方面进行具体部署④。同样，2015 年教育部颁布的《高等职业教育创新发展行动计划（2015—2018 年）》也将坚持产教融合、校企合作作为基本原则⑤。

现代意义上的校企合作，关键是建立共赢的长效机制。"机制"一词最早源于希腊文"mechane"，原指机器的构造和动作原理，借指事物的内在工作方式，包括有关组成部分的相互关系以及各种变化的相互联系。其在《辞海》中的几个解释分别是：①用机器制造的；②机器的总体构造和工作原理；③有机体的构造、功能和各器官间的相互关系；④某个复杂的工作系统或某些自然现象的演变规律。《现代汉语词典》的解释主要有：机器的构造和工作原理；有机体的构造、功能和相互关系；某些自然现象的物理、化学规律；泛指一个工作系统的组织或部分之间相互作用用的过程和方式。根据《辞海》和《现代汉语词典》的解释，我们可以认为"机制"大致包含以下三个层面的含义：首先，事物是由各个部分组成的；其次，既然事物各个部分存在，就有一个如何协调各个部分之间的关系的问题；最后，通过一

① 管丹. "校企合作"与"产教融合"概念辨析 [J]. 职教通讯，2016（15）：41-42.
② 教育部. 教育部关于 2013 年深化教育领域综合改革的意见 [EB/OL]. [2013-03-14]. http：//www.moe.edu.cn/pub-licfiles/business/htmlfiles/moe/s7229/201303/148072.html.
③ 国务院. 国务院关于加快发展现代职业教育的决定 [EB/OL]. [2014-06-17]. http：//www.moe.edu.cn/publicfiles/busi-ness/htmlfiles/moe/moe_1778/201406/170691.html.
④ 教育部. 教育部关于深化职业教育教学改革全面提高人才培养质量的若干意见 [EB/OL]. [2015-08-20]. http：//www.moe.edu.cn/srcsite/A07/moe_953/moe_958/201508/t20150817_200583.html.
⑤ 教育部. 教育部关于印发《高等职业教育创新发展行动计划（2015—2018 年）》的通知 [EB/OL]. [2015-11-20]. http：//www.moe.edu.cn/srcsite/A07/moe_737/s3877/201511/t20151102_216985.html.

种什么样的具体运作方式来协调各个部分之间的关系。中国科学院科技政策与管理科学研究所副研究员、政策模拟研究中心副主任陈安等人在机制的以往研究及一些具体机制分析的基础上，将"机制"界定为"由问题引起，由问题环境中某些具有确定关系的特定元件组成，以模型的形式来揭示（或引导）事物（或事件）的规律，并以此设定一套流程来实现既定目标的解决方案[①]。由此可见，"机制"是一个工作系统的组织或部分之间相互作用的过程和方式。机制一般由参与者、关系及规则等构成，参与者又可分为主体、客体与介质。套用这一概念，校行企互动机制（如图 4-3 所示）可理解为：学校、企业在合作培育人才的过程中相互之间的内在工作关系与方式。从育人的视角来看，学校是校企合作的主体，即人才供给方；企业是客体，即人才需求方；政府、行业协会等则是介质，它们既引导学校与企业之间的合作，又可以充当学校和企业之间合作的桥梁。[②]

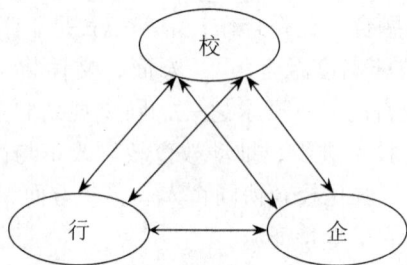

图 4-3 校、行、企互动机制

2014 年，教育部在总结"校企合作，工学结合"实践经验的基础上，决定推行"现代学徒制"，并下发了《教育部关于开展现代学徒制试点工作的意见》（教职成〔2014〕9 号），指出"为贯彻党的十八届三中全会和全国职业教育工作会议精神，深化产教融合、校企合作，进一步完善校企合作育人机制，创新技术技能人才培养模式"，根据《国务院关于加快发展现代职业教育的决定》的要求，开展现代学徒制试点工作。现代学徒制正是我国高职教育"校企合作，工学结合"人才培养模式的升级版，推行现代学徒制有利于促进行业、企业参与职业教育人才培养全过程，实现专业设置与产业需求对接、课程内容与职业标准对接、教学过程与生产过程对接、毕业证书与职业资格证书对接、职业教育与终身学习对接，提高人才培养的质量和针对性。建立现代学徒制是职业教育主动服务当前经济社会发展、推动职业教育体系和劳动就业体系互动发展、打通和拓宽技术技能人才培养和成长通道、推进现代职业教育体系建设的战略选择；是深化产教融合、校企合作，推进工学结合、知行合一的有效途径；是全面实施素质教育，把提高职业技能和培养职业精神高度融合，培养学生社会责任感、创新精神、实践能力的重要举措。[③]

总之，现代学徒制架起了一座新的企业和学校联合培养人才的桥梁，使理论教育与技能培养有机结合、职业教育与产业发展有效对接，进而成为推动社会经济发展的核心动力[④]。

① 陈安，武艳南. 浅议管理机制设计理论：目标与构成 [J]. 科技促进发展，2011（7）：64-67.
② 兰小云. 行业高职院校校企合作机制研究 [D]. 上海：华东师范大学，2013.
③ 教育部. 教育部关于开展现代学徒制试点工作的意见 [EB/OL]. [2014-08-25]. http://old.moe.gov.cn/publicfiles/business/htmlfiles/moe/s7055/201409/174583.html.
④ 卞建鸿. 职业学校专业群建设理论与实践探索 [M]. 上海：华东师范大学出版社，2015：29.

2. 西方发达国家的现代学徒制模式

现代学徒制在西方发达国家实行的时间比较早，并形成了不同的模式，比较有代表性的除了前文介绍过的德国"双元制"模式之外，还有英国的"三明治"教育模式、澳大利亚的"新学徒制"模式、美国的"合作教育"模式等。"他山之石，可以攻玉"，通过对西方发达国家现代学徒制模式的探索，可以为我国高职院校专业群建设的校企合作机制创新提供借鉴。

（1）英国的"三明治"教育模式。英国高等教育的"三明治"（Sandwich）模式特色鲜明，并很好地融入到了英国的高等教育体系中，是英国高等教育的重要组成部分。"三明治"教育模式在增加入学机会、提高教学质量、促进学生就业、加强与企业的合作、促进经济发展等方面取得了巨大的成就。[①]

①英国"三明治"教育模式的发展。创建于 1901 年的桑德兰技术学院（Sunderland Technical College，现更名为桑德兰大学）在建校初期就明确了其教育目标是为当地工商业发展培养高级专门人才，并在工程等专业中探索白天在企业实习、晚上上课的教育模式。这就是英国早期的"三明治"教育模式。

第二次世界大战后，为了发展经济，技术教育得到了英国政府的重视。1956 年英国政府出台了《技术教育白皮书》，正式确立了"国家技术教育体系"的基本雏形。1957—1962 年间，英国政府将伯明翰技术学院等 10 所技术学院划为高级技术学院，重实践、重技能的"三明治"教育模式得到重视。1958 年，伯明翰高级技术学院成为英国历史上第一个为"三明治"教育颁发技术学位文凭的学院，"三明治"教育模式的学位认证问题得到解决。[②]

1966 年，10 所高级技术学院升格为具有学位授予权的大学，由此吸引了众多企业介入教育事业。1967—1973 年，英国建立了 34 所多科技术学院，以满足地方工业经济发展的需要为主要目标、侧重于应用的"三明治"教育模式很快在多科技术学院得到应用和推广。

20 世纪 80 年代到本世纪开启的数年中，英国"三明治"教育模式进入个性化与成熟阶段，具体表现为：一是成立了推进产学研结合的中间机构——教学公司，负责组织由高校和企业共同参加的科技协作项目，使得继续教育学院和高等院校与企业界之间建立起了比较稳固的合作渠道[③]；二是建立和不断完善国家职业资格证书制度（NVQ）和普通职业资格证书制度（GNVQ）；三是成立了系统的组织机构，1972 年成立了"三明治教育大学委员会"（UCSC），1976 年成立了"三明治教育多科技术学院委员会"（PCSC），1979 年成立了"三明治教育与培训教育协会"（ASET）。1988 年，英国政府在新颁布的《教育改革法》中提出，高校课程设置、教学内容要实现社会化与实用化；从 1992 年开始，英国的原有多科技术学院分批逐步升格为大学。所有这些举措都有力地推动了英国"三明治"教育模式向纵深发展。有资料显示，2004—2005 年间，英国全日制大学生中接受"三明治"教育的

① 刘娟，张炼. 英国三明治教育发展历程及其政策举措分析 [J]. 现代教育科学，2012（1）：35-39.
② BUCHANAN. The technological universities [J]. Higher Education Quarterly，1996（1）：71-90.
③ 胡昌送，卢晓春. 浅析英国产学研结合的历史沿革及其发展趋势 [J]. 职业时空，2007（8）：36-37.

学生达到 10.68 万名，占当时全部在校学生的 11.32%[①]。

时至今日，"三明治"教育模式一直是英国众多职业技术教育院校和高等教育院校广泛采用的人才培养模式，受到社会的广泛认可，成为英国职业技术教育的一大亮点，在全球具有一定的影响力。

②英国"三明治"教育模式的特点。纵观英国"三明治"教育模式的发展过程，我们可以看出，它具有如下几个鲜明的特点：

第一，政府推动，大力支持。在英国"三明治"教育模式走向成熟的过程中，英国政府发挥了极其重要的作用。英国政府始终扮演着引导者和管理者的角色，明确自己的职责范围，以有所为、不越界为原则，进行"三明治"教育制度的设计，在具体的事务管理中坚持"顺时引、逆时推"的双重策略，通过不同的手段，保证"三明治"教育获得法律、政策方面的引导，将财政经费投入落到实处。在政策支持方面，政府发挥自身的优势，在社会中积极引导学习对象参加职业技术学习，通过政策和宣传提升职业技术教育在整个社会中的地位；颁布《产业培训法》《教育改革法》《面向 21 世纪的教育与培训》等法律、政策，为"三明治"教育模式的推广提供强大的法律和政策支持[②]。在组织保障方面，由政府出面先后成立"三明治教育大学委员会""三明治教育多科技术学院委员会""工业和高等教育委员会"等组织机构，强化高等教育与政府和企业的合作。在经费支持方面，从 2005 年开始施行的"国家雇主培训项目"，以雇主需求来主导培训；采取"培训券"制度，一方面，为低技能工人和中学后青年提供免费培训；另一方面，由学员选择学校和课程，把经费投入质量高、学生喜欢的学校和课程中，促进学校和培训机构努力提高自己的水平和质量。此外，2006 年制订的"有培训就有收获计划"是一项由国家制订、专门针对成人学习者的"学习即获利"计划，为成人学习者提供实际工作场所的培训，以满足雇主在操作层面的用工需求，合作企业在这个过程中也可以通过接收项目学员而获得学费 50% 的培训经费补助。[③]

第二，核心能力，重视培养。早在 1979 年，英国继续教育处在一份题为《选择的基础》的文件中就首次提到了"核心能力"的概念，具体包含读写能力、计算能力、制图能力、问题解决的能力、研究能力、处理事务的能力、独立能力、动手能力、个性和道德的修养。进入 21 世纪，英国教育与就业部、工商业联合会、资格与课程署共同将核心能力进一步浓缩为 6 项，即沟通、数字运用、信息技术、与人合作、提高自我学习和增进绩效、解决问题的能力，这也成为当前英国国家资历标准框架体系中的 6 项核心能力[④]，成为英国"三明治"教育模式人才培养过程中的必备内容。许多英国高等职业教育机构甚至大学都将这 6 项核心能力纳入自己的课程体系，将其作为基础教学的必修内容。

第三，构建体系，全程考核。不同于其他课程考核形式，"三明治"课程的考核是一个全过程考核，注重对学生学习过程的考核监督。其考核形式包括企业评

---

① 彭熙伟，徐瑾，廖晓钟. 英国高等教育"三明治"教育模式及启示 [J]. 高教论坛，2013 (7)：126-129.
② 樊大跃. 再谈英国三明治教育模式的特点及启示 [J]. 深圳职业技术学院学报，2016 (5)：69-73.
③ 刘洪一，李建求，卿中全，等. 产学研用协同育人的理念与实践 [M]. 北京：商务印书馆，2013：30.
④ 张晓东. 英国职业资格证书制度及对我国高职院校办学的启示 [J]. 山东省经济管理干部学院学报，2009 (6)：128-131.

估、指导教师评价以及学生自我评估等。其中，企业评估最为重要，职业教育面向就业的目的，决定了"三明治"课程尤其重视学生实习期间来自企业主管的培训和考核；指导教师评价是针对整个课程模式的系列化评价，包括实习前指导–实习中监督–实习后总结，贯穿学生整个学习阶段，对"三明治"课程的实施质量起到了较好的监控作用；学生自我评估主要依据学生的工作日记进行，涉及个人发展计划、工作情况、总结反馈三部分，基本上反映了学生的工作状态。总体而言，多方评价构成了"三明治"课程的考核体系，确保了评价的客观性和全面性（具体见表4-3）。目前，"三明治"教育模式已成为英国职业教育最高阶段的最普遍的人才培养模式，赢得了广泛的社会认可，并产生了较强的国际影响力，成为英国职业教育乃至留学教育的一大特色。[①]

表4-3   "三明治"教育模式的考核构成、考核材料及操作执行表

考核构成		考核材料	操作执行
企业评估		实习情况评价	依据实习表现及工作报告给出评价结果
指导教师评价	实习前指导	学生"个人实习发展规划"、实习日记、企业反馈	指导、督导
	实习中监督		电话、邮件咨询
	实习后总结		实习企业实地座谈调查
学生自我评估		工作日记、报告	每月向学院交实习报告，涵盖整个学期情况（5～10页）

第四，校企合作，模式多样。根据在生产现场工作实践的长短不一，"三明治"教育分"厚"和"薄"两种。"厚三明治"教育一般学制4年，第三年安排一年时间在生产现场工作、实习，最后一年返回学校修满学业；"薄三明治"则将前往生产现场的工作和实习分解为2～5个时间较短的阶段，根据课程的具体情况在不同的时间安排[②]。英国董事联合会和大学联合会的一项调查结果显示，2010年，英国74%的中小企业与国内的大学或高教机构拥有校企合作项目；中小企业的开发和研究项目中有9%委托给高校进行定向研究，12%与高校一起开展合作研究。除此之外，高教机构一年中为中小企业提供大量的继续教育课程服务，37%的中小企业参与了高校组织的各种演讲课程、大会或公众活动，12%的中小企业接受了大学为其单独提供的专业提升服务，还有7%的中小企业依靠高校为它们的新员工进行职前专业技术培训。在校企的密切合作中，有27%的中小企业对所录用的新毕业生或研究生进行测评，向高校回馈信息；18%的中小企业向高校提供产业实习机会或"三明治"学习岗位；10%的中小企业甚至将自己的业务作为高校课程的组成部分，双方共同运作。在这些同高校合作的中小企业中，仅与1所高校建立合作关系的企业占总数的33%，与3所以上高校建立合作关系的占30%，与5所以

① 陈鹏磊，李郡. 英国职业教育协同育人模式的经验借鉴——基于"三明治"教育模式与现代学徒制模式 [J]. 职业教育研究，2015（7）：84-87.
② 刘洪一，李建求，卿中全，等. 产学研用协同育人的理念与实践 [M]. 北京：商务印书馆，2013：39.

上高校进行合作的占 9%。在所有校企之间的合作中，36% 是跨区域合作。①

综上所述，英国重实践、重技能、重应用的"三明治"教育模式得到广泛推广，取得了明显成效。通过实际工作锻炼，学生掌握了工作技能，增强了责任心和自我判断能力，加深了对社会的认识，在团队合作、交流等方面的技能也得到了提高。通过"三明治"教育模式毕业的学生比全日制学生的就业率要高，前者为70%，而后者只有 55%。②

（2）澳大利亚的"新学徒制"模式。与英国、美国相比，澳大利亚实行的"新学徒制"教育模式在时间上相对较晚，但为澳大利亚培养了大批具有良好职业素养的人才，这些人才成了保障澳大利亚先进制造业和发达工业发展的重要基石。③

①澳大利亚"新学徒制"的发展。20 世纪 80 年代以来，澳大利亚加入国际化大市场带来的国际性经济竞争一直影响着国内的劳动力市场。经济全球化使得澳大利亚的产业结构发生巨变，其支柱产业由过去的传统行业转向畜牧业、农业、矿业、机械设备、金属产品、烟草、石油、煤炭、化工等行业。其中，服务业、制造业、采矿业和农业成为澳大利亚的四大主导产业。在澳大利亚经济重心逐渐转移的初期，其劳动力市场未能及时调整对劳动力的培养方式，造成新兴产业所需人才的极度匮乏。与此同时，澳大利亚国内出现了严重的失业问题。为了避免失业问题上升为影响社会稳定的政治问题，1985 年，作为解决青年失业问题对策的"国家受训生制"被正式纳入澳大利亚法定的职业培训体系中。

20 世纪 80 年代，澳大利亚加入了国际化大市场，参与了国际经济竞争。经济全球化对澳大利亚产业结构的影响不可避免地衍射到了传统学徒制。过去实施的传统学徒制再也无法满足新的劳动力市场的需求。于是在 90 年代中期，随着澳大利亚政府的更迭，霍华德（Howard）政府将传统学徒制与国家受训生制合并，统一称为"新学徒制"，并于 1998 年 1 月 1 日开始实行，逐步取代传统的学徒制。④

到 2002 年，全澳大利亚约有 33.6 万人接受了"新学徒制"的培养，并有 93% 的毕业生在毕业后 3 个月左右被录用⑤。到 2004 年年底，接受"新学徒制"培养的人数则达到了 20 万。此后，接受"新学徒制"培养的学生人数持续增长。澳大利亚职业教育与研究中心（National Center of Vocational Education and Research，NCVER）2009 年公布的数据表明，全澳大利亚已经有 40 万人接受了"新学徒制"培养，参与人数增长显著⑥。以上分析表明，澳大利亚"新学徒制"发展迅速，已经成为澳大利亚新兴经济发展的重要支撑。

但是随着 2008 年金融危机的爆发，澳大利亚"新学徒制"进入缓慢发展期，参加培训的学徒数量及完成率都明显下降。2010 年，澳大利亚政府特别成立了一个专家小组研究"新学徒制"并给出建议。经过一年的努力，该专家组提交了一份

① AUSTIN.Collaboration between Schools and Enterprises is enhanced，Newsletter of Universities UK［EB/OL］.［2012-11-12］. http：//www.universitiesuk.ac.uk/Newsroom/Media-Releases/Pages/Newresearchshowsuniversities-andsmallfirmsareworkingtogethertodriveinnovationandgrowth.asp.
② 彭熙伟，徐瑾，廖晓钟. 英国高等教育"三明治"教育模式及启示［J］. 高教论坛，2013（7）：126-129.
③ 王乐夫，姚洪略. 澳大利亚高等职业教育体系剖析及对我国职教发展的借鉴［J］. 高教探索，2007（3）：54-57.
④ 张南南. 澳大利亚新学徒制的特点及发展趋势［J］. 景德镇高专学报，2010（9）：44-46.
⑤ 黄亚妮. 高职教育校企合作模式初探［J］. 教育发展研究，2006（10）：68-73.
⑥ 王艳红. 职业教育课程内容开发的研究综述［J］. 高等职业教育探索，2017（3）：65-69，80.

题为《共同的责任：面向 21 世纪的澳大利亚学徒制》的方案。根据该方案的建议，澳大利亚政府开始着手"新学徒制"改革，主要改革内容有实施以能力为本位的学徒培训与结业认证、革新学徒激励方案、增加支持服务、建立不同的质量管理机构。[①]

②澳大利亚"新学徒制"的特点。与传统学徒制相比，澳大利亚"新学徒制"有许多新的特点。

第一，融通性的资格证书制度。澳大利亚"新学徒制"教育模式推行全国融通的资格证书制度，即学员在完成"新学徒制"培养后，可以获得全国认可的、与学历文凭互通的资格证书，通常称为 AQF1~4 级证书[②]。该证书侧重于对已获学分和成绩的认可。假如学徒将来希望选择继续深造，那么其已获成绩和证书依然有效。这种融通性的资格证书更加强调个人的发展，也表明澳大利亚更加注重对学员的"技术"进行培养。统计表明，仅有 32% 的澳大利亚高中毕业生会进入高等学校继续深造，而 68% 的毕业生多选择职业性的技术教育。[③]

第二，机动性强的培训方式。为使"新学徒制"更具可操作性，澳大利亚政府在全国设立了 300 所新学徒服务中心，为培训机构和学员提供免费服务。澳大利亚"新学徒制"培训的"双元"体系充分反映出培训方式的机动性。"双元"体系是指学徒的培训同时在企业（公司）和职业学校进行。企业培训是学徒培训的主要组成部分。其中，职业学校（主要是澳大利亚各州和地区内的 TAFE 学院）负责知识培训和少量的技能培训，大量的实践培训在雇主的企业内进行；然后学徒在雇主的企业和培训学校这两个培训场所进行训练，企业和培训学校的教师负责对学徒进行培训和成绩记录。"新学徒制"计划包括部分时间制学徒制和受训生制、完全在岗的正规培训、TAFE 学院的脱产培训、私人培训等。[④]

第三，积极参与的行业企业。在澳大利亚的"新学徒制"中，行业企业起到了主导作用。为了使学徒培训时能听到更多来自行业的声音，确保高效培养行业所需人才，澳大利亚政府于 2015 年 5 月成立了产业与技能委员会，由国家、州和领地部长提名的各个行业领导者组成，另有来自澳大利亚商业和产业理事会、商业委员会和产业集团的轮值委员。除此之外，还有两名来自政府的高级官员支持委员会的工作。澳大利亚产业与技能委员会就像一座桥梁，连接着职业教育培训和行业。它一方面了解行业发展的最新进展，为行业发展营造有利的政策氛围；另一方面开发新兴技能，对学徒进行培训，以此帮助行业吸收并留住所需人才，促进行业可持续发展。它还为职业教育和学徒培训提供场地、技术、资金等支持，同时吸收新行业指导委员会的意见，制定、评估和修改培训包[⑤]。

第四，多样性的培养课程。澳大利亚"新学徒制"培养模式的课程具有多样性，主要表现在两个方面：一是教学形式的多样性。该模式实行分阶段式的弹性学习，既可以一次性完成培养，也可以分阶段完成；既可以全日制或者半全日制的形

① 陆志慧. 澳大利亚新学徒制及对我国学徒制教育的启示 [J]. 教育与职业, 2017 (6)：109-112.
② 苏丽锋. 职业教育发展对产业结构升级的支撑作用分析 [J]. 高等工程教育研究, 2017 (3)：192-196.
③ 温世儒, 吴霞. 澳大利亚新学徒制培养模式优势特征分析 [J]. 教育观察, 2018 (4)：18-19, 141.
④ 张南南. 澳大利亚新学徒制的特点及发展趋势 [J]. 景德镇高专学报, 2010 (9)：44-46.
⑤ 陆志慧. 澳大利亚新学徒制及对我国学徒制教育的启示 [J]. 教育与职业, 2017 (6)：109-112.

式进行培养，也可以利用业余时间进行培养。二是培养课程的选择始终遵循"能力本位"原则，即从具体岗位的实际需要出发，以市场驱动为依据，动态性地进行课程的设置，对相关知识和技能进行分解并组成模块，在实际培养中按照模块进行教学，这样就避免了知识和技能更新缓慢的缺点及了盲目求全的"填鸭式"人才培养。由此可见，多样性的"新学徒制"课程更加注重实际能力的培养，强调与具体的岗位环境相匹配，相比之下更加务实。①

第五，广泛的社会参与。澳大利亚传统的学徒制主要是指针对 20 岁以下年轻人的 4 年培训模式。培训行业主要集中在传统的制造业、建筑业、运输及仓储、印刷等行业。而"新学徒制"实施后，对参加学徒培训的人员年龄没有限制，只要是完成义务教育的人都可以参加学徒培训。根据学徒工作和培训时间的安排，学徒分为三类：全日制学徒、兼职学徒和校本学徒。全日制学徒进行的是脱岗培训，主要针对刚刚踏上工作岗位的年轻人，以帮助学徒全面获得某一职业领域的知识，掌握关键技能；兼职学徒一边工作一边培训，往往是为了获得本领域的更高技能或者另一领域的技能；校本学徒于 20 世纪初引入，主要针对在校高中生，这些学徒一边学习课本知识，一边进行技能培训。学徒在进行培训前需要和雇主签订培训合同。合同一旦生效，学徒就要按照合同履行义务。学徒完成培训计划后，能够获得全国认可的技能证书和从业资格证书。②

此外，澳大利亚"新学徒制"模式特别注重学员的"实用性"技能培养，且与当前市场的实际需求联系紧密，良好地利用了市场对人才需求的导向性作用，为澳大利亚的产业转型与经济发展培养了大批具有良好职业素养的高技能人才，从而为澳大利亚新兴经济的发展提供了有力支撑。

（3）美国的"合作教育"模式。今天，美国的职业教育在规模、层次、质量和效益等方面都走在了世界的前列。美国发展职业教育的重要经验便是产教结合，即在职业教育过程中将企业与学校结合起来，开展合作教育（Cooperative Education）。它是美国职业教育的一个亮点，也是最具活力的一个方面。

美国的"合作教育"模式是一种国家立法支持、校企合作共建的职业教育办学模式。从 1906 年开始实施以来，不仅做到了与经济发展同步，而且美国综合国力的日益增强发挥了有效的推动作用，可谓红红火火，享誉世界。

①美国"合作教育"模式的起源与发展。1906 年，美国辛辛那提大学（University of Cincinnati）的教师施奈德提出了第一个合作教育计划，创造了产学合作教育的经典模式——工学交替模式。其基本内容是把学生分成两组：一组在学校学习，另一组到工厂工作，一周后两组交换。这种模式大大提高了学生的实践动手能力，受到了人们的普遍欢迎③。合作教育的本质是寻求高等教育的自身规律与现实社会对人才需求间的矛盾的解决，使学生在校期间就能掌握未来就业所需要的知识、能力和素质，成为综合素养相对成熟的高级专门人才。

在职业教育领域，美国政府一直试图把职业教育的发展与工商企业的发展融合

① 温世儒，吴霞. 澳大利亚新学徒制培养模式优势特征分析 [J]. 教育观察，2018（4）：18-19，141.
② 陆志慧. 澳大利亚新学徒制及对我国学徒制教育的启示 [J]. 教育与职业，2017（6）：109-112.
③ 林尔. 美国合作教育模式对我国职业教育的启示 [J]. 金华职业技术学院学报，2010（8）：7-9.

在一起，使之受到全社会的关注，成为全社会的教育单元。1982 年，美国联邦政府颁布了《联合培训方案》，强化了州政府对职业教育的管理职责，加大了工业企业参与职业培训的力度。1984 年颁布的《帕金斯职业教育法案》则进一步强调工商企业与职业教育及培训机构的合作[①]。1991 年，美国劳工部成立了"获取必要技能部长委员会"，其宗旨是帮助学校了解如何改革教学大纲和教学内容，让学生取得将来在职场成功所需的高素质技能[②]。1994 年，克林顿政府通过了《学校至职场机会法案》，开创了以法律形式推动企业与学校之间合作的先河。美国政府根据法案要求，拨出专项经费用以开展校企合作，同时要求各州政府建立"学校至职场"的教育体系。与此同时，美国还成立了国家职业技能标准委员会，全面负责国家职业技能标准的开发。全国统一的技能标准极大地改善了美国各州及各行各业自行其是、要求不一的混乱状况。"国标"体现了最新科技及工艺水平，能够有效改善工人的劳动技能，提高生产效率，使得美国劳动力在全球市场上更具竞争力。奥巴马上台后，也极力促进美国高等职业教育的主要机构——社区学院与企业的合作。2010 年，奥巴马提出的向社区学院增加拨款的决议被国会驳回，但他仍然运用自己的个人影响力来帮助两年制社区学院发展。奥巴马号召通过公私合作和慈善事业来帮助社区学院实现培养更多学生的目标，以改善职业培训和促进劳动力发展。[③]

合作教育发展至今，呈现出强大的生命力，成为美国 1 000 多所高校的立身之本，正在世界范围内迅速发展。目前，全美参与合作教育的跨国公司、小型企业、政府机构和非营利组织超过 5 万家，其中全球 100 强企业中有 80 多家参与了合作教育计划，在企业实习的学生人均年收入约 4 万美元。[④]

②合作教育的内涵和基本要求。美国国家合作教育委员会（NCCE）对合作教育的基本界定是："把课堂学习与相关领域中生产性的工作经验相结合的一种结构性教育策略，学生工作的领域与其学业或职业目标是密切相关的。合作教育通过把理论与实践结合起来提供渐进的经验。合作教育是学生、教育机构和雇主间的一种伙伴关系，参与各方都有自己特定的责任[⑤]。"相对于这个比较规范的定义，美国高校对合作教育还有一种比较简洁的表述，即"合作教育是把课堂学习和与学生专业或职业目标相关领域内的有报酬、生产性（有成效）的工作经验结合起来的一种教育计划"。显然，合作教育是把课堂教学与工作经验相结合。为了更好地理解合作教育的内涵，我们要弄清楚什么是"生产性"的工作经验。通过研究发现，所谓生产性的工作经验，是指学生的工作是雇主们真正需要的工作任务或项目；学校或教师协调员批准的学生的工作岗位是他们认为能确保学生真正参与并能提高职业能力的工作岗位。

合作教育计划的基本要求包括以下一些内容：一是合作教育作为一种教育战略得到学校的正式确认。二是把以特定形式和程序进行的多样化的工作经历与学习结合到一起。三是工作经历包括合适的学习环境和生产性工作。四是学生在受雇佣前

① 史旦旦，陈湘. 近三十年美国中等职业教育发展研究 [J]. 中国职业技术教育，2009（3）：49-52.
② 张世专. 美国的校企合作及其对我国职业教育的借鉴意义 [J]. 教育探索，2007（8）：33-34.
③ 马杰，卓璧湖. 美国高等职业教育校企合作的经验与启示 [J]. 教育教学论坛，2015（12）：7-8.
④ 李曙明. 发达国家校企合作的政策模型与特点分析 [J]. 中国高等教育，2010（12）：61-62.
⑤ National Commission for Cooperative Education.The Cooperative Education Model [EB/OL]. [2012-10-02]. http://www.co-op.edu.

应接受精心设计的培训并精心准备，在进行合作教育的过程中应该接受指导并能进行咨询。五是在学生档案记录中应有正式认可的合作教育经历。六是在学校、雇主和学生之间有正式合同，主要涉及工作描述和新的学习机会；特定的最短工作期限；学生工作接受学校监督和雇主管理；学生被雇主确认为合作教育雇员；由学生、学校、雇主做出评估，并且有学生对合作质量的反馈；学生工作获得报酬。七是用于雇主和学校进行质量评估的规定工作经历和课程之间具有相关性。八是计划设计要确保学生、雇主和学校三方受益的最大化。[①]

③合作教育的优势。合作教育具有以下三大优势：[②]

• 为学生的职业技能训练提供实践平台。实践出真知，合作教育为学生提供了真实的实践平台。通过实践工作，学生可以检验并巩固所学的理论知识；可以获得一些在校内的课堂上无法学到的实际技能；可以检验自己的职业兴趣，更深刻地了解自己；可以了解社会，为毕业后更快、更好地适应社会和工作打好基础。

• 为学校教育教学提供实践条件。合作教育有助于学校教师技能的提升，避免实践教学设施的重复建设。第一，有利于"双师型"教师的培养。合作教育加强了学校和企业的联系，使得专业教师在有较强的教学能力和素质的基础上，有机会掌握最新的技术和实践技能、了解组织的生产经营状况，进而促进教师课堂教学水平的提高。第二，有助于学校集中精力抓好课堂教学。对学校而言，购置先进的实践设备费用较高，如工程机械设备少则几十万元，多则几百万元，而且需要场地停放，利用率也低。通过合作教育，学校无须进行实践设施建设，有利于解决其可能面临的实训场地紧缺、仪器设备不齐等方面的困难，为学校节约经费开支。

• 合作教育为企业选拔优秀员工提供了重要的机会。学生在企业实习期间，企业可以实际考察学生的综合素质和能力，如是否具有责任心、协作精神，是否勤奋好学、吃苦耐劳，以及专业知识的扎实程度和动手实践能力等。同时，合作交易也能为企业节约大量的培训新员工的费用。

④美国职业教育校企合作的主要模式。美国职业教育遵循联邦政府引导、州政府和地方政府分级负责、以地方为主、学校根据市场需求自主办学的管理机制。在这种机制下，美国的许多州、学区和学校都能在一定范围内开展试验性的校企合作改革。美国职业教育发展与改革的历程中也由此产生了各种类型的校企合作模式。根据合作主体的不同，美国职业教育校企合作主要分为三种模式。[③]

一是学校主导的校企合作模式。全美的众多技术学院和社区学院是实施高等职业教育的主战场，修业年限为两年，可授予副学士学位。除此以外，社区学院还具有基础教育、转学教育等职能，遵循立足社区和为社区服务的宗旨。社区学院为充分发挥自身的职能，积极与当地社区和企业进行各种形式的互动合作，据此开设相关专业，再将其列入教学计划和招生计划中，让学生自主选择。社区学院中参与校企合作的教师分为专职与兼职两类。以兼职教师为例，其主要来自与学校开展合作的企业。由于这些教师具有丰富的专业经验，因而其所授课程的应用性和实践性都

① 徐平. 美国合作教育的基本模式 [J]. 外国教育研究，2003（8）：1-4.
② 吴金顺. 美国职业教育的合作教育模式对我国高职院校的启示 [J]. 当代继续教育，2015（2）：84-86.
③ 马杰，卓璧湖. 美国高等职业教育校企合作的经验与启示 [J]. 教育教学论坛，2015（12）：7-8.

很强，学生也能够接触到行业最新的技术。

二是企业主导的校企合作模式。企业是发展职业教育最不可缺少的伙伴。20世纪中叶以来，美国许多企业逐渐将教育视作未来最具潜力的市场，并开始将其看作一种产业。由于众多美国企业开始认识到员工素质对企业市场竞争力具有重要影响，加上美国公立教育系统爆发了教育质量危机，企业纷纷主动投向职业教育领域，不仅参与联邦政府号召的职业教育改革运动，而且将企业集团化经营的模式直接植入职业教育领域，积极探寻企业与职业教育的互动与合作方式。企业主导的职业教育校企合作模式主要采取契约形式。所谓契约形式，是指由企业牵头，与政府部门、学校联合起来，与家长及学生协商订立契约，约定企业、学校与学生之间具有互利互惠的合作关系。美国较为成功的校企合作契约形式是波士顿契约和底特律契约。以后者为例，1989年，底特律大商会发起制订"底特律契约计划"，旨在将底特律地区的主要企业与公立中学联合起来。参与该契约的主体除了企业、学生、家长之外，还包括劳工组织、社区团体、州及市的各级行政主管部门、密歇根州的18所大学、电视台等。学生签约后，就能如约得到暑假工作、实习训练岗位、未来就业以及奖学金等多种待遇和机会。这项举措大大加强了对学生的严格管理，提高了教学与实习质量，使得签订"契约"的学生毕业后深受各界的欢迎，推动了"契约"的规模不断扩大。

三是政府主导的校企合作模式。20世纪80年代以来，美国为了打通不同类型和层级之间的教育，促进行业企业与职业教育的合作，在全国范围内发起了有巨大影响的"从学校到工作"（STW）的职业教育改革运动。STW之所以成为20世纪90年代美国职业教育改革的焦点和热点，是由于联邦政府通过一系列法案大力推动职业教育改革，促进职业教育校企合作，从而使得"从学校到工作"成为国家层面的重大战略性决策。[①]

合作发展是社会进步的一大动力机制，校企合作是新形势下学校和企业发展的战略诉求。积极借鉴发达国家校企合作教育模式的有益经验，使我国校企合作进一步扩大规模、拓展广度、延伸深度、增强力度、丰富内涵，使学校和企业真正相互渗透、建立利益共享关系，是促进我国高职教育校企合作取得新进展、迈向新台阶的重要一环。

3. 专业群架构下校企合作机制的建立

在高职院校中，往常以单一性专业为基础的校企合作，一般都是专业之间各自为政，所对应的多半是一个个零散企业，还有很多是不能代表行业主流的小型企业，在行业中基本没有话语权；企业运作不够规范，技术标准含金量低，且非常不稳定；实习学生成为其廉价劳动力，难以在合作机制上取得突破，更谈不上合作的广度和深度。这样的校企合作既无法满足行业快速变化对岗位技能人才的需求，也限制了学校专业服务行业企业的能力，难以满足学校专业建设以及深化教育教学改革的要求。专业群建设以全方位校企深度融合为前提，以职业核心能力和专业核心能力的培养和提升为驱动，以现代学徒制为新的抓手，为构建与岗位群对接的人才培养模式、课程体系、师资队伍、教学资源、实训基地提供了新的思路和方法[1]。实践证明，专业群架构下校企合作机制的建立主要应从以下两方面入手：

（1）构建专业群对企业群的校企合作新模式。通过这一纽带链接相关专业和相关企业，可以实现专业群和企业群的共同发展，从而实现专业群指向的培养目标。专业群与企业群的校企合作组织结构以校企合作理事会为纽带，实现专业、企业、行业负责人的共同参与（如图4-4所示）。

图 4-4　专业群与企业群的校企合作组织结构

通过专业群和企业群的校企合作实现岗位能力的交叉递进，突出培养了学生的岗位适应能力和可持续发展能力，逐步加大对其核心技能和跨职业核心能力的培养，如图4-5所示。[2]

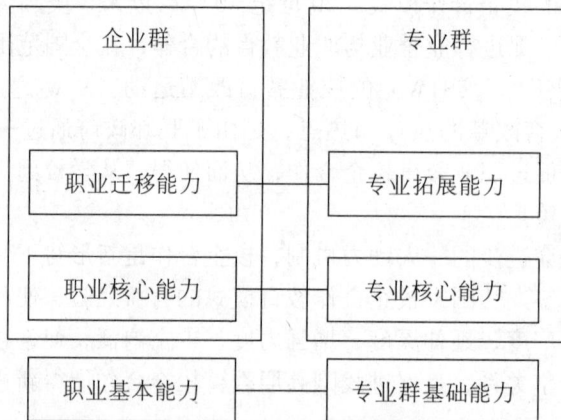

图 4-5　专业群与企业群的校企合作能力培养

专业群与产业（企业）群的对接是突破传统的教学组织形式、适应现代产业集群发展的需要，是在传统专业分工过于细化，新型专业和专业方向不断出现，单体专业资源薄弱与教学效益、效果不够理想等情形下产生的，也是校企深度合作、产教融合、实践教学资源有效综合利用的需要。浙江工贸职业技术学院对此进行了成功探索，在实践中探索专业群与产业群的有机衔接，提升高等职业教育质量，提高高职学生的就业能力。其具体做法是：

一是建设专业群对接产业群的"产教综合体"实践教学平台。产教融合在实践中存在两大难题：其一，企业的积极性问题，这将导致企业难以成为"教育体"，

① 卞建鸿. 职业学校专业群建设理论与实践探索［M］. 上海：华东师范大学出版社，2015：30.
② 何福贵，张梅. 专业群和企业群的校企深度合作模式研究［J］. 中国电力教育，2013（11）：9-10.

直接影响实践教学的有效性；其二，学校办企业的现实性问题，由于企业经营的风险性、学校实力以及国家政策等的制约，学校难以成为"企业体"。这两难是产教融合、校企一体的根本性障碍，也是校企合作难以有效开展的障碍。而学校举办（产业）园区或园区举办高职院校，则往往因园区（产业）的单一性难以适应教学的多元性需要，使园区化办学流于形式。浙江工贸职业技术学院充分利用和发挥自身办学的特殊性，在市区构建"三大园区"实体，以市场调节为依托，以研究为支撑，以创意创新为手段，通过校企共同创造价值的利益驱动，形成了学校、企业、社会的良性互动，构建了一个多样化的产业综合体，并形成了规模效应；突破了单一园区在服务教学方面的"教学性资源"单一、不足的局限，形成了适应多元课程需要的"产教综合体"平台，为实践教学提供了便利。学校通过校企合作实现专业与产业的对接，通过产教综合体实现专业群与产业群的对接，并进行相应的专业建设与课程建设改革，探索产教综合体"教学性资源"综合利用的有效方式。

二是探索专业群对接产业群的产教融合实践路径。浙江工贸职业技术学院的三大园区"产教综合体"由浙江创意园、知识产权服务园、电子信息研究院组成。浙江创意园入驻创意文化设计类企业 26 家，园区内还有省级工业设计基地、国家广告园等；知识产权服务园入驻专利代理机构、商标代理机构、版权代理机构、维权机构、培训机构、交易机构等各类机构 15 家；电子信息研究院成立了实体研究机构和师生工作室，开展创业性产学研。三大园区构筑合作创新平台，通过发展行业新技术、行业新科学、行业新集群，进行新课程开发、新专业设置、新质量体系建设。学校以基地为平台、产业为先导、企业为主体，充分发挥市场机制，紧扣专业特点与发展规划，建立"服务"与"培养"之间的平衡，创新内在"产学结合"机制。浙江创意园吸纳学院 6 个创意设计类专业的学生进入园区，开展生产性实践教学；同时，有 6 个设计类专业工作室入驻，带动专业建设。相关专业先后与浙江思珀整合文化传播有限公司、温州 D&G 联合传播有限公司、高陈摄影、易佰装饰、雅集文化传播等单位达成工学结合意向，为学生提供实习、就业岗位。聘请园区 3W 摄影机构等企业的相关人员为学院兼职教师，开设专业课程和全院公选课程，为学院专业建设提供智力支持。温州名购网则将各专业产品如瓯绣、瓯塑、鞋服、眼镜等放到网上销售，接收跨境电商等营销专业的学生实习。园区每学期接纳 40 名左右的学生进行实习，让他们不仅从职业人的身份来规划自己的学业，也让其学习电子商务的实战经验。此外，学院还探索构建由市场营销、设计（艺术设计、鞋类设计）、图形图像制作、电子商务、物流管理、会计等相关专业构成的专业群，实现关联专业资源共享、协同发展。

专业群对接产业群的产教融合实践模式探索，对该学院产学研有机融合的教学改革，特别是对经贸管理类、设计类和电子信息类专业建设与改革具有巨大的促进作用。①

（2）探索建立以专业群为单元的多功能校企合作体。以专业群为单元的多功能校企合作体作为一种专业层面的校企合作新型组织形式，是一个集人才培养、社会

① 邱旭光. 基于专业群与产业群对接的高职产教融合模式初探 [J]. 浙江工贸职业技术学院学报，2015（9）：31-34.

服务、科学研究、文化传承于一体的有机体，也是一个集学生学习与就业、教师挂职锻炼、公司创造经济效益、共同创造社会财富于一体的有机体[①]。如浙江金融职业学院作为国家第一批示范性高等职业院校建设单位，2006年以来，紧密结合自身的办学特点和优势，按照"传承行业优势、服务地方经济、培养实用人才"的办学定位，坚持"就业立校、服务强校、合作兴校"的办学方针，以人才培养工作为主体，全面履行高职院校的三大职能，在"行业·校友·集团"共生体办学模式的推进过程中以及校企合作体制机制创新方面取得了显著成果。其既促进了学生就业和人才培养质量的提高，又促进了学校继续教育、岗位培训和社会服务功能的拓展，全面提升了学校的综合办学效益。

首先，学院以金融专业群为主体，构建校企合作综合体。金融专业群主要为银行类、证券类金融机构培养柜面服务与客户服务一线复合型人才。学院充分利用、不断拓展合作机制，与浙江省内外银行和证券类金融机构联合组建以订单式培养为载体的银领学院、以开展岗位培训为主体的浙江金苑培训中心、以开展应用型研究为主体的浙江地方金融发展研究中心、以应用型人才培养为重点的应用型金融人才培养研究院、以考证考级服务为重点的技能鉴定中心。这五个功能主体连同金融系（教学单位）共同组成校企合作综合体，进行学生订单培养、学生实习就业、银行职员培训、社会人员考证考级、校企共同实施发展战略研究或应用型研究。"十二五"期间，综合体每年为金融机构输送毕业生1000余人，培训在职员工约2.8万人次，考证考核1.2万人次，合作开展课题研究纵向经费约100万元、横向经费200余万元；各金融机构为学生奖学金捐款500余万元，金融专业群学生就业率98%左右，学院获得各类收入约2000万元。学院全面履行了人才培养、科学研究、社会服务三大职能，实现了学历教育与职业培训并举、全日制与非全日制并重。

其次，学院以会计专业群为主体，构建校企合作有机体。会计专业群（会计系）是学校重要的教学单元。同时，学校充分利用各种有利条件创立了浙江众诚资信评估公司，组建了专门的研究机构——浙江众诚会计与信用研究中心。基于这3个组织，学院探索形成了校企合作有机体——众诚会计学院。浙江众诚资信评估公司以借款企业信用评级为主营业务，与金融机构联合开展评估，进而推进了三层次（公司、联评金融机构、参评企业）就业与合作网络的形成。众诚会计学院也拥有人才培养、科学研究、社会服务三大职能。在各方相互合作的过程中，教师教学即工作，学生学习即工作，企业合作即育人，会计系、评估公司、研究中心三方领导相互兼职，中层互任，人员互聘，成为一个合作共赢的有机体；同时，又将传统的教室、实验室和工作室的功能集成，组成学习工场。整个有机体形成了人力、财力、资源的对流共通、综合利用，有利于学生优质就业、对口就业和顺利就业目标的实现，有利于学校双师素质、双师结构、双师团队的形成，有利于企业人力资本、经营环境、社会形象的优化，创新了财经类高职教育的办学体制和机制。

最后，以商贸专业群为主体，构建校企合作共生体。在我国的高等职业教育

---

① 孔德兰. 构建以专业群为单元的校企合作有机体的实践与思考 [J]. 中国高教研究，2011（10）：73-75.

中，商贸类专业占有很大的比重，商贸类专业毕业生就业有很大的市场、创业有很大的空间，而对这些学生的知识、能力、素质培养，后两者显得更为重要。针对上述情况，商贸类专业群围绕不动产经纪、中小外贸企业开展校企合作，以培养学生的创业能力为重点，在与企业合作的过程中把学生就业与创业结合起来，使培养的一部分优质学生又创办了新的企业，成为新的校企合作伙伴，从而实现了校企合作共生体建设的目标，使合作更有针对性、现实性和有效性。[①]

三、专业群课程体系建构创新

课程体系是实现专业培养目标的载体，体现学校专业办学的定位，其内容反映了人才培养的目标、规格和模式，是学校教育及教学的指导性纲领。只有构建与行业、企业人才需求相匹配的高职专业群课程体系，才能培养出符合市场需求的人才，并凸显专业群的适应性，发挥专业群在拓展新专业（或专业方向）方面的集群优势。[②]

1. 高职教育的课程模式

高等职业教育课程建设经历了三个发展阶段，即学科教育背景下的"三段式"课程模式，单一性专业教育背景下的"四段式"课程模式，专业群教育背景下的"平台+模块"课程模式[③]。

（1）"三段式"课程模式。学科教育背景下的"三段式"课程模式，把课程分为文化基础课、专业基础课与专业课、毕业实习课。这种课程体系和布局脱胎于基础教育的课程模式，但本质上还是学科导向的"知识本位"课程模式。整个教学仍侧重于理论知识的讲解，而且讲解严重游离实际工作岗位的要求，学生无法把所学知识运用于工作实际，导致学生毕业后工作适应性较差。这种重理论、轻实践的课程教育不仅形成了学校千篇一律的教学模式和风格，更造成了学生眼高手低，无法满足企业岗位对人才的需求。

（2）"四段式"课程模式。单一性专业教育背景下的"四段式"课程模式，把课程分为公共基础课、专业核心课、专业方向课、顶岗实习课。与学科教育背景下的"三段式"课程模式相比，这种课程体系和布局在德国"双元制"、美国和加拿大的 CBE、澳大利亚 TAFE 等模式，尤其是在德国"双元制"模式的影响下，突出能力本位、任务引领、理实一体以及项目教学、案例教学等工作过程导向教学和工厂化教学，坚持理论知识"必需、够用"的原则，注重实践教学与岗位需求相统一，加大实习实训在教学中的比重，创新顶岗实习形式，推行学历证书和职业资格证书的"双证书"制度。这些都表明，职业教育教学开始摆脱基础教育的束缚，形成具有职业教育特色的课程体系，这对中国职业教育来说具有重要意义。

（3）"平台+模块"的课程模式。实践证明，在所有专业群课程体系的构成中，

① 周建松. 构建以专业群为基点的多功能校企合作体 [J]. 中国高等教育，2011（13）：56-57.
② 陈秀珍. 高职院校专业群课程体系构建的研究 [J]. 中国职业技术教育，2015（2）：86-89.
③ 卞建鸿. 职业学校专业群建设理论与实践探索 [M]. 上海：华东师范大学出版社，2015：31.

"平台+模块"是最具有实施价值的课程体系。该课程体系包括"平台"和"模块"两部分，以平台为基础，以模块为方向。

所谓平台，是指相关基础专业具备的共同特性。专业群中涉及的专业在基本规格上具备一定的共性，这些共性基础深厚，外延性强，是专业群建设的核心内容。模块是指共性规格基础上的个性特征，会根据学生的才智和就业取向设置不同专业，实现分流培养。平台与模块的共同作用是建立一个底层基础雄厚、中层分立分流、高层互选相连的格局，凸显专业群的适应性，提升专业核心竞争力，实现专业群零距离对接区域产业链。在这一课程格局中，高职院校的学生在基础知识和专业技能得到保证的基础上，根据自己的能力进行培养方向的选择，最终实现在不同专业和领域中的个性发展。[1]

"平台"由公共基础平台课和职业技术基础平台课等课程组成[2]。其中，公共基础课程平台在设置上凸显基础性、综合化、人文性的课程功能；职业技术基础课程平台在课程设置上以"必需、够用"为原则，主要培养学生的职业岗位迁移能力。"模块"是根据不同的专业方向或者是根据不同的项目而设置的，每一个模块的设置都本着够用原则，以工作任务或工作过程为依据，围绕某一工作过程必需、够用的专业理论与专业技能的综合[3]，包括专业必修课程模块和专业选修课程模块。其中，专业必修课程模块是为专业理论学习以及职业基本技能和职业核心能力训练而设置的专业主干课以及核心技能课。专业选修课程模块是为培养满足产业和企业关键岗位需求的高素质技能型人才、进一步适应就业市场的变化和从事职业岗位需要所开设的课程，以培养学生的专业拓展能力。构建"平台+模块"课程体系，解决了专业群内各专业方向进行人才分流培养的问题。在课程体系中，基础课程与专业技术理论课程、实践课程及素质教育课程相互渗透，按照模块分项目、分层次递进，职业综合能力和专项能力紧密结合，提升了专业群服务区域经济的能力。[4]

构建"平台+模块"专业群课程体系，可以统一各专业人才培养所需的基本知识与素质标准，增强不同专业课程体系之间的兼容性；同时，对课程平台进行适当的模块化和方向化，以适应不同专业、不同方向的人才培养要求。显然，"平台+模块"专业群课程体系是解决专业群建设瓶颈的有效途径。[5]

2. 专业群课程体系建构的原则

据周劲松的研究，构建"平台+模块"专业群课程体系、实现专业群课程建设模式创新的原则包括以下四个方面：[6]

（1）以学习者为中心原则。专业群课程体系设计以专业群所对应的职业岗位群所需职业能力、迁移能力和发展能力为载体进行课程系统设计，要以尊重学生个体

① 谭慧. 高职院校专业群课程体系建设研究 [J]. 高教论坛, 2016 (9): 15-16.
② 朱义涛. 围绕物流产业链构建高职物流类专业群的实践与探索 [J]. 中国电力教育, 2011 (27): 63.
③ 赵巧娥, 苏小林, 武晓冬, 等. 电力技术类专业群人才培养方案的建设 [J]. 科技创新导报, 2009, 6 (23): 41.
④ 赵宝林, 刘宏, 钱枫. 对接产业链, 构建中药类专业群"平台+模块"课程体系 [J]. 九江学院学报: 自然科学版, 2014 (4): 7-8.
⑤ 卢兵. 基于职业技术领域专业群的高职课程体系的建构实践 [J]. 中国大学教学, 2009 (9): 76-78.
⑥ 周劲松. 基于专业群的高职"平台+模块+方向"课程体系开发 [J]. 职业技术教育, 2013 (8): 23-26.

的兴趣为出发点，设计多元化的课程目标，学习内容或单元应有助于学生探究性学习和自主学习，创造学生参与的条件，体现学生参与的要求。

（2）针对性和衔接性统一原则。专业群课程体系开发以产业对发展型、复合型、创新型高级技术技能人才的需求为出发点，遵照技能型人才的成长规律，对接行业企业用人标准，突出学生职业能力的培养，与企业人员合作开展课程体系重构。课程平台、课程模块和方向性课程要突破讲求学科知识系统性、完整性的束缚，使课程整体具有较强的适应性、针对性和衔接性。

（3）职业化与差异化配置原则。根据培养目标的职业岗位方向和岗位发展需要，遵循职业能力形成的规律，构建以技术应用能力形成为中心、以实际项目为载体、以相关文化和职业道德为关键的模块课程体系[1]。建立以社会需求为导向的课程生成机制，主动响应市场和社会的需求。专业群课程体系结构要考虑特色发展方向，着力配置区别于其他院校同类专业群的课程，以差异化竞争策略实现专业群的快速发展。

（4）持续改进和动态调整原则。坚持开拓创新，不断探求课程的生成和利用规律。既要注重内在课程存量资源的整合和有效利用，又要注重外生性变量和增量课程资源的开发和组合。跟踪课程资源建设的质量和使用效益，将课程资源管理摆在突出的位置。要根据运行效率的实际情况，适时调整课程资源配置，以期获得课程整体资源的效率最大化和质量最优化。

3. 专业群课程体系建构的方法

（1）深化改革，优化课程体系结构。首先要设置更为实用的公共基础课程。公共基础课程虽然有国家规定的课程规格，但高校在具体的教学内容和教学方法上还是有很大的灵活性。公共基础课程一般能占到学分总数的 30% 甚至更多，如何使公共基础课程在满足国家规定标准的基础上，更好地为学校人才培养服务，是课程改革中的一个难点，但也有一定的方向可寻。例如，思想政治类课程应从知识教学向立德树人教育转变；英语课程应从基础英语向实用英语、职业英语转变；大学体育课程应从单一的体能、项目练习向身体健康教育、终身体育锻炼转变；语文课程应从单一的文学素质教育向"文学素质+实用与应用写作"转变等。其次要适当降低职业技术基础平台课程所占比例。对于强调实践能力、职业化、技术型的人才培养，专业基础知识要求从系统的学科基础变为坚实的学科基础，也就是不再强调完整的学科课程体系，因此职业技术基础平台课程应为专业教学所必需的学科课程。学科课程的设置可大胆尝试去系统化，只强调够用，所占学分比例以 20%~25%为宜。最后要以能力培养为导向设置模块化课程。应用型人才培养的核心是强化应用能力，模块化课程是实现应用能力培养的一条可行途径，是改革传统课程体系的最有效方法。当专业人才培养目标明确后，专业人才应具备的就业、创新创业等能力就已经明确。模块化课程就是打破传统的课程体系，从几门课程中抽取所需的部分构成模块，使学生学的知识更直接、更高效，从而实现明确的能力培养目标。模

---

① 李波. 高职院校特色专业及专业群建设的研究 [J]. 中国成人教育，2008（2）：74-75.

块化课程既可以是必修课，也可以是限选课，并且随着行业的发展可以对整个模块进行更新替换，对实行完全学分制、学分互认的协同育人等教学模式都非常适合①。

（2）强化核心课程的开发，开发"项目化课程"。架构好了课程体系，接下来就要开发课程内容。要与企业工程师合作，将传统课程改革为"项目化课程"。"项目化课程"是以工作过程为导向、以完成工作任务为目的，并在完成工作任务的过程中达到学习目标的一种课程模式。这种课程模式起源于美国，尤其适用于职业技术教育。在学习理论之前，先给学生完成一定工作任务的模拟实践机会，使其积累感性认知，在此基础上再进行理论学习，学生的学习兴趣会大大提升，并且能够主动地去学习自己所需要的理论知识。"项目化课程"开发要重视对典型职业工作过程的分析，据此准确划定工作职责和任务，并作为项目课程的开发依据，以确保将专项职业能力目标转化为教学目标。"项目化课程"要有足够的开放性和可拓展性，要将最新的工程实例和技术成果及时反映到课程中来。要将项目课程中的学习项目划分为若干有机的学习单元，并设置相应的学习情境，对对象、内容、手段、组织、产品和环境进行周密设计。要对人文素质课程和可持续发展课程的知识点进行细分，并确定该知识单元的教学目标②。如无锡科技职业学院光伏应用专业中的核心课程"光伏组件材料与加工"就成功地进行了项目化课程开发，制订了相应的教学实施计划。该课程是以"工艺流程进阶式"为教学内容构建方式、以"校内教学工厂——光伏组件生产线"为教学环境开设的一门专业核心课程。教学设施和教学环境的配置与企业工作岗位是一致的。该课程的教学内容以光伏组件生产流程为主线进行项目分解，按照片选–划片–焊接–层叠–中检–层压–装框–终测的过程，进行课程内容的选择和排序，并以企业中的生产工艺为指导，完成理论和实践内容的学习，真正做到把"教、学、做"融为一体。③

（3）丰富课程资源，推动教育信息化。围绕核心专业与相关专业，以企业技术应用为重点，建设涵盖教学设计、教学实施、教学评价的数字化专业教学资源库，一方面为专业学习者提供学习平台；另一方面通过优质教学资源共享，推广专业群建设成果，提高资源建设效益和专业群影响力。专业教学资源库具体包括专业资源、课程资源和素材资源三部分。专业资源根据专业建设要素可划分为专业建设合作委员会、师资队伍、专业调研、教学环境、专业解读、专业建设、人才培养模式、质量管理、课程体系和课程、建设成效和特色 10 个模块；课程资源根据课程教学要件可划分为课程标准、教学录像、教学设计、案例剖析、教学项目、作品展示、电子教案、作业试题、教学课件、在线答疑 10 个模块；各模块开发文本、图片、视频等多媒体素材，用户可根据自身需求灵活组合及运用素材资源。此外，校企合作、技能大赛、就业创业、职业认证四大板块的内容可作为拓展资源，成为资源库的延伸服务内容。④

---

① 王佳. 基于"平台+模块"课程结构体系的创新创业人才培养模式改革探析——以广州大学松田学院为例［J］. 太原城市职业技术学院学报，2018（8）：160-161.
② 周劲松. 基于专业群的高职"平台+模块+方向"课程体系开发［J］. 职业技术教育，2013（8）：23-26.
③ 朱芳，吴秋芹. 浅谈高职院校专业群课程体系的构建［J］. 吉林省教育学院学报，2013（2）：86-87.
④ 陈秀珍. 高职院校专业群课程体系构建的研究［J］. 中国职业技术教育，2015（2）：86-89.

（4）设计课程教学策略，创新课程教学行为。根据课程特点和目标要求，系统规划学生主体地位构建策略、理论与实践相结合策略、激励创新策略和职业品质融入专业教学的策略等，确定教学模式，设计教学环境，对已经采用的教学方法、教学手段和教学媒体提出改进建议。依照全面发展、人人成才、多样化人才、终身学习、系统培养等人才培养观念，遵循教育规律和人才成长规律，将"教学做合一"落实到教学设计中，做到学思结合、知行统一、因材施教。紧贴岗位实际，改革教学方法，倡导启发式、探究式、讨论式、参与式等教学方法，积极开展项目教学、案例教学、场景教学、模拟教学；同时，设计科学的课程考核方式。①

（5）强化课程体系建构的配套改革，增强教学保障能力。"平台+模块"课程体系的构建需要在先进的教学指导思想指引下，重新调整、改造原有课程体系中的各类课程，以及各门课程之间的结构关系；需要通过实施一系列相关教学管理体制与运行机制改革作为支撑，主要包括：完善以学分制为核心的各项弹性教学管理制度；通过培养、引进、兼职等多种途径，建设一支相对稳定、结构合理、质量过硬的师资队伍，确保"平台+模块"课程体系中每门课程建设的质量；定期开展人才需求信息的调查与预测工作，并及时反馈到培养过程中，以便合理开展专业分流与课程建设；构建专业、课程、教材、课堂教学和实践教学的质量监控与保证体系；通过建立实习基地等有效途径，加强实践环节教学，为培养学生的实践能力与创新能力提供广阔的空间。高职院校在构建"平台+模块"专业群课程体系时，要对以上问题进行系统考虑。②

总之，构建"平台+模块"课程体系，有利于形成专业群优势，协调好专业稳定性与适应市场变化之间的关系；有利于形成实践教学优势和资源共享，避免实训设施重复建设和设备闲置，降低实训建设成本；有利于形成特色、品牌优势和规模效应，增强学校的内涵建设和吸引力。"平台+模块"课程体系在专业群建设中有许多优势，能从根本上解决专业群建设中的实际问题，应该受到高职院校的重视。我们必须清醒地认识到，专业群课程体系的构建过程不是一朝一夕、一成不变、一蹴而就的，它是一个基于市场适应性、动态的、开放的体系，其建设成效反映在高职院校通过整合现有的独特教育资源培养卓越的技术应用型人才，以及形成的可持续发展的竞争优势上。所以，无论是从过程还是从成效来看，专业群课程体系的构建，每个高职院校都是"在路上"。③

四、专业群实践教学体系创新

以某个实力较强的体现地方经济特色的专业为核心，以若干个面向相近的技术或服务领域的专业组成专业群，以集群发展打造专业群的核心竞争力，已成为当今高职专业乃至高职院校发展的必然趋势。群内的各个专业应能在同一个体系中完成

① 周劲松. 基于专业群的高职"平台+模块+方向"课程体系开发 [J]. 职业技术教育，2013（8）：23-26.
② 何静. 高职院校专业群建设的有效路径——构建"平台+模块"专业群课程体系 [J]. 广东技术师范学院学报：职业教育，2009（1）：72-73.
③ 宋蔚. 高职院校专业群课程体系的构建——基于"底层共享、中层分立、高层互选" [J]. 湖北函授大学学报，2015（12）：111-112.

实训任务，最大限度地实现群内各专业实训资源的整合与共享。而目前，有些高职院校的实践教学仍然只是理论教学的附属品，实践课程的开设盲目而零散，不能与当前专业群的发展相适应。因此，如何构建一套既相对独立，又能与理论课程体系相融合的实践教学体系，为专业群人才培养服务，是各高职院校亟待解决的问题。①

1. 实践教学体系的含义

实践教学体系有广义和狭义之分。广义的实践教学体系，是指由实践教学活动的目标、内容、管理和保障措施等要素构成的有机联系的整体②。狭义的实践教学体系，就是以培养学生的综合职业能力为目标，通过改革创新高等职业教育人才培养模式，整合专业群内各专业原有实践教学活动中的实验实训课程设计、生产实习、专业综合实践、顶岗实习、毕业设计等环节，构建起一套贯穿学生在校学习全过程、由易到难、由简单到综合、层次分明、循序渐进的实践教学体系③。在本书中，我们着重讨论狭义的实践教学体系。

2. 专业群实践教学体系构建的原则和依据

（1）专业群实践教学体系构建的原则。据丁馨的研究，专业群实践教学体系构建需遵循以下三个原则：④

①目标性。专业群实践教学体系的创新必须从专业知识和职业技能的要求出发，紧紧围绕高职院校人才培养方案和专业群内各专业人才培养目标，提出本专业群实践教学能力培养的具体目标，并将其作为构建实践教学体系的基础。

②系统性。根据高职教育规律并结合专业群中各专业人才培养的特点，实践教学体系的构建应从学生能力全面发展的要求出发，注重实践教学与理论教学的相互渗透和实践教学各个环节的协调统一，并贯穿于高职教育的全过程。

③层次性。学生实践能力的提高和发展是一个循序渐进的过程，专业群实践教学体系的构建必须是在高职教育理论指导的基础上，分阶段、分层次逐步深化建设，使各环节有效衔接。⑤

（2）专业群实践教学体系构建的依据。根据高职院校人才培养目标的规定，高职院校应以职业实践应用能力和职业素质的培养为主线，基于行业特征和自身的师资条件，全方位构建科学合理的专业群实践教学体系。这是高职院校人才培养目标实现的基本保障。专业群内的专业往往是围绕某一行业设置而形成的一类专业，各专业具有相同或相近的技术领域。因此，专业群建设视角下的实践教学体系的构建，一定要充分协调、利用专业群内各个专业的实践教学资源。反映在教学上，就是各专业可以在一个体系中完成实训任务，即有大量共用的实验实训设施设备，有

① 马洪霞，滕业方. "专业群"背景下高职实践教学体系构建初探 [J]. 大学教育，2015（1）：141-142.
② 杨艳玲. 专业群建设视角下实践教学体系的探索——以苏职大国际贸易专业群实践教学体系为例 [J]. 太原城市职业技术学院学报，2017（9）：164-165.
③ 吴爱敏. 高等教育实训基地建设的理念与策略探讨 [J]. 中国轻工教育，2010（3）：3-5.
④ 丁馨. 专业群视阈下实践教学体系的优化研究——以常州纺织服装职业技术学院为例 [J]. 才智，2015（6）：8-9.
⑤ 郑春龙，邵红艳. 以创新实践能力培养为目标的高校实践教学体系的构建和实施 [J]. 中国高教研究，2007（4）：85-86.

相当一部分共同的实验实训项目。

总之，以技术应用能力和职业素质培养为主线，以应变能力培养为关键，充分体现专业岗位技能要求，是构建层次分明、分工明确、科学合理的专业群实践教学体系的根本依据[①]。

3. 专业群实践教学体系的构成

专业群实践教学体系建设的理念是整合、共建、开放、共享。原来单一性专业教育背景下的实践教学多以专业为单元，布局分散，杂而乱，投入大，使用效率低，无法形成体系，基本上处于一种自我封闭状态。专业群背景下的实践教学，通过专业群的技术平台对群内各专业的实践教学场所和设施设备进行整合，在专业群内共享与专业群平台课程相关的各种分散的实践教学场所和设施设备，把与专业模块课程相关的实践教学场所和设施设备通过选修的方式与群内专业进行分享，大大提高了实践教学设施设备的使用率和使用效率。在此基础上，形成包括目标体系、内容体系、管理体系、保障体系、评价体系在内的完整实践教学体系。[②]

（1）目标体系。基于专业群人才培养要求，建立 SKQ 实践教学人才培养目标模式，即技能（Skills）、知识（Knowledge）、素质（Quality）。这个目标模式的特点是以"做"为立足点，坚持"做中学"，在"做"的过程中融合相关专业知识的应用与职业素质的养成。

（2）内容体系。专业群内的教师通过广泛调研，与企业专家共同研讨分析，确定专业群主要岗位；针对这些岗位，以实践为核心，以"学中做""做中学"的理念，构建"基础实践+专业实践+社会实践"的实践教学内容体系。基础实践内容，即通过专业基础课及专业课进行专业实训技能训练，强化学生独立实践操作和分析、解决问题的能力[③]。专业实践内容体现在实用性和职业性两个方面，通过专业认识实训、第二课堂实践、毕业论文（设计）等环节，进行技能的专项训练。社会实践层次通过毕业实习、校外顶岗实习、社会服务、社会实践等方式，强化学生适应社会和独立工作的能力。[④]

（3）管理体系。实践教学管理体系包括计划管理、运行管理、质量管理和制度建设四个方面。

①计划管理。它是对专业群实践教学计划的管理，应针对实践环节的目标、内容、教学进度、教学方法、教学手段、评价方法等做出明确规定，并要求指导教师严格按照计划执行。

②运行管理。在教学运行管理中，应坚持做到计划落实、大纲落实、场地落实、教师落实、经费落实和评价落实。

③质量管理。根据实践教学内容和技能训练项目的要求，建立各实践环节的评

①　杨艳玲. 专业群建设视角下实践教学体系的探索——以苏职大国际贸易专业群实践教学体系为例［J］. 太原城市职业技术学院学报，2017（9）：164-165.
②　卞建鸿. 职业学校专业群建设理论与实践探索［M］. 上海：华东师范大学出版社，2015：33.
③　孟俊焕. 创新性人才实践教学体系的研究与实践［J］. 中国成人教育，2009（11）：90-91.
④　丁馨. 专业群视阈下实践教学体系的优化研究——以常州纺织服装职业技术学院为例［J］. 才智，2015（6）：8-9.

价体系，通过系统科学的评价，促使实践教学取得预期效果。

④制度建设。结合实践教学的共性和不同专业的特殊要求，制定本专业群实践教学的规章制度并严格执行[1]。实践教学的规章制度主要包括各方的职责规定、实训室（基地）的建设与运行管理规定、建设经费管理与保障规定、指导教师与学生实践教学管理规定等。[2]

（4）保障体系。高职院校可设立实践教学基地管理中心，加强对专业群实践教学基地的协调与指导，实现建设方案提出的目标；制定实践教学基地建设总体规划，充分利用教育行政主管部门的专项资金，确保实践教学基地的条件、技术与功能跟上行业企业的发展变化。校企双方签署共建实践教学基地的方案，并明确双方的职责和任务：企业主要负责提供学生实践教学所需的工程项目，开放企业的工程技术中心，安排企业教师指导学生实践，参与学校人才培养方案和实践课程体系的制订，为产学研合作以及青年教师工程能力培养提供技术平台；学校主要负责人才培养方案与实践课程体系的制定，组织学生进行实践教学，安排学校教师指导学生实践，负责与基地的日常协调与联络；根据企业提供的技术平台，安排教师参与产学研合作以及青年教师进企业锻炼。

（5）评价体系。实践教学评价体系要突出多元化的特点，这是提高专业群实践教学质量的关键。教师要注重转变观念，要认识到自身已不再是传统考核评价中的唯一主体，要不断鼓励并完善生生互评、师生互评机制。根据各专业实践课程的教学目标，建立一套多元、动态的评价体系。指导教师要本着考核过程全程化、考核评价多元化、考核形式多样化的原则，采用形成性评价与终结性评价相结合的方法，使学生明确实训目标，帮助学生监控自己的学习过程。要将职业素养考核贯穿到实训的整个过程中，将工作态度、团队合作、创新能力、综合素质等作为各实践教学环节评价的重点，充分挖掘学生的潜能，发挥学生的个性；并在每次考核后及时将信息反馈给学生，重视对学生的鼓励、引导。为了使考核成果更贴近企业、社会的实际需求，可邀请企业专家、公司员工、兼职教师参与到考核评价过程中来。[3]

实践告诉我们，专业群实践教学基地要建立两套评价体系：一套是学生实训实习评价体系，另一套是使用效率与效益评价体系。学生实训实习评价体系要着眼于过程与规范，尤其要善于运用红外线跟踪和图像生成等现代信息技术手段，使评价贯穿于学生实训的全程，真正实现实训过程的可控可评；顶岗实习有别于校内的一般实训，评价要突出企业职能部门，尤其是带徒师傅的作用，使评价能全面客观地反映学生顶岗实习的真实状况。构建专业群实践教学评价体系，关键是要建构体现专业群优势的实践教学考核体系与标准，促进学生技能、素质的全面提升。

总之，依托专业群平台构建的实践教学体系体现了资源的集约性建设理念，结构更加完整和严密，建设内涵更加丰富，提升空间更加广阔，使用频率和效率更高。[4]

① 陈英，叶继红. 围绕产业链构建专业群管理体系研究 [J]. 管理观察，2017（7）：137-139.
② 李世红. 航运经贸专业群实践教学基地管理体系建设研究 [J]. 价值工程，2013（12）：170-171.
③ 丁馨. 专业群视阈下实践教学体系的优化研究——以常州纺织服装职业技术学院为例 [J]. 才智，2015（6）：8-9.
④ 卞建鸿. 职业学校专业群建设理论与实践探索 [M]. 上海：华东师范大学出版社，2015：34.

五、专业群实践教学团队建设创新

高等职业教育肩负着培养面向生产、建设、服务和管理第一线需要的高素质技术技能人才的重要使命，在我国加快推进社会主义现代化建设进程中具有不可替代的作用[①]。高等职业教育的特殊性决定了其教师既要有丰富的理论知识，又要有较强的动手操作和科技推广能力，还要有经营能力和市场意识。只有这样，才能适应实践教学和培养多功能型人才的需要。因此，培养高水平、高素质的"双师型""多能型"教师，打造一支师德素质好、专业水平过硬的优秀专业教学团队，是促进专业群人才培养创新、推动高职院校特色发展的关键。

1. 教学团队的基本内涵与类型

20 世纪 80 年代，团队理论被运用于西方的教育领域，主要倡导"同伴互助"，鼓励教师协同工作，形成伙伴关系，通过共同教研、示范教学以及有系统地练习和反馈等方式，促进彼此间的学习和交流，改进教学策略，提升教学质量。在我国，团队理论被应用到高等学校的教育教学和科学研究中，并被引申为"教学团队""学术团队"或"创新团队"等。关于教学团队的内涵，刘宝存认为，"教学团队是以教书育人为共同的远景目标，为完成某个教学目标而分工协作、相互承担责任的少数知识、技能互补的个体所组成的团队"[②]；马廷奇认为，"教学团队以提高教学质量和效果、推进教学改革为主要任务，由为共同的教学改革目标而相互承担责任的教师组成"[③]。综上所述，教学团队可以理解为这样一种组织，即以提高教学质量为共同目标，由结构合理、优势互补、一定数量的教师组成，共同参与教学和科研活动，合作探索新的教学方式，依靠团队智慧解决教学和科研中的问题。教学团队往往没有固定的组织形式，而是围绕一项或若干项具体的教学改革、教学资源建设任务，开展教学研讨和教学经验交流。

目前，高职院校的教学团队有三种构成形式：一是按专业或专业群分类的专业（群）教学团队，二是按课程或课程群分类的课程（群）教学团队，三是按科研、课题、实训基地和工程中心等分类的建设项目团队。[④]

2. 专业群教学团队的特征

高职院校专业群教学团队具有多元性、多维性、结合性和发展性等特征，具体如下所述[⑤]：

（1）多元性。高职院校专业群教学团队是多元性的，成员结构比较丰富，由不同专业的教师组成，主体是专业课教师，承担专业群建设的主要任务。除此之外，还需要有来自行业企业、有着丰富实践经验和较高技能水平的兼职教师，主要承担

① 教育部. 教育部关于全面提高高等职业教育教学质量的若干意见 [Z]. 教高〔2006〕16 号.
② 刘宝存. 建设高水平教学团队促进本科教学质量提高 [J]. 中国高等教育，2007（5）：29-31.
③ 马廷奇. 高校教学团队建设的目标定位与策略探析 [J]. 中国高等教育，2007（11）：40-42.
④ 胡晓曦. 民办高职院校专业（群）教学团队建设的对策研究 [J]. 教育现代化，2016（1）：108-109，112.
⑤ 丁馨. 高职院校专业群视阈下的专业教学团队的优化研究 [J]. 北京城市学院学报，2015（12）：60-65.

实践技能课程的教学和实训实习指导任务。专兼职教师要能彼此互补、协同高效地发展。

（2）多维性。高职院校专业群服务于区域经济社会发展，专业群教学团队成员需要从多方面展开研究：一是专业建设研究。由于经济发展、产业调整和技术更新是一个长期动态的过程，高职教师需要紧密关注技术发展的前沿，不断修订和完善人才培养方案、课程体系和评价标准等。二是专业课程研究。这需要教师根据职业岗位核心技能变化等情况，适时调整课程内容、实施方案和实践项目等。三是应用研究。这既是服务于区域经济社会发展的需要，也是教师自身专业发展的需要。

（3）结合性。高职院校专业群教学团队具有结合性，主要体现在工学结合、理实结合和教研结合等方面。高职教师不仅要密切关注经济技术发展趋势，注重专业知识的更新，还要通过定期参与企业实践活动、参与技术服务等方式来加强校企互动合作，提高实践能力。高职教师不仅要有扎实的理论功底，指导学生进行专业理论知识的学习，更要具有指导学生参与项目从而切实提高其岗位适应和胜任能力的能力。此外，高职教师还要紧密结合教学研究和应用技术研究，将人才培养、社会服务、科学研究和自身发展等方面协同起来。

（4）发展性。良好的教学团队会对教师的一生产生深远影响，其不能简单地以教学、项目、论文数量等来区分。高职院校在教学团队的发展完善过程中应该考虑团队成员的学习需求、学习特点，从长远着眼，重点考虑教师的可持续发展需求，使团队建设成为鼓励教师进步的源泉。

3. 专业群教学团队建设的意义

为切实加快专业群建设，高职院校应积极探究提升教学团队能力的有效途径，高度重视校企合作，充分依托多方支持来培养教师的综合素质，大力提升教学团队的能力，努力为国家的人才培养及地方经济发展奠定良好的基础。专业群教学团队建设的意义体现为以下三个方面：①

（1）优质的教学团队是专业群建设的坚强后盾。专业群建设的实质就是以地方经济发展为依托，以某个或若干个重点建设专业为抓手，实现专业群内各专业及专业方向间达到相互作用、相互促进。专业群建设情况从某种程度上讲，是高职院校服务区域社会经济的一个晴雨表。专业群建设水平的提高，首要任务就是教学团队能力的提升。在专业群建设过程中，人才培养的主体是教师，他们不仅要有扎实的专业基础知识和不断更新的专业新领域知识，还必须拥有较为丰富的实践经验。

（2）雄厚的师资力量是提高人才培养满意度的保障。在 2014 年省部共建地方高校工作研讨会上，教育部副部长杜玉波就曾明确提出：中国好大学的新标准是"衡量大学人才培养对经济社会发展的'四个比度'"，即"办学定位对国家和区域经济社会发展需求的适应度；领导精力、师资力量、资源配置等对人才培养的保障度；办学质量和效益对现代化建设的贡献度；学生、家长、社会对人才培养质量的满意度"。其中一点就谈到了师资力量对人才培养的保障度问题。唯有保障师资培

---

① 吴雪琴. 专业群视角下教学团队能力提升的有效途径探究 [J]. 无锡职业技术学院学报，2015（5）：6-8.

养的时域和频域，才能有效保证人才培养的质量和精度，才能实现社会各界对人才培养质量的高满意度。

（3）超群的团队能力是夯实专业群发展的过硬基石。建设有中国特色、世界水平的现代职业教育体系，是 2020 年职业教育的发展目标。现代职业教育体系的内涵就在于以就业为导向，高职院校应该牢牢把握这一点，不断为地方经济的提质增效升级提供人才支撑。专业群教学团队建设，就是在一流教学团队的支撑下，以超群的团队能力孜孜不倦地教育、培养学生，积极为行业企业及社会输送高素质技能型人才。

4. 专业群教学团队建设的有效途径

从高职院校建设与发展的特点出发，建立良好稳定的团队运行机制，促进高职院校专业（群）教学团队的建设，才能保证专业建设出成果、显特色。专业群教学团队建设应从以下几方面着手：

（1）打造"双师型""多能型"师资队伍。为了适应专业群一个平台、多个专业或专业方向模块的课程教学需求，专业教师必须是"双师型""多能型"教师。

① "双师型"教师。自 1998 年原国家教委在《面向 21 世纪深化职业教育教学改革的原则意见》中首次使用"双师型"教师的概念以来，对职教师资应"专业理论与实践技能并重"，应加快、加强对"双师型"教师的培养等已达成共识。同时，对"双师型"教师的理论研究日益深入，并在此基础上进行了大量的实践。2006 年，《教育部财政部关于实施国家示范性高等职业院校建设计划 加快高等职业教育改革与发展的意见》（教高〔2006〕14 号）首次提出要促进高水平"双师"素质与"双师"结构教师队伍建设。同年颁布的《关于全面提高高等职业教育教学质量的若干意见》中再次重申要注重教师队伍"双师"结构，同时也首次提出要建立"双师型"教师资格认证体系和高职院校教师任职标准。教育部高教司在高职高专人才培养工作水平评估的基础上进行了认真总结，提出了"双师型"教师的标准，要求"双师型"教师具有讲师（或以上）职称，并符合下列条件之一：第一，具有本专业实践经验，具有中级（或以上）技术职称（含行业特许的资格证书及具有专业资格或专业技能考评员资格者）；第二，近五年中有两年以上（可累计计算）在企业第一线从事本专业实际工作经历，或参与教育部组织的专业技能培训获得合格证书，能全面指导学生专业实践实训活动；第三，近五年主持（或主要参与）两项应用技术研究，成果已被企业使用，效益良好；第四，近五年主持（或主要参与）两项校内实践教学设施建设或提升技术水平的设计安装工作，使用效果好，在省内同类院校中居先进水平[①]。多年来，通过对"双师型"教师的含义的研究，"双师"教师从"双职称"型（即讲师+工程师）到"双证书"型（即教师资格证书+职业资格证书）再到"双素质"型（即教育教学能力与实践动手能力且必须具备教师资格证书），人们对"双师"的理解和认识在不断深化，这对高职院校"双师型"教师队伍的建设起到了推动作用[②]。但实际上，要让所有专业教师都真正具备"双

---

① 教育部高等教育司. 高职高专院校人才培养工作水平评估 [M]. 北京：人民邮电出版社，2004：20.
② 刘勇. 论结构型"双师"教师团队建设 [J]. 中国职业技术教育，2007（29）：23-25.

师"素质是很难办到的,其主要原因是:大部分教师教学负担重,专业教师很少有时间和精力去进行专业实践。因此,对高职院校来讲,更重要的是打造一支结构合理的"双师型"教师团队,可以考虑聘用企业一线的生产技术人员和能工巧匠,这样不仅能提高校内专业教师的实践能力,而且能使专业教学与行业企业发展保持紧密联系。

"双师型"教师主要包括两重含义:一是就教师个体而言,既要有全面的专业理论知识,又要有较强的岗位实践经验,逐步向教师-工程师、教师-技师等复合方向发展,做到理论联系实际,加强教学的针对性。二是就整个教师队伍的结构而言,既有专职教师,又有兼职教师;既有来自高校的,又有来自企业的;既有侧重于专业理论教学的,又有侧重于专业技能的。因此,对于高职院校"双师型"教师队伍建设的目标,从整体上来讲,重点是培养一批高素质的"双师型"专业带头人和骨干教师。从个体上来讲,应以保证其具备相应的教学能力和专业实践指导能力为目标,即对校内专业教师,应侧重培养技术应用能力、专业实践指导能力和科研能力;对来自企业一线的兼职教师,则应注重培养其教学能力,使其适应高职教学的需要。①

②"多能型"教师。"双师型"只是对专业群教师的一个条件要求,另外一个条件要求就是必须要"多能"。所谓多能,即教师既要能承担"共享平台"的专业核心课教学,又能胜任"专业模块"课及"综合实践"课的教学,并有相应的行业职业资格证或相关企业工作岗位锻炼的经历作为支撑。这就要求专业教师必须获得多个行业职业资格证书,并到企业进行多个工作岗位的锻炼。传统意义上的单一性专业教学团队建设只着眼于本专业的教学需要,相对于快速发展的社会产业及产业结构的不断调整与变化,学校专业教师队伍建设总显得滞后。学校一旦因市场需求原因关闭一个专业,必定使该专业教师从讲台上"下岗";而学校要满足社会产业发展需要创办一个新的专业,又会产生专业教师的严重短缺。不少学校的师资队伍建设总是陷入"过剩"与"短缺"这样一个矛盾之中,进而造成专业教师队伍极度不稳,影响学校专业建设的后劲,也严重影响学校新办专业的教学质量。专业群架构下的教学团队建设对学校各专业有限的专业教师力量进行重新整合,形成基于"共享平台+专业模块+综合实践"课程模式的"双师型""多能型"教学团队。"共享平台"既是专业群公共基础课教学的共享平台,也是专业师资队伍成长的乐土和孵化园,新专业往往就是依托"共享平台"这个师资力量蓄水池创办的。另外,群内的非重点专业可以通过"共享平台"这一媒介,借力群内重点专业或品牌专业的师资力量,利用品牌效应,推进本专业的教学改革,提高教学质量,进而提升本专业的社会影响力。由此可见,专业群架构下的教学团队建设无疑是高职院校师资队伍建设的一种创新。②

③"双师型""多能型"师资的培养。这可以从以下几方面开展:一是把握高职教育教学特色,以专业群的发展方向为中心,以校企合作为平台,结合行业需求,吸收企业的新技术,调整专业人才培养目标及教学内容,形成动态调整机制,

① 王艳辉. 结合专业群建设,培养"双师型"教师 [J]. 沙洲职业工学院学报,2009(6):42-45.
② 卞建鸿. 职业学校专业群建设理论与实践探索 [M]. 上海:华东师范大学出版社,2015:36.

分层次规划、完善专业群师资队伍的教师培训制度。二是参照职业岗位能力要求，调整专业培养目标，进一步优化人才培养方案，形成动态调整机制，创新教学模式，制订具体的课程设计方案，并不断完善教学内容及课程开发机制。三是聘请行业企业的专任技师到学校担任兼职教师，调整专业群师资结构，组建专兼结合的教学团队。四是以提高课程开发和教学设计能力为重点，完善专业教师企业顶岗实践制度，提高教师的专业实践能力，同时为对口企业提供专业技术服务，提升其专业服务能力。五是新进教师必须经过一学期的培训，包括听课、试讲及企业一线工作，在熟悉专业、行业技术信息并掌握授课的全部环节，经过教研室团队论证后，认定其专业师资上岗资格。六是积极倡导教学团队的教科研提升，联系对口企业，聘请行业专家、导师，定期组织研讨交流，确立并申报专业教科研项目；教学团队要积极协作，探讨问题、解决问题，形成良好的研讨气氛，完善教科研项目。这不仅利于专业群内部的交流与协作，更能够推动专业群的成长和文化的形成，同时使相关专业的教师相互理解、相互学习、共同提高。七是高职院校应不定期地开展各层次教师的研讨活动，并建立以校园网络为基础的专业群论坛，通过多种形式的反馈，锻炼专业教师在不同场合的总结、表达能力，支持教师教学实践的反思、教学设计个性化，使隐性经验显性化；加强对相关专业融合中的优势、矛盾、困惑等有利或不利于专业群建设的问题的交流研讨，以便及时发现和解决问题。八是建立专任、兼职教师的档案，对专任及兼职教师的各类教学文件、企业顶岗经历、教科研项目、反思和体会等资料分类收集、整理，记录教师的足迹，发现教师在教学中的不足并使其及时改进，实现"双师型"教师的高效长效发展。九是通过"督导点评""教师互教""学生评教"等形式，对专职教师的专业水平、教学能力、教科研能力、社会服务能力、职业素养等进行量化考核，构建教学质量评价机制，引导和帮助专业教师持续发展。[1]

（2）加强对团队负责人的培养。教学团队负责人选聘既要重视专业能力，更要突出管理水平。团队建设过程可分为形成、锤炼、规范和运作四个阶段，高职院校的教学团队负责人要清楚团队所处的发展阶段，清楚每个阶段团队成员的特点，并实施有效的管理方法，正确面对专业建设中产生的矛盾和分歧，通过各种形式的交流，协调成员之间的矛盾和竞争关系，建立起流畅的合作模式。团队负责人要让成员们意识到，团队的决策过程是大家共同参与的，应当充分尊重各自的差异，重视彼此之间的依赖关系，强调合作是团队工作的基本规范，从而保证团队内部的运行和稳定。[2]

（3）搭建优质师资资源共享平台。高职院校专业群团队建设是一个复杂的过程，在操作应用层面上，为优质师资资源共享提供了很好的平台。通过搭建教师资源库和网络资源库平台，充分发挥出电子资源的特点，全面实现群内各专业课程标准、课程体系、实训实践基地等教学资源的共享，强化群内渗透与融合，提升复合型的技术技能人才质量。建立教师资源库的目的是按照专业群中课程相近原则和实际教学需要，使教师能有选择性地承担跨专业中相近课程的教学任务；搭建网络资

① 马丽. 浅析专业群"双师型"师资队伍的建设 [J]. 当代教育实践与教学研究，2015（3）：161-162.
② 胡晓曦. 民办高职院校专业（群）教学团队建设的对策研究 [J]. 教育现代化，2016（1）：108-109，112.

源库平台是利用现代网络技术，把群内外的优秀视频资料上传到网络平台，该平台主要包括"教学研究""教学动态""专题讲座""技术研发""管理策略""文献资料""学生作业"等栏目。利用网络资源库平台，群内教师可以在传统的交流方式的基础上，将自己任教课程的教学设计、教学课件、教学案例、教学感悟、教学困惑、教学反思、科研成果等传到平台上，和本群教师分享。通过搭建优质师资资源共享平台，专业群教师之间相互学习，共同提升理论水平和实践动手操作能力，推动专业群均衡健康发展。[①]

（4）培育团队精神，加强团队内部合作。一个优秀的教学团队应该是建立在良好的团队精神和团队文化基础之上的，它能够最大化地发挥群内每位教师的智慧，营造一种自然、自觉、可持续发展的团队氛围。为此，要加强团队内部的合作能力建设。教学团队负责人要了解每位团队成员的个人需要和职业发展意愿，经常与成员交流，鼓励成员参加培训、教育，尽可能地将教师在教学团队中的贡献与晋升和发展相联系，为其提供适合的晋升和发展通道，使成员感受到团队中良好的发展氛围，并自愿参与到教学团队的工作中。教学团队负责人要能正确分析团队成员所处的发展状态，掌握成员的发展程度，正确地支持和指导，促使团队良好地运行与发展。成员的发展状态通常有四种表现：第一种是具备乐观、兴奋、渴望、热情的工作心态，具体表现为对工作好奇、充满希望，但缺乏工作技能和工作经验；第二种是沮丧、烦恼、气馁和憧憬幻灭的工作心态，具体表现为对工作困惑、丧失动力、难以应对工作中的困难；第三种是厌倦、冷漠、谨慎和缺乏安全感，有工作能力但有疑虑；第四种是自信、独立自主，工作表现积极主动，有较强的可持续发展能力。团队负责人要与成员结成合作伙伴关系，针对团队成员四种不同的发展状态，采取不同形式的"支持和指导"措施，提升团队凝聚力、合作力和战斗力，将团队打造成优秀团队和品牌团队，形成稳定的内部运行机制，从而进一步改革教学内容、加强教学资源建设等。[②]

六、专业群管理运行机制创新

从理论上说，管理运行机制是指一个社会组织单位（或国家、地区、经济社会单位与部门）管理系统的结构、功能及其运行机理，是引导和制约决策并与人、财、物等相关的各项活动的基本准则及相应制度，是决定管理功效的核心因素。管理运行机制一经形成，在相应的组织内部就会按一定的规律、秩序，自发、能动地诱导和决定组织的行为。但是，机制是由组织的基本结构决定的，只要改变组织的基本构成方式或结构，就会相应改变管理运行机制的类型和作用效果。为此，高职院校专业群管理运行机制应包括学校专业群建设指导委员会指导下的和专业群建设领导小组领导下的学校专业群建设管理运行机制、各专业群建设运行机制、常规教学管理运行机制三大部分，如图4-6所示。[③]

① 丁馨. 高职院校专业群视阈下的专业教学团队的优化研究 [J]. 北京城市学院学报, 2015 (12): 60-65.
② 胡晓曦. 民办高职院校专业（群）教学团队建设的对策研究 [J]. 教育现代化, 2016 (1): 108-109, 112.
③ 卞建鸿. 职业学校专业群建设理论与实践探索 [M]. 上海: 华东师范大学出版社, 2015: 170.

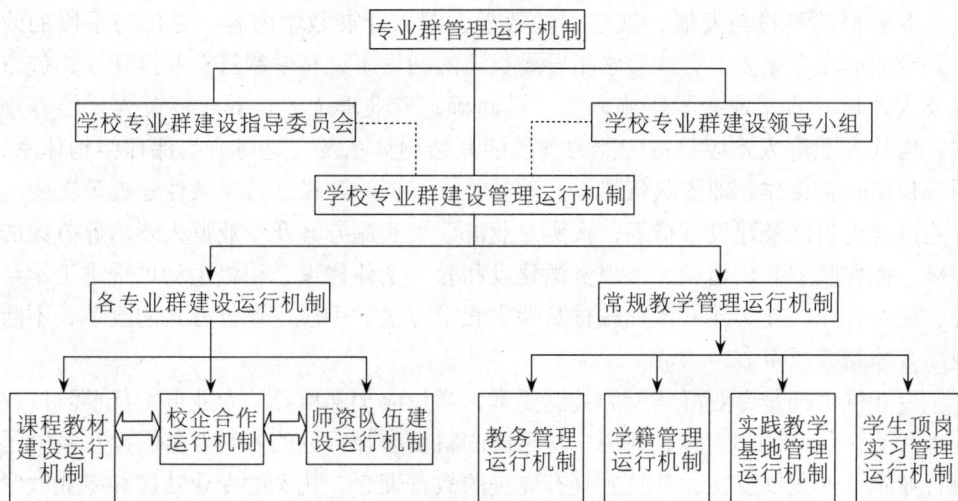

图 4-6 专业群管理运行机制体系架构

1. 专业群建设管理运行机制

专业群建设是一个内运动过程，因此，建立专业群管理运行的制约机制非常重要。制约机制的形成，一要靠制度，二要靠督查反馈，即从管理上要形成一个封闭性回路系统。如果封闭性回路系统没有建立，管理运行的制约机制就成了一句空话。专业群建设也是一个系统工程，在组织框架、人事安排、岗位责任制度、待遇薪酬等方面应该有一个系统的制度性安排，对制度的执行要有及时的反馈，这样才能使专业群建设按照人才培养方案及建设实施方案的要求进行，使专业群处于可控的有序运转状态，保持可持续发展。

学校专业群建设管理运行机制在组织结构上一般包括成立专业群建设指导委员会和专业群建设领导小组。专业群建设指导委员会主要由校长、行业企业专家代表和专业带头人等组成，主要职责是对学校的专业群布局、结构优化调整、发展方向及改革重点等提出咨询意见。专业群建设领导小组一般由校长牵头，由分管教学的副校长以及专业部（群）、教务处、科研处、学生处、市场部等相关部门的负责人组成，其主要职责是根据专业群建设指导委员会提出的咨询意见，对学校专业群建设进行决策和工作部署。学校的教务管理等相关部门具体负责落实学校有关专业群建设的决策意见，全面组织实施专业群建设工作，如牵头制定学校专业群建设指导意见，建立并不断完善学校专业群建设管理制度，组织协调各专业群开展市场调研，制订专业群建设实施方案、专业群人才培养方案及进行专业群建设成果评估。

2. 各专业群建设运行机制

各专业群建设运行机制主要包括课程教材建设运行机制、校企合作运行机制、师资队伍建设运行机制等。

专业群层面应建立相应的专业群建设专家委员会或专业群教学指导委员会，指导本专业群的建设与发展，聚焦课堂教学，深入开展教学内容、方法与手段的改革。专业群在专家委员会或教学指导委员会的指导下，科学制订专业群建设实施方案及人才培养方案或教学实施方案，以此确定专业群人才培养目标及人才培养规格，构建专业群人才应具备的能力（技能）结构体系及与之对应的课程结构体系，明确包括校企合作、师资队伍建设、教材及课程资源建设、教学条件建设等在内的专业群建设思路及建设举措等；按照专业群建设实施方案及专业群人才培养方案的要求，抓好师资队伍建设、课程资源建设和教学条件建设，积极主动地推进工学结合、校企合作，扎实开展课程教材及课堂教学方法、手段与评价方式的改革，不断提高人才培养质量。

专业群主任是专业群建设的关键要素，学校应加强培养。专业群主任要阶段性深入行业企业调研和实践，利用一切可能的机会参加行业的各种业务活动，及时了解行业企业的发展变化，并且要具有先进的教育理念、扎实的专业功底和专业教学功底，协调好各种关系，能够带领教学团队建设好本专业群，并取得显著的教育教学成果，培养出受行业企业欢迎的合格专业技能人才。

3.常规教学管理运行机制

常规教学管理运行机制包括教务管理运行机制、学籍管理运行机制、实践教学基地管理运行机制和学生顶岗实习管理运行机制等。

常规教学管理运行机制的关键是建立以课程组织为基础的专业群教学管理机构，其主要职责是推进专业群日常教学工作的开展，保持群内的正常教学秩序。从相近专业资源集聚到培养模式改革，再到群内专业间相互关联的课程组织以及与职业发展阶段相对应的不同课程门类，这既是常规教学管理运行机制作用的体现，也是构成专业群课程师资团队的基础。

核心专业是专业群建设的重中之重，要通过核心专业把握专业群发展方向，协调专业（方向）设置及课程资源，打造优秀教学团队，加强其适应职业岗位任务要求的课程建设。平台或模块课程组是群内最活跃的教学组织单位，以此为基础的课程团队是专业群发展的主要力量，要依据产业发展和市场需求，持续更新课程内涵，引导学生进入发展通道，并将其带入更高的职业发展阶段。专业群之间的资源并非完全独立的，以资源联系为纽带的教学管理组织单位需要协调群间资源的共享，并为学生选择专业学习方向提供服务，为专业群内生发展提供良好的环境。

传统常规专业教学管理模式下一般都建立了稳定的专业教研组，而专业群以"平台"和"模块"课程教学为中心组建教学团队，虽然没有以前那样稳定，但教学团队有了更多的交流机会，这其实非常有利于教师教学能力的提高。这是专业群常规管理人员应该树立的基本理念和掌握的基本知识，在此基础上制订专业群教学计划，并按计划组织开展教学活动和教研活动，协调好各个方面的关系，确保专业群教学活动正常、高效地展开。[1]

---

① 卞建鸿. 职业学校专业群建设理论与实践探索［M］. 上海：华东师范大学出版社，2015：169-171.

案例研究

大连职业技术学院养老服务专业群人才培养模式创新

思考与讨论：

1. 如何更好地发挥大连职业技术学院全国首创老年服务与管理专业的示范作用，推进养老服务专业群建设？

2. 大连职业技术学院养老服务专业群建设的实践探索对加速我国养老服务专业人才培养有何借鉴意义？

3. 如何进一步加强养老服务专业群各专业之间的融合，进一步促进养老服务专业的人才培养？

1999 年，大连职业技术学院全国首开老年服务与管理专业，经过 20 年的发展，学院老年服务与管理专业取得长足进步，但是在养老服务人才培养中，单凭老年服务与管理专业一枝独秀，难以满足当前社会对各类养老服务人才的需求。因此，进行以老年服务与管理专业为核心的养老服务专业群建设是非常必要的。养老服务专业群建设应立足于产业需求，以原有优势专业为核心，抓住产业链中的某些环节，提升服务当地经济和行业发展的能力。为服务养老服务业的发展，在实践中，学院探索出了养老服务专业群的建设策略：构建"三阶递进，工学结合"的人才培养模式；调整社区管理与服务专业定位，培养老年社会工作专门人才；开设并加强建设社区康复专业，培养老年康复人才。

1. 养老服务专业群建设的背景与意义

（1）养老服务专业群建设的背景。

①养老服务业发展的实际需求。当前，我国社会亟需大量养老服务人才，以应对老龄化进程的加剧。由于老年人养老需求的日新月异，社会对养老服务人才的需求也是多样性的，既包括一线养老服务人员，也包括机构管理人员、后勤服务人员和老年产品营销人员等。这必然会对高职院校养老服务人才的培养模式产生深刻影响，仅凭某一专业单打独斗、一枝独秀，不能满足老年群体的所有养老需求，需要以老年服务与管理专业为核心，将该专业与其他（专业）基础、技术领域和面向就业岗位相近的专业集合在一起，构建起以专业群建设为重点的养老服务人才培养模式。

②"国家示范性高等职业院校建设计划"的推动。2006 年 11 月，"国家示范性高等职业院校建设计划"启动；同时，《教育部 财政部关于实施国家示范性高等职业院校建设计划，加快高等职业教育改革与发展的意见》（教高〔2006〕14 号）明确提出，要"形成 500 个以重点建设专业为龙头、相关专业为支撑的重点建设专业群，提高示范院校对经济社会发展的服务能力"。自此，高职院校专业群建设成了高职院校专业建设的重要内容，其在灵活调整专业设置和优秀资源共享等方面的优势受到了高职院校的普遍认可。

③高职院校走"内涵式发展道路"的诉求。我国高职院校在经历了片面追求规

模的"粗放式"办学后，开始注重可持续的健康发展，向追求质量、效益、规模兼顾的"集约式"办学、走内涵式发展道路转变[1]。加强养老服务专业群建设，将进一步突出老年服务与管理示范专业的特色，重新进行专业布局，以适应养老服务业发展的客观需求。

（2）养老服务专业群建设的意义。

①养老服务专业群建设有利于优化、配置相关教学资源，提高办学效益。通过养老服务专业群建设，高职院校可以实现师资、实训基地等教学资源的共享，促进师资队伍建设，提升养老服务人才培养质量。通过养老服务专业群建设中办学实力较强的优势专业发挥引领示范作用，形成自己的办学特色和品牌效应，提高学校的知名度，形成专业群整体优势[2]。

②养老服务专业群建设有利于增强学生的就业竞争力和岗位适应能力。在专业群建设中，学生不仅可以通过对相关课程的学习获得从事本专业基础工作的能力，还可以适应专业群中其他相关专业的多种工作岗位，而且养老服务专业群建设还可以根据市场需求，及时、灵活地进行专业调整，更好地适应养老服务行业发展的需要，提高服务区域经济的能力。

2. 养老服务专业群建设的基础

（1）立足产业需求，适应养老服务业和高职院校的发展趋势。近年来，随着养老服务业的迅猛发展，相应地对养老服务人才的数量要求越来越多，质量要求也越来越高。高职院校应及时、准确地把握养老服务业对人才需求的特点和变化趋势，在此基础上进行养老服务专业群的布局和调整，有针对性地培养养老服务业发展真正需要的人才，促进养老服务业的健康快速发展和高职院校的内涵式发展。

（2）以原有优势专业为核心，围绕学科基础建设养老服务专业群。根据养老服务业的发展趋势，以老年服务与管理专业为核心，通过不断调整专业群内核心专业的专业方向，整合并拓展相关专业的有利资源，以实现专业群的整体发展。以原有优势专业——老年服务与管理专业为核心的衍生开发，既充分利用了原有的专业师资和实训基地等教育资源的优势，又可以避免专业群建设中不断推翻重来所造成的资源浪费，从而可以用较低的成本和风险，随市场的变化渐进式地完成养老服务专业群的调整。

（3）抓住产业链中的某些环节，明确养老服务专业群的核心能力和职业岗位群。养老服务产业链中包含多个不断发展变化的环节，且不同环节都有着各自的岗位设置、岗位要求等，因此，一所高职院校是无法全面满足养老服务产业链中所有环节的要求的，只能从中选择某些环节作为专业群的培养对象。高职院校应针对这些环节中的相关职业岗位来建构养老服务专业群，明确养老服务专业群的核心能力和对应的职业岗位。

3. 养老服务专业群建设的实践探索

随着我国的经济社会发展，养老服务产业需求也在不断地调整和深化，养老服务专业群中的相关专业也随之不断进行调整、融合和优化。大连职业技术学院

① 赵昕. 高职院校专业群建设实践的思考与认识 [J]. 天津职业大学学报, 2011, 20 (6): 3-7.
② 刘霞. 基于产业链的高职专业群建设研究 [J]. 中国职业技术教育, 2012 (3): 36-40.

1999 年在全国首创老年服务与管理专业，开始了养老服务专业人才培养的探索。2008 年，学院积极响应"国家示范性高等职业院校建设计划"的要求，突出老年服务与管理"示范校"重点专业建设及专业群培育。在此基础上，近年来，着力强化了相关专业的"后示范"建设，积极落实教育部等九部门《关于加快推进养老服务业人才培养的意见》（教职成〔2014〕5 号），顺应我国养老服务人才培养的发展趋势，进行了以老年服务与管理专业为核心，以社区管理与服务、社区康复专业为两翼的养老服务专业群建设（如图 4-7 所示）的实践探索。

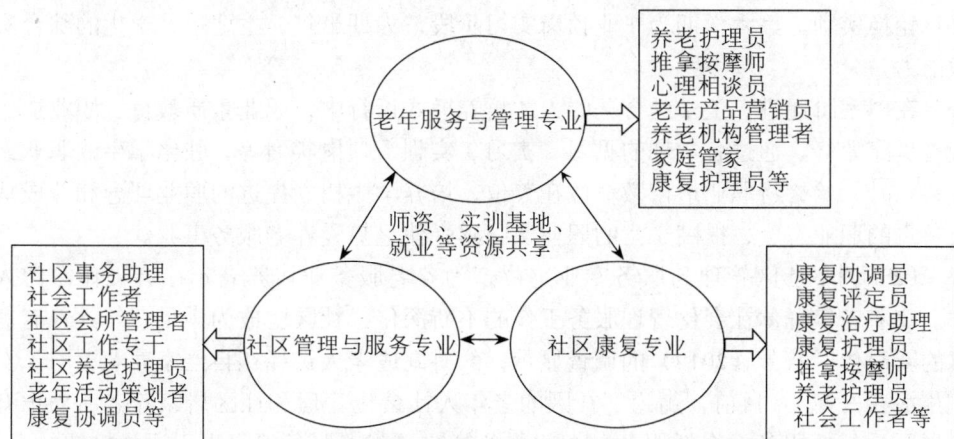

图 4-7　养老服务专业群建设及其面向的就业岗位群

（1）强化老年服务与管理专业建设，构建"三阶递进，工学结合"的人才培养模式。只有在真实的工作环境中全面提升学生的职业实践能力，才能真正实现养老服务人才培养目标。因此，大连职业技术学院结合学院实际教学条件和校内外实训基地情况，以老年服务与管理专业为核心，积极发挥其专业优势，构建了"三阶递进，工学结合"的人才培养模式（具体见表 4-4）。其创新了服务业人才培养模式，是培养具有较强专业岗位能力和可持续发展能力的养老护理技术技能人才的重要保障。

表 4-4　　　　"三阶递进，工学结合"的养老服务人才培养模式

阶段	学期	能力训练	课程/证书/比赛	教学形式	备注
入门起步期	第一学期 第二学期	专业导入 机构见习	公共基础课 职业基础课	教学理实一体化	
成长入行期	第三学期 第四学期 第五学期上	独立实训 跟踪实习	考取职业资格证书 开展第二课堂活动 组织参加技能比赛	技能培养多样化	职业素质、职业道德培养贯穿始终
提高入职期	第五学期下 第六学期	顶岗实习 轮岗实习	精细化管理 过程性管理	实习实训 角色转化	

第一阶段：入门起步期（第一学期和第二学期）。该阶段注重专业导入和养老机构见习，主要培养与训练学生的专业基础能力。该阶段通过理实一体化教学完成专业基础课学习，为之后的专业课学习奠定理论基础；通过机构见习，了解养老服务业的发展现状和前景，提升学生的职业认同感。

第二阶段：成长入行期（第三学期至第五学期上）。该阶段注重独立实训和跟

踪实习，主要培养与训练学生的专业核心能力和专业拓展能力。在第三学期进行为期两周的校内实训，强化学生的老年心理护理能力和老年疾病照护能力训练，同时组织学生参加中级养老护理员资格考试；在第四学期强化学生的养老机构经营与管理能力，选拔优秀学生参加民政部组织的全国养老护理员比赛；第五学期前 10 周在学校进行技能培训，培养学生的专业拓展能力。

第三阶段：提高入职期（第五学期下至第六学期）。第五学期 10 周之后进行校外实训，在真实的工作岗位环境中，学生在养老照护、康复保健、机构管理等岗位进行轮换实训。第六学期为毕业顶岗实习阶段，为期半年，主要培养学生的综合实践能力。

在"三阶递进，工学结合"的人才培养模式运行中，职业素质教育、职业道德教育贯穿始终。通过各学期的见习、实习、实训、顶岗实习等，强化学生的职业素质；同时，始终将职业道德教育放在首位，培养学生树立先进的职业理念和养成认真负责的职业态度，提高学生的职业认同感，使之热爱养老服务事业。

（2）调整社区管理与服务专业定位，为养老服务业培养老年社会工作专门人才。随着老年群体社会化管理服务工作的不断深化，社区已成为满足老年人养老需求的新载体。叶芳（2012）的调查显示，约有九成老人选择在自己家养老，与子女们生活在一起[1]。目前，街道、社区的老年人社会化管理和社区居家养老活动正有序展开，日托服务、全托服务、上门服务等社区养老服务项目也正逐步推向社会，为越来越多的人所了解和接受。高职院校的社区管理与服务专业应积极抓住养老服务业迅猛发展的机遇，及时进行专业定位调整，为养老服务业发展培养并提供社区管理、老年活动等方面的专门人才。

在课程设置上，应侧重老年群体的社会化管理和服务，立足老年人的实际需求，开设家政服务与管理、居家养老实务、社区康复与保健等课程。通过对这些课程的学习，了解社区居家养老体系的现状与构成、社区居家养老模式等，从而与老年服务与管理专业互补、衔接，培养学生的社区养老服务能力。

在实习实训中，应突出"服务为导向、实务为根本"的原则，与社区、社区医院等进行老年服务与管理专业实习基地共建。以社区为依托，为老年人提供家政保洁、代购代缴、医疗保健、配餐送餐、家电维修、应急救助、精神慰藉、生活照料等多种切合老年人实际需求的服务。通过实习实训，学生在服务中进行学习、总结，增强专业实务能力和实践经验。

（3）加强社区康复专业建设，为养老服务业发展培养老年康复人才。尽管社区有行政管理人员，社区医院也有医护人员，但既懂一些老年人疾病与防治的医学知识，又了解社区管理的社区康复人才却非常缺乏。社区康复属于基层康复，其优势在于成本低、覆盖面广，而社区康复专业旨在满足社区日益增长的康复需求，以传统康复医学和现代康复医学为基础，培养掌握社区康复与护理知识，具备康复协调与评定、疾病康复护理、健康指导等能力的专业技术人才。

在课程设置上，社区康复专业的核心课程包括康复评定技术、康复护理技术、

---

① 叶芳. 社区居家养老是提升退休人员社会化管理水平的重要途径 [J]. 就业与保障，2012 (7)：24-25.

社区康复技术、疾病康复技术和中国传统康复技术等。在教学内容上，社区康复专业结合当前老年人的医疗需求，突出康复理论知识的应用、老年人疾病康复、康复心理等，注重学生实践能力的培养和提升。

在实习实训中，注重与社区养老中心、社区卫生服务中心和其他养老机构进行合作共建，为老年人提供健康知识宣教、疾病防护、康复护理等服务。根据课程需要，组织学生去社区、养老机构进行见习、实习，真正做到知行合一，深入了解养老服务业的实际需要，对照需求进行查漏补缺，加强实践操作能力和职业道德素养的培养，为学生下一步实习实训、毕业顶岗实习和将来工作奠定良好的基础。

4. 养老服务专业群的融合

如前所述，任何一所院校都无法全面满足养老服务业各环节的人才需求，养老服务专业群建设自然也会因为当地养老服务业的发展和各高职院校师资实力的不同而有所差异。大连职业技术学院养老服务专业群建设在老年服务与管理专业的基础上进行积极的探索，并通过多年实践逐步实现了养老服务专业群的融合。

在课程设置方面，养老服务专业群中的专业基础课部分相同。如护理礼仪、人际沟通等，在三个专业均有开设；如人体解剖生理学基础、社会调查原理与方法、公关原理与服务等在两个专业开设，为学生将来学习专业必修课和从事养老服务工作打了下良好的基础。专业必修课的设置紧跟行业发展，突出自己的专业定位；专业选修课，注重学生职业能力的拓展，为学生将来就业提供更多的选择，如社区管理与服务专业开设了物业管理实务、社区会所管理等课程，社区康复专业开设了社会福利政策及应用、居家养老实务等课程。

在师资队伍建设方面，优化师资结构，打造高水平的"双师"教学团队。打破原有的专业教研室限制，鼓励教师双肩挑，并结合所学专业实行跨专业教学，提高教师对养老服务专业群建设的认识和践行度。加大教师培训力度，帮助教师更新教育教学观念，激励教师投身于教学改革，提高专业素质和教育教学能力。[①]

在校内外实训基地建设上，对内实行资源共享，既节约了成本，又提高了实训基地的利用率，满足了校内实践教学的需要；对外深化校企合作，为专业人才的实习实训、顶岗实习提供真实的职业环境，不断推进养老服务专业群的健康发展。此外，还建立了"远洋椿萱茂订单班"，实行双主体共同培育专业化、职业化的养老服务人才。

在就业方面，拓宽学生的就业面，打破专业限制，实行捆绑式就业，为用人单位提供一站式服务，既满足了养老服务业对多种人才的需求，为学生提供了更多就业选择，同时也提高了养老服务专业群服务行业、服务区域经济的能力。

总之，养老服务专业群内各专业实行师资、信息、实训基地等资源共享，教、学、做相结合，构建起课证一体的课程体系，实现了课程和岗位的无缝对接，各专业间优势互补、各有侧重、灵活调整，促进高职院校专业群建设走上了内涵式发展的道路。[②]

① 张岩松，等. 养老服务业发展与个案研究 [M]. 北京：清华大学出版社，2015：182.
② 刘志敏，张岩松. 以专业群建设为重点的养老服务业人才培养模式创新研究 [J]. 社会福利，2016（10）：53-56.

第五章 职业教育精准扶贫探究

让贫困人口和贫困地区同全国一道进入全面小康社会是我们党的庄严承诺。要动员全党全国全社会力量，坚持精准扶贫、精准脱贫，坚持中央统筹省负总责市县抓落实的工作机制，强化党政一把手负总责的责任制，坚持大扶贫格局，注重扶贫同扶志、扶智相结合，深入实施东西部扶贫协作，重点攻克深度贫困地区脱贫任务，确保到二〇二〇年我国现行标准下农村贫困人口实现脱贫，贫困县全部摘帽，解决区域性整体贫困，做到脱真贫、真脱贫。

——决胜全面建成小康社会 夺取新时代中国特色社会主义伟大胜利——在中国共产党第十九次全国代表大会上的报告

加强扶贫扶志，激发贫困群众内生动力，是中国特色扶贫开发的显著特征，是打赢脱贫攻坚战的重要举措……以习近平新时代中国特色社会主义思想为指导，全面贯彻党的十九大和十九届二中、三中全会精神，深入贯彻党中央、国务院脱贫攻坚决策部署，坚持精准扶贫精准脱贫基本方略，坚持脱贫攻坚目标和现行扶贫标准，更加注重培育贫困群众主体意识，更加注重提高贫困群众脱贫能力，更加注重改进帮扶方式，更加注重营造健康文明新风，激发贫困群众立足自身实现脱贫的信心决心，形成有劳才有得、多劳多得的正向激励，树立勤劳致富、脱贫光荣的价值取向和政策导向，凝聚打赢脱贫攻坚战强大精神力量，切实增强贫困群众自我发展能力，确保实现贫困群众持续稳定脱贫。

——国务院扶贫办、中央组织部、中央宣传部等 13 个部门联合发布《关于开展扶贫扶志行动的意见》（2018 年 10 月 29 日）

职业教育扶贫是教育精准扶贫开发工作的重要途径，是深入贯彻党中央国务院重要指示、实现脱贫攻坚战略目标、确保 2020 年全面建成小康社会的重要举措和现实选择。在精准扶贫的背景下，职业教育肩负着提升贫困对象的文化素质和职业技能、增强贫困对象的脱贫致富能力、带动贫困地区区域经济发展等重要使命。①

一、职业教育精准扶贫的内涵和意义

1. 职业教育精准扶贫的内涵解析

早在 1945 年联合国成立之初，各成员就一致同意将"消除贫困"写进《联合国宪章》。但是，经过 70 多年的努力，世界各国的贫困问题依然存在。我国作为世界上最大的发展中国家，也同样存在着贫困问题以及由此衍生出的一系列社会问题，从而严重束缚了个体以及整个社会的发展。为了解决这一问题，党的十八大以来，扶贫开发工作受到我国政府的高度重视，被纳入"全面建成小康社会"战略之中，并出台了一系列扶贫政策。2013 年 11 月，习近平总书记到湘西考察时首次提出了"精准扶贫"一词②。2014 年 6 月，教育部等 6 部门在《现代职业教育体系建设规划（2014—2020 年）》中要求："充分发挥职业教育在扶贫开发中的重要作用，围绕贫困地区的产业发展和基本公共服务需求，提高职业教育扶贫的精准度。"这是政府教育文件中关于"职业教育精准扶贫"的较早表述。2015 年 6 月，习近平总书记专程到贵州省机械工业学校对困难家庭学生入学、科技实训及校企联合扶持农村脱贫工作进行了解，并给予了大力支持，提出职业教育属于国民教育体系中的重要组成部分，是培养高素质科技人才的基础③。2015 年 11 月，习近平总书记在中央扶贫开发工作会议上强调，按照贫困地区和贫困人口的具体情况，实施"五个一批"工程。其中，在"发展教育脱贫一批"中，要求国家教育经费要继续向贫困地区倾斜、向职业教育倾斜。2015 年颁布的《中共中央国务院关于打赢脱贫攻坚战的决定》明确指出：要"着力加强教育脱贫"，强调了教育精准扶贫的重要作用。职业教育精准扶贫因其内在特征和不可替代性，成为教育扶贫的主要形式。职业教育作为扶贫开发系统的重要组成部分，其更加突出、更加重要的战略地位逐渐得以彰显。为此，各级党委和政府也相继制定了一系列具体措施，广泛开展精准扶贫工作，取得了明显效果。当前，职业教育在提升贫困人口职业技能、增强脱贫能力方面表现出独特功能，已成为精准扶贫的重要途径④。2017 年 10 月，习近平总书记在中共十九大的开幕会上又再次提到解决贫困问题，我国"精准扶贫"工作变得更加重要和紧迫。"精准扶贫"不同于以往的物质扶贫，它更强调对人的扶贫。基于此，教育的精准扶贫特别是职业教育精准扶贫显得尤为重要。

2015 年 6 月，"人民政协报·教育在线周刊"主办了以"职业教育精准扶贫：挑战与对策"为主题的研讨会，研讨北京市商业学校职教帮扶经验。随后，民革中央副主席、全国政协常委兼副秘书长何丕洁发表了《对职业教育精准扶贫问题的思考》（《教育与职业》，2015 年第 30 期）一文，这是较早论述职业教育精准扶贫的

① 廖倩. 职业教育精准扶贫路径探析 [J]. 成人教育，2018（5）：75-79.
② 易棉阳. 论习近平的精准扶贫战略思想 [J]. 贵州社会科学，2016（5）：140.
③ 莫光辉，凌晨. 政府职能转变视角下的精准扶贫绩效提升机制建构 [J]. 理论导刊，2016（8）：17-20.
④ 王大江，孙雯雯，闫志利. 职业教育精准扶贫：理论基础、实践效能与推进措施 [J]. 职业技术教育，2016（12）：47-51.

优势和效能的文章。目前，职业教育精准扶贫问题已经引起学术界的普遍关注。学术界虽然已对"精准扶贫"的概念、精确识别、精确帮扶、精确管理、精确考核等理论与实践问题进行了系统而深入的研究，但作为"精准扶贫"的一个下位概念，职业教育精准扶贫的研究进展似乎较慢，其重要表征之一是，尽管与之密切相关的"职业教育反贫困"概念早已被学者所论述，但对"职业教育精准扶贫"的外延与内涵仍缺乏专门而系统的探讨。①

（1）职业教育反贫困概念的研究。要进行职业教育反贫困概念的研究，首先要了解一下贫困和反贫困。

贫困一般被认为是一种经济现象，贫困程度以各国的贫困线为标准。但是除了物质的贫困外，目前，文化贫困和能力贫困等也受到了社会的重视。美国学者戴安娜·M.迪尼托（Diana M.DiNitto）就对贫困的含义进行了详细的探究，她认为贫困的内涵包括 5 个方面，即贫困是匮乏、是不平等、是文化、是剥削、是一种结构②。但是为了便于理解和研究，结合实际情况并根据李珍主编的《社会保障理论》一书中的观点，我们将"贫困"界定为：人们由于在较长时间内缺乏创造收入的能力和机会而不能维持他们的基本生活水准的一种状态③。我国反贫困在过程上有三种表述，即减缓贫困、减少贫困和消除贫困。反贫困的具体行为过程一般也用"扶贫"一词来指代④。我国反贫困的过程是比较漫长和曲折的，从中华人民共和国成立到改革开放之前，由于受经济体制等因素的限制，我国在经济、文化等方面依然贫困。改革开放以后，我国经济快速发展，国家大力开展扶贫工作，据统计，1978—2007 年，我国农村的绝对贫困人口数量大约下降到以前的 1/169⑤。在此后的近 10年，我国经济的飞速发展使得反贫困工作取得了极大的成效。

教育反贫困，也可以说是教育扶贫，是指针对贫困地区的教育和受教育人口进行投入和资助服务，使他们掌握一定的知识技能，提高他们的文化素质和技术水平，从而促进当地经济文化等方面的发展。早在 1997 年，我国学者林乘东就提出了"教育扶贫论"，他认为通过教育可以斩断贫困的恶性循环链，这也是教育反贫困的特殊意义。此外，他也重视职业教育反贫困的作用，提出我国职业教育的发展甚至可以超过普通教育的发展⑥。可以看出，在教育反贫困的功能中，职业教育具有独特而重要的反贫困功能，需要引起我们的重视。

有学者将"职业教育反贫困"的概念定义为"针对贫困地区农民的实际需要来进行办学和施教，让贫困人群掌握进入市场的知识和技能，帮助他们实现从自给自足的生产者向商品市场的生产者的身份转变⑦"。这是关于职业教育反贫困概念的较早表述，在一定程度上被认可，并得到了发展和完善。有学者认为，"职业教育反贫困"就是"从贫困地区、贫困人群的实际需要出发，提供最有用、最长效、最实际的教学内容和施教方式，提高他们的知识、技能和素质，改善他们的心态、观念

① 谢德新.职业教育精准扶贫的理论基础、涵义阐释与功能定位［J］.职教论坛，2018（3）：24-29.
② 迪尼托.社会福利：政治与公共政策［M］.杨伟民，译.北京：中国人民大学出版社，2007：72-89.
③ 李珍.社会保障理论［M］.北京：中国劳动社会保障出版社，2007：235-236.
④ 汤浅诚.反贫困［M］.台北：早安财经文化有限公司，2010：4-6.
⑤ 国家统计局农村社会经济调查司.中国农村住户调查年鉴［M］.北京：中国统计出版社，2008：11.
⑥ 林乘东.教育扶贫论［J］.民族研究，1997（3）：43-52.
⑦ 陆小华.作为反贫困对策的职业教育与农村职教改革［J］.教育研究，1998（5）：36.

和思维方式，帮助其摆脱贫困，从自给自足的生产者变为能面向市场的商品生产者，实现脱贫与发展并举的目标，取得最大化的社会效益与经济效益[①]"。相对于前者而言，后者在表述上更为具体，内容也更加详细，无疑是"职业教育反贫困"概念的"扩展版"。

职业教育反贫困，就是通过为贫困地区人民提供适合的办学模式和施教方式，以此来帮助他们摆脱贫困。有研究显示，我国中职学生 80% 来自于农村，其余 20% 大多来自城市低收入家庭[②]。职业教育为我国反贫困战略的实施做出了重大的贡献[③]，因为很多贫困家庭的孩子就是通过接受职业教育掌握了就业所需的知识和技能，从而成功就业，实现了人生价值。

综合相关研究可以看出，职业教育反贫困的含义主要有三大特征：一是以贫困群体的实际需要为出发点，开展相应的职业教育；二是以提高贫困群体的知识技能与思维方式为核心，通过改变其生产和消费方式来实现其社会身份的转变；三是以实现贫困群体的脱贫与发展为目标，取得社会效益与经济效益的最大化。职业教育反贫困的含义为职业教育精准扶贫内涵的丰富和发展奠定了重要基础。[④]

（2）职业教育精准扶贫的概念。目前，学界关于"职业教育精准扶贫"概念的论述主要有三种：一是根据职业教育的功能和效果来界定，认为"职业教育精准扶贫就是让贫困家庭具有劳动能力的成员掌握'一技之长'，能够实现顺利就业、稳定就业和体面劳动，取得'教育（培训）一人，就业一个，脱贫一家'的效果。同时，也能够促进贫困家庭劳动力融入工业化、城镇化、农业现代化进程之中，是保障贫困家庭脱贫、切断贫困代际传递的有效办法[⑤]"。二是根据提升人的素质和能力来定义，认为"职业教育精准扶贫就是通过职业教育和培训来有目的、有计划、有针对性地提升贫困人口的文化素质和职业能力，以促进其脱贫致富[⑥]"。三是在"精准扶贫"概念的基础上，指出"职业教育精准扶贫是指针对不同贫困区域或不同贫困人口的状况，运用科学有效的程序对扶贫对象实施精确识别、精确帮扶、精确管理的职业教育治贫方式[⑦]"。不难发现，在这三种关于"职业教育精准扶贫"的定义中，前两种的表述与"职业教育反贫困"的定义颇为接近，只不过在扶贫对象的论述上，第一种更加精确地瞄准"贫困家庭具有劳动能力的成员"，并增加了"切断贫困代际传递"的扶贫目的。而第三种表述则更加精细化，根据"精准扶贫"的要求，在对象上，强调针对"不同贫困区域或不同贫困人口"的具体情况和实际需要；在方法上，采取"科学有效"的方法和手段来开展扶贫工作；在步骤上，遵循"精确识别、精确帮扶、精确管理"的程序来实施。[⑧]

职业教育精准扶贫，就是通过在广大贫困地区发展职业教育，改善贫困地区的人力资源水平，优化贫困地区的人力资源结构，进而从根本上解决贫困问题。

---

① 周颖，王大超．贫困地区反贫困职业技术教育的集成管理模式［J］．职教通讯，2005（3）：5-7.
② 高玉峰．中国职业教育扶贫：从全覆盖迈向全面精准［J］．中国职业技术教育，2017（6）：37-41.
③ 饶丽，卢德生．我国职业教育反贫困研究：现状与反思［J］．当代职业教育，2018（3）：38-42.
④ 谢德新．职业教育精准扶贫的理论基础、涵义阐释与功能定位［J］．职教论坛，2018（3）：24-29.
⑤ 王大江，孙雯雯，闫志利．职业教育精准扶贫：理论基础、实践效能与推进措施［J］．职业技术教育，2016（34）：49.
⑥ 许锋华．精准扶贫：民族地区职业教育发展的新定位［J］．高等教育研究，2016（11）：64-69，76.
⑦ 张翔．集中连片特困地区教育精准扶贫机制探究［J］．教育导刊，2016（6）：23.
⑧ 谢德新．职业教育精准扶贫的理论基础、涵义阐释与功能定位［J］．职教论坛，2018（3）：24-29.

2.职业教育精准扶贫的意义

职业教育是实现反贫战略的根本之策。美国著名学者舒尔茨认为,"要改变某个地区贫困落后的状况,就必须向贫困人口进行教育及文化投资,而促进其掌握科技知识和技能的根本途径是教育,尤其是职业教育培训"。

(1)职业教育是帮助贫困地区的群众脱贫最直接有效的途径。对贫困地区来说,通过职业教育对其进行智力扶贫、精准扶贫,将职业教育的开展作为帮扶贫困地区首要举措的做法,能够使受教育人员获得脱贫的知识与技能,有助于改变其代际传递的贫困状态。我国在明确提出要打"脱贫攻坚战"后,既给职业教育带来了新的发展方向,又为其发展注入了动力。在我国经济社会的发展进程中,职业教育是与其联系最为紧密的一种教育类型,为经济社会发展提供了重要支持,做出了直接贡献;同时,职业教育也是帮助贫困地区的群众摆脱贫困的最直接、快捷和有效的途径、手段[1]。首先,推进职教扶贫是职业教育职能特征的重要体现。从教育目的来看,基础教育主要是促进儿童全面发展,为培养合格的人才奠定基础;普通高等教育重在培养全面发展的通识性、高素质人才;职业教育重在培养生产和管理一线的技术技能人才,因此,受教育者能更快地融入工作,并获得就职初期的较高收入。普通高等教育以应届高中毕业生为主要生源,由于学制时间较长、学费较高、传授的知识基础性强,学生短期内难以为家庭带来可观收益。职业教育由初级、中级和高级三个层次的教育构成,有学历型和非学历型等多种类型,生源既有小学毕业生、初中毕业生、高中毕业生,还有社会失业人员,教育对象涉及的范围广、层次多,且其中的贫困人口比例较大。从专业设置和教育内容来看,基础教育主要向学生传授将来专业发展、人生发展所需的通识性知识;职业教育设置的多是应用类型的专业,注重专业性的技术和技能培养,操作性强且紧跟时代步伐,这种教育更适合基础知识相对薄弱又急需获得工作收入的人群。综上,职业教育通过校企合作的途径实现工学结合,为受教育者提供较为充足的实践机会,使其能以最快的速度获得收益,带动家庭脱贫,并且有效防止返贫。其次,推进职教扶贫是贫困地区摆脱现状的迫切需要。发展职业教育,对贫困家庭的孩子免除学杂费,并补助生活费、交通费,让他们掌握一技之长,较为快速地获得较为满意的收入,能给受教育者个人甚至其家庭成员带来摆脱贫困的信心,使其步入致富的快车道。再次,推进职教扶贫是贫困家庭子女改变命运的优先选择。职业教育可以直接提升贫困家庭子女的自我发展能力,是典型的"造血式"扶贫。最后,推进职教扶贫是农民群众脱贫致富的重要手段。发挥职业院校的优势和作用,对贫困地区的人口进行职业技能和技术培训,积极开展劳务输出,是增加贫困人口工资收入的重要途径;同时,也能提高农副产品的科技含量,优化农业和农村经济结构,为农业和农村经济发展开拓新的空间[2]。

(2)职业教育是防止返贫的有力保障。虽然我国在扶贫工作上取得了显著的成就,但也需注意到,由于各种原因,贫困人口脱贫后返贫的情况较为突出。个别地

① 王洁玉.有关职业教育精准扶贫问题的若干思考[J].中国管理信息化,2017(6):201-202.
② 王志强.基于职业教育的精准扶贫[J].甘肃农业,2018(19):29-32.

区也存在年年扶贫年年贫困的情况，这与扶贫方式、扶贫态度有直接的关系①。过去的扶贫过于重视对困难人员物质和金钱上的直接给予，属于"授人以鱼"，虽然能够在短时间内使贫困人员的生活水平提高，但并未真正做到"授人以渔"，最终变成了间接性贫困、临时脱贫。我国长期的扶贫经验表明，消除贫困的根本着眼点应在于解决贫困人员的内在致富动力和致富能力问题，也就是"扶志和扶智"。"扶贫必扶智，让贫困地区的孩子们接受良好的教育，是扶贫开发的重要任务，也是阻断贫困代际传递的重要途径②"。只有职业教育才能真正使贫困人员掌握"捕鱼"的技巧，通过自己的双手获得劳动的果实，这也是习近平总书记反复提及的"扶贫先扶智，治贫先治愚"最直接的表现和措施③。职业教育，能够防止困难人员脱贫后返贫。④

（3）职业教育服务精准扶贫，促使贫困地区产业结构转型。人力资源是推动产业发展最为重要的资源，被称为"第一资源"。作为一种特殊的资源要素，人力资源具有能动性强、可塑性高、潜力无限的优势。欧美地区工业发达国家的产业发展历程早已表明，人力资源水平与产业发展水平具有高度相关性。凡是两者相匹配的地区或者时代，技术就会有明显进步，产业结构就能得到优化，相关企业也会获得较快发展；在两者不相匹配的地区或者时代，产业发展常常停滞，并导致经济结构失衡，社会问题多发。20世纪六七十年代，"亚洲四小龙"经济奇迹般崛起，就与这些地区大力发展教育培训、优化人力资源配置有很大的关系。⑤当前，我国产业呈现出多方面发展的态势，传统粗放式的产业结构已然带动不了贫困地区经济的发展，因此，必须调整产业结构，实现贫困地区的产业结构升级。而职业教育能够实现精准扶贫，促进劳动力资源的合理重置，提升贫困地区人口的科技素养，实现产业的升级换代。同时，要改善贫困地区的经济状况，还要解决农村劳动力人口滞留问题，促进适应农村地区的产业的发展，提升贫困地区的区域发展能力和在经济市场中的地位。可以说，产业升级对职业教育的发展提出了新的挑战⑥。职业教育精准扶贫一方面可以为贫困地区的青少年提供性价比更高也更契合其需求的教育形式，缩短教育投入与价值创造的周期；另一方面能够推动农村剩余劳动力资源的二次开发，唤醒沉淀的人力资源，提升现有的人力资源水平，从而为贫困地区产业结构转型升级奠定坚实的人力资源基础⑦。通过职业教育，努力提高贫困地区贫困人群的职业技术能力，重整贫困地区的人力资源结构，能够对产业资源配置进行重新划分，提升农村地区的产业竞争能力。

（4）职业教育精准扶贫是满足贫困人口的精神需求、消除精神贫困的重要手段。传统的扶贫方式较为注重贫困地区外部经济条件的改善和物质资源投入，试图通过清除贫困人口生活和就业的现实障碍来消灭贫困。但是，全球数十年的扶贫实

---

① 王大江，孙雯雯，闫志利.职业教育精准扶贫：理论基础、实践效能与推进措施 [J].职业技术教育，2016（34）：47-51.
② 习近平.习近平总书记给"国培计划（2014）"北京师范大学贵州研修班参训教师的回信 [EB/OL].[2015-09-10]. http://politics.people.com.cn/n/2015/0910/c1024-27564565.html.
③ 邓廷云，唐志明.连片特困地区非学历职业教育精准扶贫问题探析——以滇桂黔石漠化地区为例 [J].职业技术教育，2016（22）：62-66.
④ 胡军.精准扶贫背景下职业教育的变革与创新 [J].职教论坛，2018（8）：144-149.
⑤ 滕春燕，肖静.职业教育精准扶贫的现实要义、原则及发展指向 [J].教育与职业，2017（12）：36-43.
⑥ 刘胜勇.职业教育有效对接精准扶贫 [J].教育与职业，2017（11）：39-42.
⑦ 滕春燕，肖静.职业教育精准扶贫的现实要义、原则及发展指向 [J].教育与职业，2017（12）：36-43.

践经验已经证明，仅仅依靠物质帮扶，无法彻底帮助贫困人口摆脱贫困，还需要帮助贫困人口摒弃"贫困文化"，走出精神贫困的藩篱。贫困产生的原因除了种种客观因素以外，还与贫困人口聚居地区所特有的贫困文化密切相关。贫困文化是指贫困阶层所特有的生活方式，是常年生活在贫困状态下的一群人的行为模式、风俗习惯、生活态度和价值观等的集合。贫困文化作为一种现代社会的亚文化现象，广泛而长期地存在于贫困人口聚居的地区。在我国，贫困文化主要表现为消极无为的人生观、安贫乐道的幸福观、好逸恶劳的生活观、僵化保守的生产观、无谓良莠的消费观、迷信鬼神的世界观、多子多福的生育观等。虽然贫困文化中的很多元素与贫困并无必然的联系，其中有些文化因子还具有一定的进步性、合理性，但在脱贫致富这方面，贫困人口所秉承并延续的这类文化元素对改变自身和子女的命运、改善自身的经济地位有很大的消极影响，是起阻碍作用的①。因此，扶贫也要"扶精神"。由人们落后的文化认知和守旧的观念而导致的精神贫困，是贫困产生的思想根源，会加剧和固化贫困状态。职业教育精准扶贫可为有可能被社会边缘化的贫困群体提供获得基本劳动技能和知识的机会，为其进入劳动力市场创造职业技能平台，改变其就业难的现实困境。除了职业学校以外，参与职业教育扶贫的主体还可以是政府组织的培训中心、企业、行业协会、社会组织等，多元化主体的共同目标是充分发挥职业教育的社会功能，打造职业教育资源共享平台，让贫困群体继续接受职业文化和技能的培训，掌握职业技术，学习先进文化，提升就业能力，改变守旧的思想观念，形成现代的生活方式，建立文化自信，培养其更加适应当代社会经济发展的价值取向、行为方式和人格特征，为其改变自身以及家乡贫困落后的现状提供思想保证和精神动力，从根本上克服贫困文化对贫困人口脱贫致富的负面作用，实现贫困个体的可持续发展，为精准扶贫开发工作提供精神支持。②

二、职业教育精准扶贫的理论基础

职业教育服务于精准扶贫，具有较多的理论为其实践提供支撑。其中，具有代表性的包括阿马蒂亚·森的能力贫困理论和舒尔茨的人力资本理论等。

1. 能力贫困理论

人类对贫困原因的认识经历了由浅到深、由简单到复杂的过程，已经从最初比较单纯的政治经济学范畴扩展到文化、社会、教育等多个层面。概括起来，人类将贫困归纳为物质贫困、文化贫困和能力贫困三大类。其中，能力贫困理论的代表人物是印度诺贝尔经济学奖获得者阿马蒂亚·森（Amartya Sen）。③

阿马蒂亚·森在研究贫困问题时，采用了与传统收入分析框架完全不同的研究方法，对贫困形成的原因提出了新的解释和概念。阿马蒂亚·森认为，人类发展和脱贫的共同目标在于提高人们的能力，而提高能力的关键在于人们拥有做选择的机

① 滕春燕，肖静．职业教育精准扶贫的现实要义、原则及发展指向 [J]．教育与职业，2017（12）：36-43.
② 廖倩．职业教育精准扶贫路径探析 [J]．成人教育，2018（5）：75-79.
③ 王子南．职业教育助力精准扶贫的现实思考——以高等职业教育供给侧为出发点 [J]．现代教育科学，2018（9）：27-31.

会及能够获取所需的资源，从而实现公平化的发展。阿马蒂亚·森对能力贫困的考量主要基于"可行能力视角"，进而评估一个人的成就、优势及生活幸福指数等。其中，这一视角涉及四个主要概念——禀赋、商品、功能及能力[①]。这四个概念既相互区别，又具有内在的逻辑联系（如图 5-1 所示）。禀赋主要是指人们所拥有的资源组合，既包括土地、房屋等有形财产，也包括知识、劳动力等无形财富。社会中的个体都可以利用自己的禀赋进行交换，获取自己最需要的商品（资源与服务）。商品自身的特性虽然可以为我们提供服务、给我们带来收入等，但是一旦受制于某些社会条件，这种特性便无法发挥出来，无法体现其中的价值。假设我们拥有一辆汽车，我们可以用它来运输货物，用它来旅游出行，或者进行对外出租以获取财富，但是若当地没有加油站的话，这辆汽车便毫无价值。这一关键点引导阿马蒂亚·森进而提出了"功能"这一概念。"功能"就是个体利用自身所拥有的商品在一系列客观的社会环境因素下所能发挥的效用或者达到的成就。"功能"有优劣之分，商品自身功能的发挥受到很多因素的制约，拥有商品并不意味着我们可使其充分发挥应有的"功能"。而在是否能发挥功能的因素中，个体是否拥有选择使其正常发挥功能的权利与机会，意味着一个人是否具有"可行能力"，即前文提到的"能力"概念。阿马蒂亚·森"能力贫困"概念的提出，是对"收入贫困"概念的进一步深入和拓展，他不仅关注贫困者的自身状况，更加关注社会环境与福利资源分配对个体贫困的影响。[②]

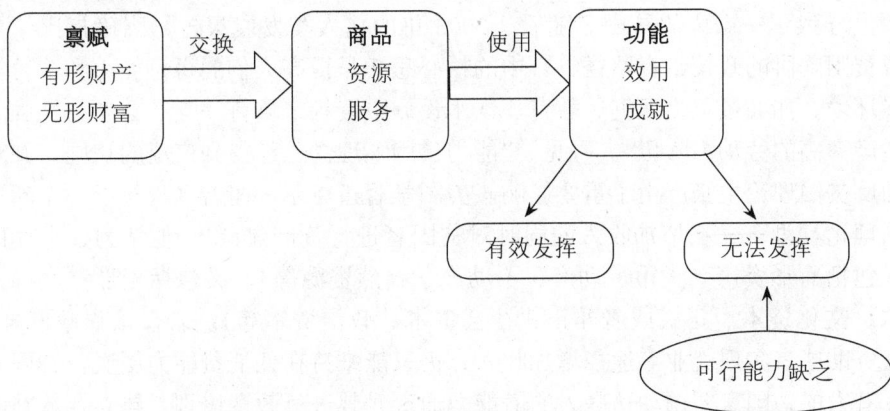

图 5-1 禀赋、商品、功能、能力之间的逻辑

阿马蒂亚·森认为，尽管低收入与贫困之间有着十分紧密的联系，但贫困的本质并非收入的低下，而是"可行能力"的孱弱，即贫困人口缺乏满足自身物质和精神基本需要的能力。也就是说，贫困的本质是能力贫困。阿马蒂亚·森将这种基本的"可行能力"视为识别贫穷的通用标准[③]。阿马蒂亚·森所说的"可行能力"是指一个人在各种功能组合中所能选择的组合，也就是能使功能得到发挥的力量。凭借这种能力，个人可以实现人生价值。一个人的能力越强，他选择某种自认为有价

① ALKIE.Valuing Freedoms:Sen's Capability Approach and Poverty Reduction [M]. New York: Oxford University Press, 2005: 119.
② 王三秀，罗丽娅.国外能力贫困理念的演进、理论逻辑及现实启示 [J]. 长白学刊，2016 (5): 120-126.
③ 森.贫困与饥荒 [M]. 王宇，王文玉，译.北京：商务印书馆，2001: 155-160.

值的生活的自由度就越大。具体而言，"能力贫困"概念包含的内容十分丰富，除了最基本的活动能力、生活自理能力、智力外，还包括自我调节能力、交流和沟通能力等。而上述任何能力的缺失，都有可能导致贫困的产生。在能力贫困理论框架下理解贫困问题，就不能按照传统的以个人收入或者资源占有量作为贫富的衡量标准的路径进行研究，虽然这两个因素也十分重要，但更为合理的做法是引入能力参数来分析贫困形成的原因和机制。

阿马蒂亚·森"能力贫困"理念的落脚点在于重建个人能力来消除或者减轻贫困，鼓励国家通过重建或者创造优良的社会制度安排来进行人力资本投资，提供公平的教育及发展机会，实现真正意义上的人类发展，而不仅仅是向贫困群体发放救济金等单纯的生活帮扶救助。①

阿马蒂亚·森的"能力贫困"概念提出之后，得到了联合国开发计划署（UN-DP）的支持与运用，并且得到越来越多贫困领域研究学者的认同与采纳。在反贫困的过程中，许多国家和国际组织逐渐认识到缺吃少穿仅仅是贫困的外在表现，不是其存在的内源性因素。贫困产生的根本原因在于人们缺少在社会中生存、适应及获得发展的能力。1997 年联合国开发计划署在《人类发展报告》中提出了一个新的贫困指标，即"人文贫困"。该报告指出，人文贫困主要由三个指标构成：寿命的剥夺、知识的剥夺和体面生活的剥夺②。这表明，人们在探究贫困的成因时，将个体的文化状况、社会环境因素都列入了考虑范围，特别是社会权利资源的匮乏从根本上导致了一个人的贫困。随后，2003 年的《人类发展报告》明确指出了六条摆脱贫困陷阱的政策组合路径，其中的核心思想是提高人们的可行能力和改善社会发展环境，如通过卫生保健、教育、饮水设施投资等来培育一支社会参与性强、劳动生产率高的劳动力队伍③。可见，"能力贫困"理念已经得到广泛的认同，并对学界的反贫困理论主张产生了重要影响。美国学者迈克尔·谢若登构建了一个新型反贫困理论模型——在增加收入的同时对贫困者进行资产建设④。他认为，个体的资产既包括有形资产（货币、动产、不动产、自然资源等），又包括无形资产（人力资本、文化资本、正式或者非正式社会资本、政治资本等）。若仅依靠政府补贴、家庭资助或者实现就业等途径增加收入，仍只能维持在低消费能力层次。贫困人群是有潜力的，国家要调动这些人的潜能，通过对其进行教育培训、建立存款补贴性个人账户等途径进行资产建设来提高其消费能力层次，实现资产的福利效应，推动贫困人群的脱贫发展。⑤

职业教育精准扶贫正是基于能力贫困理论而产生的扶贫工作方法。阿马蒂亚·森提出的能力贫困与职业教育所能解决的问题不谋而合。从贫困地区人口生产、生活的实际情况来看，能力贫困的现象普遍存在，这为职业教育精准扶贫工作的开展提供了现实支撑。虽然在阿马蒂亚·森的能力贫困理论体系中，"能力"一词的所指十分宽泛，不过从我国贫困地区的社会经济发展状况来看，贫困劳动者所缺乏的

① 王三秀，罗丽娅.国外能力贫困理念的演进、理论逻辑及现实启示［J］.长白学刊，2016（5）：120-126.
② UNDP.Human Development Report 1997［M］. New York：Oxford University Press，1997：60.
③ UNDP.Human Development Report 2003［M］. New York：Oxford University Press，2003：75.
④ 谢若登.资产与穷人——一项新的美国福利政策［M］.高鉴国，译.北京：商务印书馆，2005：213.
⑤ 王三秀，罗丽娅.国外能力贫困理念的演进、理论逻辑及现实启示［J］.长白学刊，2016（5）：120-126.

能力更具有具体性、指向性，这尤其需要职业教育在精准扶贫战略中发挥作用。①

因此，应在贫困地区发展职业教育，使适龄劳动力掌握与现代化、工业化相适应的职业技能。通过职业教育与技能培训，提高贫困人口的自由劳动能力，激发他们的发展意识，提升他们的"可行能力"，从而实现职业教育服务精准扶贫的重要功能与社会价值。

2. 贫困文化理论

贫困文化理论是美国人类学家奥斯卡·刘易斯（Oscar Lewis）在 20 世纪 60 年代研究墨西哥贫困问题的过程中提出来的理论。刘易斯最早将贫困视为一种文化现象进行专门研究。1959 年，他在其所著的《五个家庭：贫困文化的墨西哥个案研究》（Five Families：Mexican Case Studies in the Culture of Poverty）一书中首次提出了"贫困文化"（Culture of Poverty）这一概念。他认为，贫困者之所以贫困，和其所拥有的文化——贫困文化有关。刘易斯等人认为，所谓贫困文化，就是贫困阶层所具有的"一种独特生活方式，是长期生活在贫困状态下的一群人的行为方式、习惯、风俗、心理定式、生活态度和价值观等非物质形式②"。刘易斯关注贫困主体的观念、思想和社会心理，将贫困看作一种具体的生活方式，提出了自己独特的研究理论。贫困文化的观点和理论正是在此基础上形成、发展并逐步完善的。

当前，越来越多的社会学者承认：虽然贫困表现为一种经济条件，但它同时也是一种自我维持的文化体系。贫困群体长期生活在贫困状态下，形成了一套特定的生活方式、行为规范、价值观念体系等，而此种"亚文化"一旦形成，便会对周围的人（特别是后代）产生影响，从而代代相传。于是，贫困本身便得以在此种亚文化的保护下维持和繁衍③。由此可见，所谓贫困文化，是指长期处于贫困状态下的人们所具有的一整套特定的生活方式、行为规范和价值观念等非物质形式。④

从全社会的角度来说，贫困文化实际上是对贫困的一种适应，穷困阶层往往自我封闭或孤立，他们意识到按照社会上所推崇的标准已无法取得成功，于是就"产生了宿命论的意识和接受了被注定的状态，从而形成了自我永存的贫困链——加尔布雷斯称为'对贫困的顺应'（Accommodation to Poverty）"⑤。贫困文化也是贫困长期存在的主要根源，短暂的贫困可能是物质的原因引起的，而长期的贫困则更多的是贫困文化这一非物质因素作用的结果。

从个人层次来说，贫困文化通过个人的思想、态度、行为表现出来。刘易斯指出，作为贫困文化代表的个人通常有一种强烈的宿命感、无助感和自卑感；他们目光短浅，生活无计划，有强烈的及时行乐倾向，没有远见卓识；他们缺乏知识、视野狭窄，只关心眼前的利益和个人的事情⑥。刘易斯的"贫困文化"研究主要基于对城市"贫民区"或下层社会（Underclass）的实证分析。

① 王秀华.职业教育精准扶贫的理论基础、价值主线与实践突破 [J]. 教育与职业，2017（11）：16-22.
② 周怡.贫困研究：结构解释与文化解释的对垒 [J]. 社会学研究，2002（3）：49-63.
③ 李强.中国扶贫之路 [M]. 昆明：云南人民出版社，1997：15.
④ 董培.高校特困生矛盾人格及其成因——从贫困文化理论的视角分析 [J]. 红河学院学报，2006（12）：89-92.
⑤ GALBRATH.The Nature of Mass Poverty [M]. Harmondsworth：Penguim，1980：10.
⑥ LEWIS.Five Families:Mexican Case Studies in the Culture of Poverty [M]. NewYork:Random House，1959:10.

贫困文化具有两个基本特点：第一，贫困文化是一种亚文化，而不是反文化，它理应拥有正功能和负功能；第二，非物质文化变迁相对于物质文化变迁更难且具有滞后性，因此贫困文化具有代际传递性。在我国，贫困文化更多针对的是农村地区，主要表现为"消极无为、听天由命的人生观；得过且过的生活观；懒散怠惰、好逸恶劳的劳动观；不求更好、只求温饱的消费观；老守田园、安土重迁的乡土观"等等。[①]

贫困文化理论使我们认识到文化扶贫是扶贫的根本途径。文化扶贫关注的是贫困主体的心理状况、思想观念及其社会文化属性。在扶贫工作中，应综合考虑贫困阶层所特有的贫困文化，制定合理的扶贫政策，更应关注提高人的素质、改变人的精神面貌。在大力发展农村贫困地区的文化教育事业时，国家应将教育投入更多地向基础教育和农村地区倾斜；大力普及初等教育，在职业、中高等教育方面也应有适当的优惠政策；解决农村中小学教师工资长期、普遍被拖欠的问题，提高他们的待遇等，从而使下一代较好地接受现代文化知识，将贫困文化的不利影响降到最低[②]。尤其要重视贫困文化的代际传递机制，加大力度促进子代贫困群体的文化脱贫；打破贫困文化封闭稳定的传承方式，将"未来重复过去"的模式变为"未来改变过去"的模式，为贫困文化的自觉自知提供契机；加强对贫困群体中子代的教育和培养，用现代科学知识丰富他们的头脑，使他们摆脱贫困文化的制约，坚定锐意进取、改变命运的信心和决心，从而有效地阻止贫困文化的代际传递，扭转贫困文化复制贫困的局面。[③]

3.贫困循环累积理论

1957年，瑞典著名制度经济学家冈纳·缪尔达尔（Gurnar Myrdal）提出了循环累积因果理论，为贫困循环累积理论奠定了发展基础。循环累积因果理论认为，社会发展是一个动态过程。在此过程中，社会经济发展中的各类要素相互链接、相互作用、相互依赖、相互影响，共同构成了具有循环累积特性的因果链条。链条中每一个要素的变化都会引起另一个要素的变化，以此类推，最终那个最初要素的变化成了自身变化的动力，由此形成推动社会经济发展螺旋式上升的闭环模式。社会经济发展要素的变化有积极与消极两个方向，而向任何一个方向的变化，总会推动另一个要素向着同样的方向变化，最终使得社会经济沿着最初那个要素变化的方向发展，从而呈现出累积性的循环发展趋势。将循环累积因果理论应用于贫困地区的社会经济发展，就诞生了贫困循环累积理论。一种典型的贫困循环累积是：在欠发达地区，由于民众经济收入低，导致其生活条件差；生活条件差，导致民众营养不良，健康状况恶化；健康状况恶化，导致其工作状态不佳；工作状态不佳，导致民众经济收入降低，从而形成一个完整的贫困循环。另一种典型的贫困循环累积是：在欠发达地区，教育水平低下，导致劳动力素质偏低；劳动力素质偏低，导致劳动生产率难以提高；而劳动生产率低下，导致劳动者收入低下，从而开始了新一轮的

① 吴理财.论贫困文化（上）[J].社会，2001（8）：17-20.
② 董培.高校特困生矛盾人格及其成因——从贫困文化理论的视角分析[J].红河学院学报，2006（12）：89-92.
③ 方清云.贫困文化理论对文化扶贫的启示及对策建议[J].广西民族研究，2012（4）：158-162.

贫困循环。由此可见，表面上看来导致贫困的因素众多，但本质上真正致贫的关键因素则为数不多，只要改变一到两个根本性因素，就能形成脱贫致富的正向循环累积，从而帮助贫困人口彻底脱贫致富。

职业教育精准扶贫在改变两种典型的贫困循环累积方面都有明显的作用：第一，可以通过开展职业技术技能培训提高贫困劳动者工作的附加值，从而增加其家庭经济收入，提高其物质生活水平，改善其身体健康状况；第二，开展职业教育能够提高贫困地区的教育水平，进而提升贫困地区的人口质量，为当地劳动生产率的提高奠定坚实的基础。①

4. 人力资本理论

人力资本是相对于物质资本而言的，是指劳动者受到教育、培训、实践经验、迁移、保健等方面的投资而获得的知识和技能的积累，亦称"非物质资本"。人力资本的思想可以追溯到古希腊思想家柏拉图，他在《理想国》中论述了教育和训练在经济中的地位，认为可以通过教育发展人的能力。最早给人力资本下定义的是著名的古典经济学派代表人物亚当·斯密，他在其出版的《国富论》（1776 年）一书的"论资财的划分"中写道："学习是一种才能，需受教育、需进学校、需做学徒，所费不少，这样费去的资本，好像已经实现并且固定在学习者的身上！这些才能，对于他个人自然是财产的一部分，对于他所属的社会，也是财产的一部分！"这是人力资本定义的初步形成。亚当·斯密在《国富论》中把"人民学到的一切有用的社会技能"看作"固定资本"的基本构成，与机器、工具、建筑物和土地并列，第一次将人力视为资本。他认为人的技能主要通过后天习得，这是一个投资过程，前期的学习和培训可以获得补偿和利润。这涉及人力资本的投资与收益问题，促进了人力资本思想的发展②。继斯密之后，英国的约翰·穆勒在其《政治经济学原理》③一书中指出：知识和技能是影响劳动生产率的重要因素，手艺人的技能、能力和坚韧不拔的精神④，也是国家财富的一部分。新古典经济学派的主要代表人物马歇尔的思想中也蕴含了人力资本的理论基础，他指出："人类本身就是那种以人类为最终目的之财富生产的主要手段。⑤"他认为人力资本的独特性在于依附性，与承载者是密不可分的，这种资本是最有价值的，并对一般能力和技能进行了区分⑥。马克思在其著作中提到，"从直接生产过程的观点来考察，充分发展个人就是生产固定资本，这种固定资本就是人类本身"⑦。他强调，在现代化大生产条件下，一个国家人口智力的开发情况和人口质量的高低对国家的经济发展水平有很大的影响⑧。西奥多·W. 舒尔茨（Thodore W. Schults）承袭了前人的研究思路，研究

① 王秀华. 职业教育精准扶贫的理论基础、价值主线与实践突破 [J]. 教育与职业, 2017 (11): 16-22.
② 陈小荣. 舒尔茨人力资本理论视域下的精准扶贫路径探析 [J]. 市场周刊（理论研究）, 2018 (1): 149-150, 152.
③ MILL.Principles of Political Economy [M]. New York: Prometheus Books, 1969: 187.
④ 穆勒. 政治经济学原理及其在社会哲学上的若干应用（上卷）[M]. 赵荣潜, 桑炳彦, 朱泱, 等, 译. 北京: 商务印书馆, 1991: 64.
⑤ 马歇尔. 经济学原理（上卷）[M]. 秦志泰, 陈良璧, 译. 北京: 商务印书馆, 1964: 193.
⑥ 马克思. 资本论（第一卷）[M]. 中共中央马克思恩格斯列宁斯大林著作编译局, 译. 北京: 人民出版社, 1975: 190.
⑦ 马克思. 政治经济学批判大纲（草稿）（第三分册）[M]. 刘潇然, 译. 北京: 人民教育出版社, 1963: 364.
⑧ 高婷婷. 人力资本理论下的城市贫困及治理 [J]. 呼伦贝尔学院学报, 2018 (8): 43-47.

了农业国家与工业国家的农民收入状况，发现劳动者的收入水平与受教育程度、智力、技能有关。1960年，舒尔茨以美国经济协会会长的身份发表了题为《人力资本投资》的演讲，预示了人力资本理论（Human Capital Theory）的诞生。第二次世界大战以后，德国和日本作为战败国，国内经济受到严重创伤。很多人认为这两个国家的经济恢复需要很多年，但是，仅仅过了15年，这两个国家的经济实力就恢复到了战前水平，甚至在20世纪60年代以后，凭借巨大的潜力使经济实力上升到世界前四的位置。这令很多人不解，传统经济理论将物质资本作为经济发展的基础和动力，人力资本理论从新的视角解释了这种现象，虽然德国和日本的物质基础遭到了破坏，但是两国对教育的高度重视，加快了其经济发展的速度。人力资本具有收益外部性的特征，这对二战后这两个国家的经济恢复起到了重要的推动作用。在随后10年的深入研究中，舒尔茨越来越清晰地认识到，"人所获得的能力是尚未得到解释的生产力提高的一个重要原因"。[1]

舒尔茨在他的人力资本理论体系中有许多重要论述，其核心思想可以概括为以下几点：

第一，人力资本存在于人的身上，表现为知识、技能和体力（健康状况）价值的总和。

第二，人力资本具有异质性。不论是人力资本还是其他资本，都是由多种不同的资本形态构成的，因此都具有异质性[2]。每个人拥有的个人资本存量和资本类型是有差异的，这与物质资本产出的同质性有很大的差别，即使个体拥有的资本存量相同，对资本的有效利用率也不同。人力资本有质和量的区分，简而言之，量代表人力资本的多少，质代表人力资本的高低。正如舒尔茨所言："人口研究主要建立在数量论的基础上，除一小部分经济学家外，几乎没有人致力于发展质量——质量论。应该把质量作为一种稀缺资源来对待。[3]"

第三，人力资本依赖于人的生命载体而存在。由于生命周期的客观规律，人的生命维持时间和个人能力是有限的，因而人力资本具有有限性的特点；人力资本是一种特殊的资源，也必然符合资源稀缺性的基本假设。[4]

第四，人力资本是经济增长最为重要的源泉。一个国家或地区经济发展的决定性因素在于其人力资本的积累与存量，而个人的收入差别则是由其知识与技能决定的。

第五，人力资本是人力投资的产物。人力资本投资可分为五类："①医疗和保健，从广义上讲，包括影响一个人的寿命、力量强度、耐久力、精力和生命力的所有费用；②在职人员培训，包括企业采用的学徒制；③正式建立起来的初等、中等和高等教育；④由政府和社会组织举办的学习和培训项目，包括那种多见于农业的技术推广项目；⑤个人和家庭适应于就业机会变化的迁移。[5]"在后来的研究中，舒尔茨分析了人力资本投资的两个方面：正规教育和有组织的研究活动。他认为，

① 舒尔茨.人力资本投资：教育和研究的作用 [M].蒋斌，张蘅，译.北京：商务印书馆，1990：4，15.
② 舒尔茨.论人力资本投资 [M].吴珠华，等，译.北京：北京经济学院出版社，1990：174.
③ 舒尔茨.人力投资：人口质量经济学 [M].贾湛，施伟，等，译.北京：华夏出版社，1990：9.
④ 高婷婷.人力资本理论下的城市贫困及治理 [J].呼伦贝尔学院学报，2018（8）：43-47.
⑤ 舒尔茨.论人力资本投资 [M].吴珠华，等，译.北京：北京经济学院出版社，1990：9.

研究是一种有组织的经济活动，对现代动态经济的发展越来越重要。

第六，产生贫困的原因是人力资本的不足和丧失。这可以从人力资本投资的五个方面来分析：①身体机能消退导致的人力资本下降，表现为退休或疾病引起的收入降低或因病致贫。②技能缺失。随着知识的不断进步和技术的快速更新，产业结构的变化发展较快，守旧的技能已无法满足现有工作环境和劳动要求的需要，即结构能力不匹配导致贫困。③教育是提高人口竞争力的一个重要途径，教育可以提高人的理解能力、学习能力，通过教育能使人更好地从求学向就业转变；反之，教育的缺失则不利于人口竞争力的提升，导致收入水平低下，更易陷入贫困。④在工业社会中，知识技能更新快，"活到老、学到老"是现代知识型社会的真实写照；社会变化速度快，如果人力资本与社会变化不匹配，就会贬值。⑤迁移活动实际上是人力资本配置的一种方式，任何一种资本都不能独立发挥作用，需要与其他资本相结合，若不能有效利用人力资本，就会造成闲置、浪费和短缺，个人价值得不到充分实现，导致收入下降。[①]

第七，人力资本的积累是经济增长的源泉，人力资本的收益率要高于其他物质资本的收益率。教育投资是人力投资的主要部分，它会从整体上增加国家或地区的人力资本总存量，进而促进国家或地区经济发展；同时，教育能改善个人的知识结构与技能水平，有效提高其生产能力，使个人工资和薪金结构发生变化，提高其收入水平，从而缩小社会收入差距[②]。

人力资本是凝聚在劳动者身上的资本，即对劳动者进行普通教育、职业教育等的投资和其接受教育的机会成本等在劳动者身上的集合，表现为蕴含于人身上的各种生产知识、劳动与管理技能和健康素质的存量。舒尔茨的人力资本理论对各国的国民经济增长具有重要的推动作用。作为"穷人经济学"的首倡者，舒尔茨的经济思想对贫困经济学理论的影响是深远的，至今仍占据着重要地位，同时对人类的反贫困实践做出了巨大的贡献。

由人力资本理论可知，发展中国家贫困的根源不是物质资本的匮乏，而主要是贫困地区的贫困人口在知识、技能等方面的欠缺，致贫的深层次原因是包括教育、职业培训等要素在内的人力资本投入不够。对贫困人口进行人力资本投资，提升他们的可行能力就成为推进反贫困战略的理性选择。在该理论的指导下，国际社会以各种形式来发展和提高人的智力、体力与道德素质等，以期形成更高的生产能力，增加民众收入。学界普遍认为，在普通高校增加职业教育课程，对学生进行专门的职业培训，或开办专门的职业学校完成人才储备，以及开展劳动者职业培训，对劳动者进行再教育，可有效推动国民经济增长，提高劳动者的收入水平。[③]

职业教育作为我国教育体系的重要组成部分，在提高贫困地区人口的整体素质与就业能力、促进贫困地区经济的可持续性发展、帮助贫困人群根本性脱贫等方面具有重大的现实意义[④]。无论是职业教育扶贫模式的选择，还是职业教育扶

① 高婷婷.人力资本理论下的城市贫困及治理[J].呼伦贝尔学院学报，2018（8）：43-47.
② 沈芳.职业教育服务于精准扶贫的路径探索[J].高等职业教育探索，2017（10）：6-10.
③ 王大江，孙雯雯，闫志利.职业教育精准扶贫：理论基础、实践效能与推进措施[J].农村教育，2016（34）：47-51.
④ 胡蝶.扶贫必扶智：教育精准扶贫是摆脱贫困的内生动力[J].改革与开放，2016（21）：84-86.

贫策略的优化，舒尔茨的人力资本理论都能为职业教育精准扶贫提供重要的理论指导。

三、职业教育精准扶贫存在的问题

尽管职业教育的"平民教育"属性和经济功能催生了职业教育精准扶贫的实施，但当前职业教育的发展水平并不能满足精准扶贫的需要。贫困地区"经济穷，教育更穷"，职业教育精准扶贫存在如下五个方面的问题：

1.扶贫机制不健全，缺乏统筹规划和协调发展

随着精准扶贫开发工作的深入，扶贫机制建设日臻完善，但其中职业教育领域扶贫机制缺位的问题依然很突出，直接影响了精准扶贫的成效。

职业教育精准扶贫是一项综合性系统工程，牵涉面广，工作难度大，不仅需要各类职业院校之间相互协调配合，也需要职业院校与政府机关、教育部门、职业培训机构通力协作、步调一致。但从目前来看，我国职业教育管理机制与协调机制一直存在着"多头领导"与"条块分割"的问题，尚未建立起高效有序的职业教育精准扶贫工作机制，导致不少地区的职业教育扶贫工作落实困难、推进缓慢，极大地制约了职业教育精准扶贫的工作成效[①]。其具体体现在以下几个方面：一是职业教育领导与管理机制不够协同，影响了职业教育精准扶贫的协同治理。我国职业教育主要归教育行政部门管理，其中，普通中专学校、职业高中、成人中专学校由教育部门管理，技工学校则由劳动部门管理，但是，职业教育扶贫资金通常又归地方扶贫办公室管理，所以职业教育管理机制与精准扶贫管理机制呈分立状态，使很多政策不能有效协同。二是政府、职业院校、培训机构、企业、行业之间的协同问题突出。政府在精准扶贫的实践中占据主导地位，政府的过多干预或者不干预往往会形成"政府悖论"。而职业院校和培训机构之间因存在利益竞争而不愿自主协同，行业、企业因为成本-收益问题，参与精准扶贫的动机往往并不强烈。因此，各大主体之间因为"私"的博弈，而呈现出"各自为政"的格局。三是城乡职业教育、区域职业教育之间缺少精准扶贫的协同与合作。由于缺乏必要的激励机制和制度规范，职业教育精准扶贫往往都是"各扫自家门前雪"的状态，城乡之间、区域之间缺乏必要的联动和互动，城乡职业教育、区域职业教育的不均衡状态限制了职业教育精准扶贫功效的最大化。四是职业教育精准扶贫项目的实施缺乏科学规划、系统管理。目前，职业教育精准扶贫项目管理混乱，民政、农业、林业、水利、工业等各个部门都有培训项目，而高等院校、职业院校和各类社会培训机构都可以承担这些培训项目，开展职业技能培训工作。混乱无序的职业教育培训体系只能让精准扶贫泛化、重复，并不能形成有效的合力，而且还极有可能造成资源浪费[②]。五是职业教育经费投入保障机制不健全。目前，政府依然是职业教育经费投入的主体，但

① 彭晓红.职业教育精准扶贫的立论依据、困境与出路［J］.教育与职业，2017（36）：16-21.
② 李鹏，朱成晨，朱德全.职业教育精准扶贫：作用机理与实践反思［J］.教育与经济，2017（12）：76-82.

通常投入比例较小，约占整个教育经费的 10%，这主要是由于社会对职业教育的认可度不高，职业教育举办与运行的成本较高。虽然国家有关政策倡导社会各方参与职业教育办学，但因缺乏利益驱动动机和激励机制，加之普通的企业受规模和资金的限制缺乏办学实力，因此，社会各方参与职教办学的热情不高。此外，在精准扶贫的背景下，许多职业院校依然固守"等、靠、要"的消极态度，不及时转变治校理念和主动开拓筹资渠道，不仅不能为培养技能型人才创造条件，反而使职业教育发展更加滞后。[①]

2. 扶贫对象识别机制未完善，识别精准度亟待加强

从精准扶贫的视角看，识别扶贫对象是推进扶贫的第一步[②]。职业教育要在精准扶贫工作中发力，意味着教育资源的倾斜性投入会让贫困学生、学员甚至其家庭享受到更多的利益。但在广大贫困地区，由于贫困人口数量众多，各家各户的情况差异明显，再加上基层行政组织工作存在纰漏，以及各种利益的人为争夺等，职业教育扶贫在对象识别上的精准度欠佳，难以有效地将教育资源投入到最需要帮扶的贫困人口身上去。

从各级政府的角度看，扶贫对象精准识别机制尚不完善。由于历史原因，部分贫困人口从未建档立卡，这为进一步细化帮扶对象信息、开展有针对性的职业培训增加了难度，职业教育扶贫对象的识别精准度亟待加强。即使为贫困人口建档立卡了，在实践中仍然存在两个突出问题：第一，贫困本身是个不断变化的问题，乡镇政府扶贫办的数据如果没有及时更新，就无法做到准确识别。在实践中，很多地方的扶贫办没有足够的精力去及时更新这些数据，导致一些不能享受优惠政策的人享受了相关政策，有些人应享受却没有享受到。第二，这种"一刀切"的贫困数据，难以对贫困人口的致贫原因、脱贫能力做出真正准确的判断。实际上，致贫原因是准确扶贫的重要前提，只有按照不同的致贫原因及贫困人口本身所具有的能力，开展针对性的培训及教育，才能真正提升其内在发展力。当前，各级扶贫办通常按照家庭收入来衡量其是否贫困，无法保证职业教育支持的针对性，使得这种教育帮扶措施过于笼统，进而在一定程度上影响了职业教育扶贫的公平性。[③]

当前，部分职业院校在确定扶贫对象时，一般都依据书面证明材料，即农村基层扶贫开发办公室统一认定的家庭经济收入情况登记表。学生只要能够给就读的职业院校出具经扶贫开发办公室盖章认定的家庭经济收入情况登记表，就能顺利享受到给予贫困学生的各类补助、补贴。但实际上，由于种种主客观因素，有些地区的扶贫办在认定贫困家庭时工作的主动性不足，需要贫困家庭成员自行申报、自行准备证明材料，导致部分贫困人口或因不了解国家的精准扶贫政策，或因其他意外情况而未能及时申报，造成贫困人口统计和认定的遗漏。有些地区则在认定贫困人口的程序和操作上存在不当之处，使得部分真正家庭贫困的学生没有得到认定，或者使得一些家庭经济条件尚可的学生被认定为贫困户。这些现实情况都使得扶贫办公

① 廖倩.职业教育精准扶贫路径探析 [J]. 成人教育，2018（5）：75-79.
② 温丽，乔飞宇.扶贫对象精准识别的实践困境与破解路径 [J]. 理论导刊，2017（4）：84-87.
③ 朱万春.我国职业教育扶贫成效及精准扶贫路径探究 [J]. 继续教育研究，2018（6）：75-80.

室印制的家庭经济收入情况登记表存在"水分",而职业院校仅仅依据这一纸书面材料落实扶贫措施,自然很难达到"扶贫对象精准"的基本要求。[1]

当前,职业教育扶贫对象的识别精准度不足已成为制约职业教育精准扶贫工作有效开展的重要因素。

3.扶贫对象思想观念落后,职业教育社会认同度和吸引力有待加强

思想观念落后,是扶贫对象难以彻底摆脱贫困的思想根源。《2015 年国民经济和社会发展统计公报》的数据显示,现阶段我国精准扶贫对象达 5 000 多万人,其中适龄劳动力人口约有 3 000 万人,适龄劳动力贫困人口普遍存在文化水平低和劳动技能差的问题。贫困地区主要分布于边远地区、少数民族地区和农村,从事传统农业生产是大多数贫困家庭的主要经济来源,微薄的收入、教育投资理念的匮乏和社会上普遍存在的重普教、轻职教的情况,使许多贫困家庭对职业教育的期望值较低,因此贫困家庭子女报读职业院校的意愿不强烈,并因缺少再入学的机会和资金无法继续接受教育而早早辍学,通常选择在家务农或进入劳动力市场。受人力资本的限制,他们往往只能从事初级、非熟练性的劳动,即便是在实践中,他们的就业技能也比较低,获得的就业保障较差。随着产业不断升级,劳动技能也频繁变化,重新接受教育是新经济形势提出的新要求,而那些没有完成高中或中职教育的人连接受新工作的培训都很困难。扶贫对象的思想观念落后,使职业教育在改变贫困地区经济社会发展状况中的巨大作用被忽视,不仅加剧了贫困状态,也增加了职业教育扶贫工作的难度。在校学习的帮扶人数太少,使职业教育扶贫工作难以从源头开展,同时也造成了教育资源的极大浪费。[2]

职业教育在我国的发展时间相对较短,社会对它的了解、认识和重视程度不足,加之由于受"学而优则仕""重身份、轻技术"等传统观念以及现行用工制度不健全和舆论宣传不力等诸多因素的影响,以培养技术技能型人才为目标的职业院校在大众心目中地位低下,很多人都认为高职不如专科,中职不如普高。部分贫困家庭的孩子考不上高中、本科,家长宁愿让他们外出打工从事体力劳动,也不愿意让他们入读职业院校;或者宁愿举债让孩子上学费昂贵的独立学院,也不愿意让他们接受职业教育,舍不得让孩子从事生产和管理一线的工作,致使贫上加贫[3]。因此,职业教育面临着两大矛盾:一是国家经济发展对技能型人才的迫切需求与职业教育的社会认同度较低的矛盾,即国家对职业教育非常重视而社会认同度却偏低;二是职业教育就业好与招生难的矛盾,即企业对技能型人才的需求较为强烈、学生就业较为抢手,但由于社会认同度和吸引力不高,导致招生工作相对较难[4]。社会的文化观念、教育观念、人才观念等方面的负面评价与排斥,给职业院校招生造成了无形的障碍。[5]

---

① 彭晓红.职业教育精准扶贫的立论依据、困境与出路 [J].教育与职业,2017 (36):15-21.
② 廖倩.职业教育精准扶贫路径探析 [J].成人教育,2018 (5):75-79.
③ 李晓菁.福建职业教育精准扶贫探析 [J].海峡科学,2018 (7):84-86.
④ 李锋,孙霄,唐坤,等.职业教育在精准扶贫中存在的问题及对策研究 [J].时代金融,2017 (32):298-299.
⑤ 李晓菁.福建职业教育精准扶贫探析 [J].海峡科学,2018 (7):84-86.

4. 职业教育精准扶贫投入不足，教学资源匮乏

改革开放以来，随着我国经济的持续发展和工业体系的完善、成熟，职业教育也取得了长足的进步，不同层次、不同类型的职业学校如雨后春笋般开遍神州大地。近年来，随着我国对教育投入的加大以及教育改革的深入，职业教育再次迎来了巨大的发展机遇和广阔的发展前景。然而，只要对国内职业院校开办的地点、办学状况稍加统计就会发现，绝大部分优质职业教育资源集中在我国东部地区，尤其是产业经济发达的工业城市，广大中西部地区特别是偏远贫困的农村地区，不仅职业院校数量偏少，投入职业教育的经费和资源也十分有限。在实施职业教育精准扶贫的过程中，面临的第一大问题就是职业教育精准扶贫投入不足、教育资源匮乏，具体表现在：第一，贫困地区职业院校数量稀少，且办学条件差，教学场地狭小拥挤，教学设施陈旧落后，一些在现实生产领域已经被淘汰的机器仍然被作为教学实操设备使用，严重影响了教学效果。第二，贫困县域的职业学校图书资料缺口较大，且更新缓慢，学生难以学习到前沿的专业知识和技术。第三，贫困地区的职业学校普遍缺乏专门的实训基地，即使有所谓的实训基地，也处于设施陈旧、实验设备匮乏的状态，很多需要实操、实验的课程无法有效开展。第四，师资力量不足，高水平的"双师型"教师严重不足。由于贫困地区的职业学校资源有限，无法提供有足够吸引力的薪资待遇和教学科研条件，水平高的教师大都不愿意来此执教，加之学校自身又缺乏相应的师资培养平台，师资问题一直未能得到改善，这也是长期制约职业教育发展的短板所在。①

5. 职业教育与贫困地区的产业缺乏有效对接，产业扶贫与职业教育融合度低

在贫困地区的脱贫攻坚过程中，产业扶贫、教育扶贫孤立进行，缺乏统筹协调，政府没有把职业教育与产业对接作为深度贫困地区产业脱贫致富的重要组成部分加以规划和统筹，使得专业与产业对接失去重要的平台与有效机制，产业扶贫与职业教育扶贫的互动性、深化性仅仅停留在表面上。企业缺乏育人的积极性，其社会责任未得到履行，企业对产教融合缺乏认识，趋利性太强；职业院校由于自身掌控的资源有限，主动融入、有效对接地方扶贫产业的内生动力不够，职业教育扶贫与产业扶贫"两张皮"的问题依然存在。例如，据不完全统计，重庆市90%的职业院校扶贫仅仅从减、免、补的角度考虑学生的职业发展，缺乏针对深度贫困地区人口的知识性、智力性输血，缺乏对深度贫困人口的技术性、生产性改造，因此无法有效对接地方产业，进一步加剧了扶贫的难度。另外，大多数职业院校对深度扶贫和产教融合缺乏系统性认知，并未认识到职业教育产教融合在深度产业扶贫以及深度贫困地区经济发展中的重要性、紧迫性。由于存在认识上的误区，某些职业院校在办学定位和顶层设计上缺乏科学规划；职业教育扶贫在很多职业院校仅体现为从教育教学的角度对学生进行精准帮扶，社会服务仅从培训角度入手，其跨界融合度较低，没有充分挖掘职业教育扶贫的职能。职业教育与产业扶贫融合度较低，特

---

① 向昭颖，张冰松. 农村职业教育精准扶贫的意义、问题及机制［J］. 教育与职业，2018（6）：26-32.

别是职业院校与地方政府、专业合作社、龙头农业企业等的合作停留在浅层次，职业院校的利益诉求和地方产业的利益诉求共性较少，在产业与专业、课程与岗位、职业与能力等方面的交集较少，政府、学校、企业的实践融合度低，教师、学生与企业的实践融合度更差。如此一来，职业教育扶贫与产业扶贫在地方扶贫过程中的效能大打折扣，职业教育与产业共担扶贫政治角色大多流于形式，并未将深度贫困地区的人才培养质量提升放在首位，难以保障产教融合长效扶贫机制的发展。[①]

四、职业教育精准扶贫的定位与原则

发展教育是扶贫工作的根本性举措，也是精准扶贫的必然选择。在各种教育类型中，职业教育是精准扶贫的关键性工程，是实现精准脱贫的重要抓手。因此，研究职业教育精准扶贫的战略定位与应遵循的基本原则，对精准扶贫战略的落地以及职业教育自身的发展有着非常重要的指导意义。

1.职业教育精准扶贫的定位

职业教育精准扶贫的准确定位，有助于推动职业教育精准扶贫工作的快速发展，增强相关工作的成效。现结合曾小兰、朱媛的相关研究[②]，总结如下：

（1）职业教育精准扶贫的培养目标定位。职业教育精准扶贫是一项综合性系统工程，既要承担起一般意义上的教育责任，又要在特定环境下发挥扶贫功能。因此，在教育实践过程中，职业教育必须明晰自身的目标定位，在履行基本教育职能的同时，达到精准扶贫的目的。第一，职业教育的培养目标应当是学生个体的全面发展，要从思想观念、文化知识、技术技能、道德品质等各个方面提升他们的综合素质，从而为贫困地区将贫困人口负担转化为优质人力资源奠定基础。第二，职业教育的培养目标应当是为当地现代产业培养对口人才，要立足贫困地区的特殊自然条件、历史文化、经济现状，紧紧围绕当地的社会经济发展，综合考虑社会经济发展对当地人才的需求类型、结构和人才自身的个性化职业发展需求，注重应用型、操作型、管理型等类型人才的培养，增强贫困地区人力资源的开发力度。

（2）职业教育精准扶贫的对象定位。作为精准扶贫战略实施的重要组成部分，职业教育精准扶贫要想有突破、见成效，就要做到"扶持对象精准"，即职业教育要优先帮助那些急需致富思路和致富能力的贫困人群。因此，贫困地区的职业教育必须有精准的对象定位。首先，要针对地方经济发展水平，将居民、村民的收入情况或者其身体健康状况等作为标准。具体的标准需要有一定的量化，并能让民众了解，让扶贫主体单位能够更好地执行标准。职业院校要针对实际情况做好调查，让基层人员及时上报标准条件，而后依据地方情况做好扶贫对象的标准设计工作，保证扶贫工作有对应的制度标准做保障[③]。其次，要明确职业教育精准扶贫向哪些人

① 胡军，杨和平.职业教育精准扶贫：深度贫困区的产教融合与实践效能——以三峡库区为例 [J]. 职教论坛，2018（8）：134-138.
② 曾小兰，朱媛.职业教育精准扶贫的定位、模式及推进策略 [J]. 教育与职业，2017（28）：5-11.
③ 刘瑛.关于职业教育精准扶贫的定位、模式分析及推进策略探讨 [J]. 现代商贸工业，2018（24）：183-184.

群倾斜。一是向贫困家庭子女倾斜，可在招生政策方面适当增加针对当地贫困家庭子女的定向招生数量。贫困地区的青少年是未来推动当地社会经济发展的主力军，是最宝贵的人力资源储备。职业教育作为一种与社会经济发展联系最为紧密的教育类型，加大对贫困家庭青少年的教育培养力度，不仅有助于贫困人口树立脱贫致富的信心，还能够有效阻止贫困的代际传递。二是向当地农民群体倾斜，针对他们的需求进行重点技能培训。我国大多数贫困地区都集中于农村，而绝大多数农村地区的经济又以第一产业为主，因此，要助力广大贫困地区的民众脱贫致富，就必须夯实当地第一产业发展的基础，推动当地农、林、牧、副、渔业向现代化、集约化的经营方向转型升级，而在此过程中，需要大量具备产业知识、能够熟练运用先进技术技能的现代化农民。职业院校本身就承担着技术教育和推广的社会职能，还具有技术创新和服务的资源、条件和能力，恰好与贫困地区农民群体脱贫致富的教育需求相匹配，可以对当地农民群体进行技术技能培训，让精准扶贫工作取得实效。三是向无业、失业人员倾斜，对他们开展职业教育、职业技能培训。除了部分外出务工人员以外，贫困地区还有很多处于失业、半失业状态的人口，就业机会少、就业质量差也是贫困地区民众难以摆脱贫困的原因。以就业为导向是我国职业教育发展的基本原则，加强对无业、失业人员的教育培训，提高他们的文化水平和就业能力，是精准扶贫工作的重要补充。

（3）职业教育精准扶贫的区域定位。明确职业教育精准扶贫的区域定位，其意义在于从不同地区社会经济发展的程度和趋势出发，通过寻求、利用、保持、发展区域职业教育的差异化优势，突出职业院校的办学特色，增强贫困地区职业教育的竞争力和影响力，从而达到推动职业教育发展、助力精准扶贫战略实施的目的。职业教育精准扶贫的区域定位一方面要充分反映职业教育的社会职能、办学规模、资源配置、制度架构等，另一方面要充分体现现代职业教育的未来发展趋势。职业教育精准扶贫区域定位的本质是确保职业教育发展与当地社会经济发展相适应，为当地人力资源市场提供符合用人单位需求的技术技能型人才。我国幅员辽阔，地域差异明显，经济、教育、文化发展不平衡，不同贫困地区的社会经济发展条件、致贫原因等都不相同，因此职业教育精准扶贫的区域定位关键在于立足于当地的产业发展。第一，要强化区域职业院校办学方向与社会人才需求的统一。区域职业院校应当深入贫困地区，了解区域产业结构和行业发展对职业教育精准扶贫所提出的新要求，摸清贫困地区职业教育的短板，梳理差异，找准切入点，明确办学方向，突出就业导向，确保区域职业教育办学方向与精准扶贫工作方向一致。第二，职业教育精准扶贫的区域定位要保持一定的灵活性。由于我国区域职业教育是由地方教育主管部门统一管理的，加之很多地区的职业教育办学政策缺乏差异化和灵活性，区域职业教育存在着定位僵化、同质化的问题，不符合精准扶贫战略实施的要求。因此，职业教育精准扶贫在区域定位的过程中，要结合短期实效性人力资源市场的需求和长期人力资源市场的发展趋势灵活调整，保持定位的动态性。第三，要做好地方环境的观察与定位、地方市场人才需求的了解与定位，充分满足市场对人才的结构性需求，尤其是要关注市场上的用工需求量，对于进入门槛相对较低的职业，避免因为高学历或者高智力要求导致贫困人群学习困难、进入职场的难度加大。一般情况下，可以多向服务人员、城市建设方面靠拢，这些方面的用工需求量大，同时进入门槛低，只要贫困人群有吃苦耐劳的精神，就可以很快地适应。同时，这些岗位本身因为辛苦以及其他考验耐受力的因素而导致很多人群不愿意从事这些劳动，正好给予贫困人群更大的生存空间。第四，要做好地方经济发展状况考察。例如，部分贫困山区有旅游业，因此要注重培养地方旅游人才。这样一方面可以让贫困人口留在本地发展，减少外出务工带来的高成本；另一方面不离故土的发展有利于维护地方社会与文化稳定，避免因为地方青壮年人群全部外出务工导致农村空心化。[①]

（4）职业教育精准扶贫的服务内容定位。过去，由于我国职业教育在发展过程中受到应试教育体制的影响，加之教育管理和教学实践过度模仿全日制本科教育模式，职业教育在服务内容定位方面存在偏差，其服务社会经济发展的效能较低。在全国精准扶贫工作如火如荼地展开的新形势下，职业院校应当借鉴、吸收"精准"的教育理念，重新定位自身的服务内容，尤其是要针对贫困地区经济发展和贫困人口自我发展的实际，精准定位教育服务内容，使职业教育精准扶贫工作落到实处，取得实效。第一，职业教育精准扶贫要注重教育培养与技能培训并举。教育培养就是要针对贫困家庭子女的教育需求，为其提供文化知识教育和基础技术技能训练，通过升学使其接受更高层次的职业教育，为终身职业教育奠定基础；技能培训就是针对农村地区的成年劳动者实施成人教育，重点是结合农村地区的产业发展对其进行专业化的技能培训，提高其文化素质，完善其知识结构和技能体系，增强其就业能力。第二，职业教育精准扶贫要兼顾信息服务与中介服务。职业院校要拓展服务领域，将教育服务从校内人才培养延伸到贫困地区的家家户户，为贫困地区的脱贫致富提供全方位的开放式服务，如农村地区缺乏的技术信息服务、技术咨询服务、就业服务等。与此同时，职业院校可以利用自身能够广泛联系人力资源市场、企事业单位的优势，把产供销、农工贸结合起来，为广大农户提供中介服务。[②]

2. 职业教育精准扶贫应遵循的原则

在职业教育精准扶贫的过程中，应严格遵循定向性原则、系统性原则、精准性原则和实效性原则[③]，明确其发展指向，从而使职业教育精准扶贫真正落到实处，取得切实的效果。

（1）定向性原则。人力资本理论、贫困文化理论、能力资本理论、贫困循环累积理论在世界范围内的广泛影响，推动了各国政府对传统扶贫策略的反思和变革。在我国，精准扶贫战略的制定，尤其是"扶贫必扶智""治贫先治愚"等扶贫理念的提出，将教育摆在了扶贫工作的突出位置。实际上，我国扶贫工作的策略由过去的经济开发式扶贫转向精准扶贫，不仅仅是因为扶贫工作的思想和理念发生了转变，更有着深刻的贫困地区社会经济发展的现实根源。研究显示，我国职业教育发展对农村居民家庭的经济收入有直接影响，农村家庭子女接受职业教育的年平均回

① 刘瑛.关于职业教育精准扶贫的定位、模式分析及推进策略探讨 [J]. 现代商贸工业，2018（24）：183-184.
② 曾小兰，朱媛.职业教育精准扶贫的定位、模式及推进策略 [J]. 教育与职业，2017（28）：5-11.
③ 滕春燕，肖静.职业教育精准扶贫的现实要义、原则及发展指向 [J]. 教育与职业，2017（34）：36-43.

报率约为 9%，与国际上 10% 的年平均回报率基本持平，说明职业教育在我国农村经济结构中占有重要地位。我国是一个幅员辽阔、区域经济发展不平衡的发展中国家，广大贫困地区主要集中于"老、少、边、穷"地区，而绝大多数贫困人口都生活在农村。因此，要让职业教育服务于精准扶贫，让职业教育在精准扶贫工作中发挥切实有效的作用，就必须发展满足连片特困地区社会经济发展需求的定向职业教育模式。其具体表现在两个方面：第一，区域定向，即职业教育精准扶贫要面向农村，针对农村地区的社会经济发展现状和贫困人口的教育需求发展职业教育；第二，培养定向，即职业教育要紧紧围绕特定目标，选择相应的教育模式，设置特定的教育内容。

（2）系统性原则。不论是职业教育，还是精准扶贫，都是牵涉面极广的综合性社会系统工程，而作为将两者结合在一起的职业教育精准扶贫，同样具有高度的复杂性和系统性。从系统理论视域来看，职业教育精准扶贫具有典型的复杂性、系统性特征。首先，职业教育精准扶贫与职业教育发展、精准扶贫工作推进都是紧密联系的，其既具有自身内在的特殊规律，又与这两者时刻发生着物质、能量和信息的交换。因此，我们不能狭隘地理解职业教育精准扶贫，既不能就教育而谈教育，也不能就扶贫而谈扶贫，必须开阔视野，从促进贫困地区经济内生发展和优化贫困地区人力资源配置、改善贫困人口整体素质的角度来看待职业教育精准扶贫，要将职业教育与扶贫攻坚以及经济社会发展的主战略有机结合起来，做好职业院校、社会性培训机构、地方政府、教育主管部门、行业组织、企业之间的沟通协调，在全域范围内统筹协调各类资源，实现职业教育精准扶贫效益的最大化。其次，职业教育精准扶贫作为一个复杂的系统，其内部的不同部门、主体和要素各自构成了一个个隶属于总系统的微观系统，它们都是职业教育精准扶贫工作系统的组成部分，各微观系统之间是相互联系、相互作用、相辅相成的关系。因此，要使职业教育精准扶贫工作高效有序地进行，就必须以系统性原则组织构建职业教育精准扶贫模式，注重专业课程设置、师资队伍建设、教学体系建设、教学成效评估等各项工作的协调配合。总之，在职业教育精准扶贫过程中，不论是与其他扶贫工作的交集，还是其自身内部各要素、部门的安排和处理，都必须遵循系统性原则。

（3）精准性原则。职业教育精准扶贫是国家精准扶贫战略的重要组成部分，党中央、国务院对精准扶贫工作的指示和要求，职业教育精准扶贫同样要遵守和落实。精准扶贫战略的提出，归根结底是为了转变传统的扶贫思路和模式，变"大水漫灌"为"精准滴灌"，变"输血"为"造血"，解决好"扶持谁""谁来扶""怎么扶"等一系列问题，尤其是要充分体现"精准"的要求，即通常所说的"六个精准"——扶贫对象精准、项目安排精准、资金使用精准、措施到户精准、因村派人精准、脱贫成效精准。基于此，职业教育精准扶贫是以职业教育为发力点、以精准扶贫为落脚点的扶贫路径。虽然职业教育作为一种教育类型，有着自身的发展规律，职业教育精准扶贫与政府主导的综合性扶贫工程也有区别，但总体而言，精准扶贫工作中的"六个精准"要求，大部分都适用于职业教育精准扶贫。在开展职业教育精准扶贫各项工作的过程中，要以"解放思想、实事求是"为指导思想，在深刻理解"精准"的内涵、牢牢把握"精准性"原则的基础上，灵活变通地理解"六个精准"的基本要求，把精准原则贯彻到职业教育精准扶贫工作的方方面面。例如，在"扶贫对象精准"方面，职业教育精准扶贫要慎重、细致、科学地评估和甄别贫困家庭和贫困人口，把每一份教育资源都用在最需要它的人群身上；在"项目安排精准"方面，职业教育工作者可以将职业教育精准扶贫的具体工作理解为一个个服务于贫困家庭和贫困人口的"项目"，针对贫困人口的多元化教育需求，制定差别化的教育目标、教育内容和教育方式，从而实现教育"精准"。

（4）实效性原则。突出实效性是精准扶贫区别于传统扶贫的要点之一。以往，由于我国的扶贫开发一味注重量的增长，而没有质的提升，扶贫工作中普遍存在管理粗枝大叶、组织松散懈怠、投入主次不当、执行拖泥带水、评估流于表面等问题，使得扶贫工作虽然在党中央、国务院的高度重视下，通过投入大量的人力、物力取得了显著成绩，但仍然存在诸多不尽如人意的地方，尤其是贫困人口脱贫以后重新陷入贫困的现象高发，促使全社会不得不反思以往扶贫工作的策略和效率。精准扶贫战略的提出，在某种程度上也是为了解决以往扶贫工作资源利用效率偏低、投入产出比偏低的问题。因此，职业教育精准扶贫要吸取以往扶贫工作的经验教训，避免重走"高耗低效"的扶贫工作"老路"，就必须遵循实效性原则，把实效性作为职业教育精准扶贫各项工作安排和执行的根本导向。职业教育精准扶贫的实效性原则体现在两个方面：第一，实实在在地帮助贫困人口增加收入。不论是教育资源的配置，还是教育、培训活动的开展，都要以能够实实在在地帮助贫困人口增加收入为根本目标；对扶贫教育资源的使用、分布、效益、效率等各方面都要加强监督管理，在职业教育手段和内容方面要尽量量身定制、长短结合，确保职业教育精准扶贫的实效性。第二，彻彻底底防止贫困人口脱贫后返贫。职业教育精准扶贫不仅要提升贫困人口脱贫致富的能力，也要注重塑造他们脱贫致富的思想观念、行为方式、心理习惯、情感归属等，使他们从能力和精神两个层面都能融入现代产业体系和现代城镇生活。只有这样，才能从根本上保证贫困人口与贫困告别，也只有做到了这一点，职业教育精准扶贫才能取得"百年实效"。[①]

五、职业教育精准扶贫的基本策略

职业教育精准扶贫不仅是一项战略或政策，更是一个综合了理论、战略、政策和行为的完整系统。当前职业教育精准扶贫中存在的问题如果不加以解决，就会影响反贫困功能的实现。为此，应采取切实有效的措施，提升职业教育精准扶贫工作的成效，真正完成反贫困的时代使命。

1. 完善机制，提高效能

职业教育精准扶贫工作需要在强有力的管理保障体系下有序协调地开展，必须完善体系内外之间的相关机制，以提升职业教育扶贫的成效。

（1）发挥政府的主导作用，构建职业教育精准扶贫的统筹机制。职业教育精准

---

① 滕春燕，肖静.职业教育精准扶贫的现实要义、原则及发展指向［J］.教育与职业，2017（34）：36-43.

扶贫是一项综合性系统工程，牵涉面广，工作难度大，需要政府、职业院校、培训机构、行业组织、企业等各类主体共同参与，形成合力，这样才能真正发挥职业教育在精准扶贫战略实施中的作用和功能。因此，尽快构建职业教育精准扶贫的统筹机制，发挥政府的主导作用，协调各类社会主体的行动，使之相互配合、步调统一，就成为当前首先要解决的问题。第一，各级地方政府要深刻认识到人力资源要素是贫困地区社会经济发展过程中的核心要素，明确职业教育在精准扶贫战略中的基础地位，把人才培养作为扶贫工作的中心任务来抓，从思想认识层面引领参与扶贫工作的各类主体[①]。第二，省、市级政府要抽调骨干力量，组建高规格的职业教育精准扶贫领导机构——职业教育精准扶贫工作领导小组，作为沟通、协调各类社会主体的"主心骨"，构建统一领导、统筹规划、综合协调的政策保障机制。统筹教育、劳动及各行业团体的职教资源，综合协调各行政管理部门、各行业、各所辖行政地区的职业教育和职业技能培训机构，有效整合多方教育资源，提高决策的科学化、民主化水平，有序和谐地实施职业教育精准扶贫政策[②]。只有建立权责明晰、分工明确的组织管理机构，才能确保职业教育精准扶贫统筹机制的高效有序运行。第三，变职业教育管理行政逻辑为治理逻辑、变"机会-供给"模式为"需求-供给"模式、变注重规模发展为注重质量提升、以自发秩序消解自主秩序，推进现代职业教育大力发展。通过"城乡联动""区域联动"等方式，推进城乡和区域职业教育均衡发展[③]，完善区域内职业院校跨区域帮扶合作机制，尤其要发挥县级职教中心的资源优势，以县为单位建立"精准扶贫实用技术技能人才培养培训基地"，以校为单位建立"精准扶贫新型职业农民培训中心"，承接城乡富余劳动力转移就业创业培训和劳务品牌培训等项目，形成有效衔接、资源共享的贫困地区技术技能人才培训机制，精准推送技能教育与培训服务，确保贫困家庭至少有一人掌握一门致富技能。积极调动行业、企业协同参与，多方联动出资出力，建设"职业教育校企协同扶贫基地"，基于"订单式培养""定向式培养"等方式方法，帮助贫困家庭和贫困个人学好技术、找到工作，尽早脱贫致富。[④]

（2）深化管理体制改革，构建职业教育精准扶贫的运行机制。推进职业教育精准扶贫，重点在教育，关键在精准。要确保职业教育精准扶贫各项政策落实到位、各项措施指向明确、各项工作有条不紊，就必须建立健全职业教育精准扶贫的运行机制，通过严密高效的组织管理和严格科学的考核监督，为职业教育精准扶贫"保驾护航"。第一，地方政府要将党政"一把手"负总责的扶贫开发工作责任制贯彻到职业教育扶贫领域，明确划分职业教育精准扶贫工程建设中每个部门、每个组织、每个人的扶贫责任和工作任务，形成多维、立体的责任分工体系。第二，省、市级政府应当建立贫困地区职业教育精准扶贫工作监督、考核、评估指标体系和执行机制，既要对职业教育精准扶贫的工作进度进行监督管理，杜绝扶贫过程中部分管理干部"不作为""乱作为"的现象，又要对职业教育精准扶贫的工作质量和落

① 向昭颖，张冰松.农村职业教育精准扶贫的意义、问题及机制 [J].教育与职业，2018（6）：26-32.
② 廖倩.职业教育精准扶贫路径探析 [J].成人教育，2018（5）：75-79.
③ 朱德全，李鹏.论统筹城乡职业教育的多重治理逻辑 [J].西南大学学报：社会科学版，2013（27）：43-52，173-174.
④ 李鹏，朱成晨，朱德全.职业教育精准扶贫：作用机理与实践反思 [J].教育与经济，2017（12）：76-82.

实成效进行科学、全面、客观的考核评估。第三，各级地方政府应当建立职业教育精准扶贫信息反馈机制。职业教育精准扶贫到底精准不精准、是否取得了成效，不仅要看接受职业教育培训的农村劳动人口的就业率和就业质量是否真正得到了提升，也要看接受职业院校教育的农村毕业生就业情况如何。建立职业教育精准扶贫信息反馈机制，就是要积极主动地收集此类信息，打造贫困人口发声、反馈问题和信息的渠道，从而真正反映职业教育精准扶贫的成效。[①]

2. 精确定位，精准识别

2015 年 6 月，习近平总书记在贵州召开的部分省区市党委主要负责同志座谈会上着重指明了精准扶贫战略中"精准"一词的内涵，即"六个精准"，其中第一条就是"扶贫对象精准"。"扶贫对象精准"不仅是精准扶贫战略的内在要求，也是其他精准扶贫工作落地实施的前提。失去了"扶贫对象精准"，则精准扶贫战略必然偏离应然的方向。在当前全国各地精准扶贫工程推进的过程中，虽然党中央、国务院一再要求"精准"，但部分地区因扶贫工作不细致、扶贫对象和扶贫项目针对性不强等问题而导致的扶贫资源运用"大水漫灌"的现象依然存在。职业教育精准扶贫作为精准扶贫工程的重要组成部分，既要坚决贯彻执行习近平总书记指出的"六个精准"基本要求，又要吸取精准扶贫工作落实的经验教训。精准扶贫的要点在"精准"，难点也在"精准"，为了确保职业教育"扶贫对象精准"，各类职业院校要强化人群定位，把"扶贫对象精准识别"作为一项基础工作来抓，构建职业教育扶贫对象精准识别机制，尽快建立扶贫对象分类识别系统，精确定位贫困人群，为全面实施精准扶贫战略打下坚实的基础。

（1）职业院校要与县民政部门、乡政府、村委会协同配合，共同构建扶贫对象精准识别机制。要建立贫困人口档案，让每一个贫困人口的识别有章可循、有据可查。县、乡、村各级基层行政部门和组织要抽调精干力量，成立扶贫对象识别调查组，不听层层汇报，不戴有色眼镜，直接驻村蹲点，实地了解人民群众的困难。对于通过实地调研确认的贫困户，要登记在册，建档立卡，作为扶贫工作的依据。职业教育精准扶贫的对象识别不需要单独建档，可以与民政部门建立的贫困人口档案合并。但在此过程中，职业教育精准扶贫工作人员要深度参与贫困对象识别工作，要打破一切有形、无形的条条框框，坚持以实地调查研究的结果为准，做到"一杆子"插到底，不留后门，不留死角，确保真正掌握关于贫困人口经济状况、自身条件的"第一手资料"。

（2）在调查、了解贫困家庭和贫困人口的就业、生活、经济条件等情况的过程中，不能蜻蜓点水、流于表面，而要通过实地考察、走访交流来深入了解贫困人口的贫困类别、致贫原因、脱贫能力、文化水平等具体信息，从而为"精准施策"提供依据。贫困地区的职业院校要在政府部门识别贫困户的基础上，进一步细分贫困人口的类型，如适合接受职业教育的人群和适合进行职业技能培训的人群、适合在当地就业的人群和适合外出务工的人群等，根据不同贫困人口的自我发展意愿、个

① 向昭颖，张冰松.农村职业教育精准扶贫的意义、问题及机制 [J]. 教育与职业，2018（6）：26-32.

人情况，分门别类地制定教育帮扶内容和方式。只有这样，才能实现职业教育扶贫对象精准。①

（3）要设计科学合理的职业教育扶贫对象精准识别程序。通过"数据收集→实地调研→入户走访→分析原因→摸清诉求→建档立卡"的程序，规范职业教育扶贫对象精准识别的流程和方法②。

3.加强宣传，转变观念

观念是制约职业教育发展的重要因素，树立正确的人才观和职业观是解决职业教育发展难题的关键。有关研究显示，职业教育对农村家庭收入有着显著的作用，平均回报率约 27%③。可以说，职业教育具有脱贫致富的功能。因此，"精准扶贫"不应只是经济上的帮扶，还要有最直接、最有效的"造血式"扶贫，即转变思想观念、提升教育和技能的帮扶。

（1）各级政府领导特别是党员应有大教育观，要解放思想，充分认识职业教育在精准扶贫战略中的作用和意义，聚焦贫困地区、贫困家庭的技能和自我发展潜力培养，注重其素质能力的提升和思想观念的更新，从强调"输血"式扶贫转变为"造血"式扶贫；真正用行动贯彻落实《国务院关于大力推进职业教育改革和发展的决定》和《国务院关于进一步加强农村教育工作的决定》的相关要求，切实将职业教育及农民培训当作本职工作来抓，并积极主动地落实和执行相关政策。

（2）针对贫困对象对职业教育认知不足的现象，应通过各种渠道大力宣传职业教育的功能和价值，扭转大众对职业教育的偏见。结合各地区的特点和不同扶贫对象，采用多种宣传方式和手段，加强对贫困对象职业观念的疏导，转变其职业教育观念，激发其参与职业教育的动力。可以有意识地在普通教育阶段进行基础文化知识教育的同时渗透职业教育，从小培养职业意识；通过网络、电视、广播、报纸、简报、标语等形式大力宣传职业教育资助政策、就业优势、重要地位和作用等，报道贫困地区励志成才的典型人物和"三百六十行、行行出状元"的鲜活例子；在政府教育部门的官网开辟"职业教育"专栏，发布职业教育政策，展示职业教育成果，树立先进典型等，提高大众对职业教育的认识；在每年举办的"职业教育活动周"上着力宣传职业教育的好处，开展以"弘扬工匠精神，助推同步小康"等为主题的论坛、开放校园、为民服务、技术技能展示、招生宣传、就业指导等各类职业教育活动，让社会公众从方方面面看到职业教育的美好前景④。定期通过乡镇（村）公告栏、广播等公布农村实用技能培训进展情况及其成果，推广先进经验，表彰突出的单位或个人；在农民赶集日、节假日等聚集日，通过宣传手册、直通车下乡等形式大力宣传现实职教成功案例、农民脱贫致富的典型；将种养大户、家庭农场主、农民专业合作社负责人等农业经营骨干作为重点对象，进行针对性宣传；充分发挥能人的带头示范作用，利用"榜样"宣传职业教育和培训的影响力、吸引

---

① 彭晓红.职业教育精准扶贫的立论依据、困境与出路 [J].教育与职业，2017（24）：15-21.
② 向昭颖，张冰松.农村职业教育精准扶贫的意义、问题及机制 [J].教育与职业，2018（6）：26-32.
③ 葛志军，邢成举.精准扶贫：内涵、实践困境及原因阐释——基于宁夏银川两个村庄的调查 [J].贵州社会科学，2015（5）：157-163.
④ 李晓菁.福建职业教育精准扶贫探析 [J].海峡科学，2018（7）：84-86.

力，通过传扬职业教育改变命运的鲜活事例、树立农村优秀技能人才典型范例等方式，让技能"促就业、促生产、促发展"的职业教育思想深入贫困群体，引导他们正确认识职业教育，转变守旧的教育观念；在贫困地区成立心理及职业咨询服务指导小组，扶贫工作者要有针对性地纠正贫困群体对职业教育的片面认识，消除其心理顾虑，帮助他们树立正确的价值观，增强其自尊心，为职业教育扶贫开发工作扫除思想障碍；农广校、畜牧局等工作人员要主动深入乡村，特别瞄准贫困群众，采用入户交流等多种方式，消除民族地区"职业培训会误工误农造成收入损失"的短浅评估观，"重学历、轻技能，重理论、轻实践"的就业偏见观及"子女上职校不入流"的狭隘人才观，从思想上切断贫困代际传递通道，转变其观念，增强其参与职业教育的内在动力。[①]

（3）针对贫困家庭子女就读职业院校意愿不强烈、对职业教育认可度低等问题，着力加强职业教育内外部衔接。对内搭建职业教育通往各层次教育的"立交桥"，推进中、高职和普通高等教育有效衔接。其具体措施包括：提高在贫困地区的招生比例；运用开放的招生录取标准，向贫困学子倾斜，激励其继续接受教育；对于入学后的贫困学子，利用过渡性课程提高其获得成功的可能性；加大对贫困学子的扶持力度，提供特别奖学金、助学贷款和就业机会。对外加强职业教育与行业之间的良性互动；发动企业对职业教育进行正面宣传，动员有意愿接受职业教育的贫困群体参与有针对性的劳动技能培训，引导其顺利就业；以政府为主导，推行相关激励机制，表彰和奖励为职业教育精准扶贫做出突出贡献的企业或者行业协会等，以汇聚和整合更多的社会资源和力量，壮大精准扶贫开发工作的队伍。[②]

4. 加大投入，保障经费

积极探索多渠道投入，构建职业教育精准扶贫的多元化投入机制。职业教育事业之所以资源匮乏、发展滞后，除了地方上能够投入职业教育领域的资金资源有限这个客观原因以外，更为重要的是没有建立起职业教育多元化投入机制，多年来一直依靠单一主体——政府拨付的教育经费来维持。各级地方政府管理的社会事务庞杂，需要财政支持的领域较多，自然难以充分照顾到相对"边缘"的职业教育事业。在当前贫困地区政府财政收入增长缓慢的现实条件下，如果仍然仅依靠政府的单一投入，只能延缓职业教育精准扶贫的进程。因此，为了改善职业教育办学条件，提升其在精准扶贫工作中的服务效率，需要尽快改革、创新职业教育投入机制，推动职业教育经费来源的多样化、多元化，保障职业教育经费来源的充足。

（1）各级政府应当进一步加大对职业教育扶贫工程的资金投入。对贫困地区的职业教育应当制定扶持措施，每年以稳步增长的投入形式加大对职业教育的开发，在扶贫资金分配上适当向其倾斜，大力支持教学技术扶贫，完善教育基础设施建设，扶持特色专业的发展等[③]。

（2）政府应积极拓宽职业教育扶贫的资金来源渠道。财政部门可以与银行共同

① 赵芝华. 精准扶贫背景下农村职业教育的困境及破解策略 [J]. 当代职业教育, 2018（4）: 49-53.
② 廖倩. 职业教育精准扶贫路径探析 [J]. 成人教育, 2018（5）: 75-79.
③ 廖倩. 职业教育精准扶贫路径探析 [J]. 成人教育, 2018（5）: 75-79.

出资，成立专项职业教育扶贫基金，由银行提供部分低息甚至无息贷款，助力职业教育精准扶贫；政府可以牵头，组织、引导民间资本进入职业教育精准扶贫领域，通过市场化改革的方法来调动社会组织和个人投身职业教育的能动性，积极探索"混合所有制"职业教育办学模式，推动职业院校的产权多元化，实现不同职业教育主体的资源联合、优势互补，激发职业教育自身的运营能力，拓宽其资金、资源来源渠道。同时，对于愿意在贫困地区投资、愿意参与职业教育扶贫的企业，提供融资支持、税费减免等优惠。

（3）政府在加大职业教育精准扶贫投入力度的同时，要关注扶贫资金的使用效率，确保相关经费使用合理。政府要联合有关部门，制定扶贫资金利用效率的评估指标体系，并组织专业人员对职业教育精准扶贫资金的使用进行监督管理、审计抽查，防止专项资金被挪用、占用、浪费。在此基础上，对于资金投入小而利用率高、成效显著的部门和人员，应给予表彰和奖励；反之，应惩罚和追责。通过建立完善的激励机制，促进职业教育精准扶贫资金的高效利用[①]。

5. 对接产业，提升能力

产业发展是"脱真贫""真脱贫"的根本。习近平总书记在安徽考察时强调"要脱贫更要致富，产业扶贫至关重要，产业要适应发展需要，因地制宜，创新完善"，他还指出精准扶贫要从"输血"向"造血"功能转变，建立健全长效稳定的脱贫机制。脱贫致富靠产业，而产业发展要靠人才。因此，产业扶贫的关键在人，要打造一支"不走的扶贫工作队"，这样才能从根源上治理脱贫及返贫。贫困人口实现自我发展是"真脱贫、脱真贫"的关键，要把扶贫与扶志、扶智相结合，激发贫困人口的内生性原动力。产教融合是产业扶贫与教育扶智有机结合的产物，职业教育又是产教融合的典范，因此，应加大产教融合力度，将脱贫方式从治标转向治本，为贫困地区赢得脱贫攻坚战提供有效方式。

（1）政、校、企联动，构建产教融合扶贫框架。产教融合的目的是合作育人、合作就业、合作发展。贫困地区实施产教融合，一方面可以对接地方产业，为地方产业发展提供技术、人才支撑；另一方面可以为职业院校毕业生提供实践基地和就业岗位。由此可见，产教融合基地既为产业扶贫提供人才、技术，同时也是职业教育精准扶贫的"造血"基地。产教融合是多方参与的合作机制，需建立政、校、企"三方联动"模式，实现优势互补，优化资源配置。通过政府牵头、校企融合，可以打造精准指导、精准培训、精准实施的产教融合平台，实现区域产业人才精准培养、技术精准推广、产品精准营销的产教融合共享机制。新常态下，要进一步发挥政府主导和行业指导的功能，在产教融合机制改革进程中，应明确政府、企业、学校在产教融合过程中的权利和义务，应加大政府对高职教育产教融合、校企合作的支持力度。在此基础上，职业院校应借助自身优势，科学评估区域产业资源，进行产业精准定位、精准发力、精准培养、精准实施，推进形成具有区域特色的优质产业，并按区域经济发展的需求进行专业设置，使职业院校与地方产业

---

① 彭晓红.职业教育精准扶贫的立论依据、困境与出路［J］.教育与职业，2017（24）：15-21.

精准对接，从而使产业扶贫深度化、职业教育扶贫精准化，实现贫困户产业致富有效化。[①]

（2）优化职业院校扶贫能力提升机制。职业教育扶贫能力提升促进教育精准扶贫的成效，主要是通过提升人才培养质量间接体现的[②]。为此，要在以下三个方面着力：

一是优化人才培养模式，实现"精准培养"。与普通教育最大的不同在于，职业教育立足于社会并面向市场。为此，更需要改革办学模式，改变目前的无序状态，既能使学有余力的学生有深造的机会，也能使面向行业企业就业的学生拓宽视野，增强竞争力。首先，进行中高职教育接轨，实现人才培养的连续性和一体化。逐步完善学分制度，搭建职业教育与普通教育之间相互转移的升学"立交桥"，打破职业教育与普通教育之间的隔阂，开拓职业教育升学路径。优化从初中开始的五年制高职人才培养制度，尝试建立以高中为起点的"3+2"本科人才培养机制。尝试建立中国特色的职业教育学位体系，增加学位证"羊皮效应"的收益点，通过学位证创造更大的个人收益。探索高等院校中面向职业教育的专业学位研究生培养，为学生提供多样化的选择路径，逐步实现自我提升。改变"证出多门"但含金量低的现状，构建中国职业教育资格证的框架体系[③]。其次，改革人才培养方式，丰富培养模式。如制订校企合作、顶岗实习、学徒制等多种培养方案。建立校企合作实习基地，实行师生到企业实习制度、企业人才引进教师队伍制度等，促使学校和企业双方加强合作，形成可持续发展态势。最后，抓好教学过程，深化教学模式改革。为更好地实现"理实一体化"教学，改变传统的"教师讲、学生听"的被动教学方式，可用任务驱动法和项目教学法等多种方法将学生的被动学习变为主动参与学习。对于一些实践性强的专业或内容，可以把企业的产品拿到课堂上，使教学或培训过程对接企业的生产、加工各环节，变灌输式培训为操作式培训；或将种植栽培技术延伸到田间地头，将牲畜养殖技术连接到养殖场；或聘请技术扎实、实践经验丰富的专业教师，手把手地指导实践操作。

二是加强实用技术培训，以实现"精准培训"。精准扶贫要分清扶贫对象，高职院校可以结合自身优势，对务农、务工和农村创业人员分别开展不同的培训项目，并可采取集中培训、现场问答等多种方式。首先，面对在乡务农的农民，可以结合其意愿和职业院校的教学科目，设置针对性较强的职业教育课程，供其自主选择。其次，选拔技术人员开展下乡活动，在基层一线为贫困人员提供讲解服务，在田间地头为农民切实解决问题。最后，组织未升学的初高中生接受职业教育，大范围提升劳动力水平，为家庭增加收入，为地方扶贫乃至脱贫助力。

三是重视创新创业教育，实现"精准就业"。首先，职业院校应开设创业必修课，将实践教学纳入日常教学体系，加强顶岗实习、实训教学，将职业技能鉴定与毕业证挂钩，完善校企合作制度，提升学生的竞争力。其次，助力贫困大学生创

---

① 胡军，杨和平．职业教育精准扶贫：深度贫困区的产教融合与实践效能——以三峡库区为例 [J]．职教论坛，2018（8）：134-138.
② 赵芝华．精准扶贫背景下农村职业教育的困境及破解策略 [J]．当代职业教育，2018（4）：49-53.
③ 李鹏，朱成晨，朱德全．职业教育精准扶贫：作用机理与实践反思 [J]．教育与经济，2017（12）：76-82.

业，建设实践基地和创业园区，加大创业教育力度；多种培养方式相结合，如以"专业学习+企业实习"、模拟技能训练、"岗位工作+独立创业"的形式进行创业实践等。再次，职业教育部门与就业管理部门应充分了解贫困家庭学生的个人情况并建立信息库，优先为贫困家庭学生的创业提供帮助，如开展职业规划教育、专场招聘会、一对一的就业指导等，为贫困家庭学生匹配更为适合的岗位。对于家庭特别困难并参与了义务兵役、到边远地区基层单位就业等活动的学生，给予学费和学业贷款的减免和补偿[①]。最后，加强合作，推动联动发展。当前，我国职业院校的区域性差距、校际性差距仍然较大，发展的不均衡问题比较突出，这在一定程度上也会影响精准扶贫的均衡性发展。在职业教育精准扶贫方面，有关部门要强力推动职业教育的跨区域合作、跨校际合作、城乡合作，强区域要加强对弱区域的帮扶，共建共享教学资源以及在线平台、实验实训基地等其他办学资源，增强双师型师资的交流、互访、援建。积极协调龙头企业、大中型企业、行业组织参与职业教育精准扶贫，采取"现代学徒制""订单式培养""定向式培养"等方式，解决贫困人口的技术技能培养和就业问题。[②]

（3）强化师资队伍建设。师资队伍建设是彰显职业院校能力的重要组成部分，教师队伍的充分发展和更新，是提升职业教育精准扶贫能力的有力支撑。为此要做到：创新教师补充机制，鼓励职业院校聘用有实践经验的行业专家、企业工程技术人员和社会能工巧匠等担任兼职教师；落实教师在职进修和企业实践制度，可采用校企合作等方式，选拔教师到企业进行一段时间的实践，促进其理论与实践相结合；加强专业带头人和骨干教师培养，进一步落实中职学校的正高级专业技术职务评聘制度；实施高职院校对口支援中职学校计划，通过交叉挂职、师资培训、中高职衔接、专业教学资源开发等方式，培养骨干教师。[③]

6.苦练内功，优化管理

职业教育的管理是提升办学效益、有效实施精准扶贫的长效保障。为此，职业院校要苦练基本功，完善职业教育管理，不断提升管理能力和水平。当前，职业院校在管理上的重点工作是切实推进管评办分离，全面推进教学工作诊断与改进制度建设，以及院校管理的科学化、规范化、精细化。通过管理的优化，一方面能放大办学优势，实现集约化发展；另一方面能使精准扶贫落到实处，通过资源整合和办学倾斜，系统推进扶贫的各项工作。

（1）加强自身管理，积极贯彻执行教育部印发的《职业院校管理水平提升行动计划（2015—2018年）》等相关文件精神，特别查摆管理工作中现存的突出问题，如虚假宣传、有偿招生、虚假学籍、重复注册、课程开设与教学实施随意改动等，并有针对性地开展专项治理系列活动。要通过各学校开展自评等多项措施，不断加强内部管理，优化作风，塑造职业院校的良好社会形象。加大对各级职教管理人员、职业院校领导以及职教中心负责人等的培训力度，使职业教育、职业院校的管

① 陈福稳，董瑞华，董伟.职业教育精准扶贫的实施策略与保障机制［J］.教育与职业，2018（13）：108-111.
② 陈柏林，杨乃彤.职业教育精准扶贫机理分析与"造血"能力建构［J］.职教论坛，2018（9）：149-153.
③ 王志强.基于职业教育的精准扶贫［J］.甘肃农业，2018（19）：29-32.

理者始终站在时代发展最前沿，创新教育观念，把助推精准扶贫作为职业教育的战略任务和发展方向之一，保证打赢脱贫攻坚战。[①]

（2）职业院校落实办学自主权。职业教育精准扶贫的主体仍然是职业院校，因此，职业院校要深入领会精准扶贫等政策精神，加强理论与实践研究。在政府部门提供资金、资源等条件下，由原来的以行政管理为主向治理服务转变，切实按照职业教育管评办分离的既定方针，利用好职业院校在精准扶贫上的自主权和主动权。

7. 借鉴经验，国际接轨

与国际接轨，借鉴国外在职业教育精准扶贫中的经验，对做好职业教育精准扶贫工作具有重要意义。联合国教科文组织 2001 年发布的《修订的关于技术和职业教育的建议书》中有 7 个部分 12 条专门论及了扶贫助困。世界银行（2009）的研究报告指出，减贫重点应该放在使更多的贫困人口参与市场经济的知识技能培训、教育发展、医疗卫生服务、提高自主治理能力等方面，为贫困人口创造脱贫发展的条件[②]。利用职业教育进行扶贫是个国际化议题，我国职业教育的精准扶贫也要与国际接轨，加强国际合作交流，借鉴国外有效经验。

（1）加强国际交流与沟通。各个国家由于发展程度不一、职业教育发达程度不同，在职业教育扶贫上都有其独特的特点，针对各国在职业教育扶贫上的做法、特色、政策、措施进行交流与合作，共同构建职业教育扶贫的"命运共同体"。

（2）积极向发达国家学习借鉴经验。德国、英国、美国等发达国家的职业教育有着较长的发展历史和精细化的分工，在职业教育服务弱势群体、贫困人口方面有着相对成熟的体制机制、运行体系、专业设置、课程与教学体系等，学习借鉴他们的先进经验，有助于健全、完善我国的职业教育扶贫体系。

（3）建立国际职业教育扶贫联盟。世界各国的职业教育均承担着扶贫的重任，有着共同的目标，要通过建立教学内容与课程体系、在线教育平台互用、理论与政策研讨等方式，逐步以"精准"为职业教育扶贫发展方向，构建国际职业教育扶贫联盟，形成世界扶贫的大格局。[③]

总之，精准扶贫、摆脱贫困是全面建成小康社会、实现共同富裕的必然要求。职业教育精准扶贫作为一种"除根性"扶贫，是一种典型的"造血"式开发扶贫模式，其目的是提升贫困人口的人力资本和社会资本，促进贫困地区的脱贫与发展。扶贫必扶智，治贫先治愚，这就决定了职业教育扶贫是精准扶贫的基础性工程、先导性工程，也是根本性工程。发挥职业教育在精准扶贫、精准脱贫中的重要作用，是贫困地区教育改革、发展的重要任务和光荣使命。在当前扶贫开发的攻坚期，必须认真审视职业教育精准扶贫中存在的问题，寻求相应的解决之策，着力加大对贫困地区的职业教育资源投入，转变职业教育精准扶贫的工作思路和方法，破解职业教育精准扶贫中的各类难点，从根本上保障职业教育精准扶贫落到实处、取得实效。在实施职业教育精准扶贫的过程中，要牢牢把握好"精准"

① 赵芝华.精准扶贫背景下农村职业教育的困境及破解策略［J］.当代职业教育，2018（4）：49-53.
② 谢德新.职业教育精准扶贫的理论基础、涵义阐释与功能定位［J］.职教论坛，2018（3）：24-29.
③ 李杰.基于 SWOT 分析的职业教育精准扶贫论析［J］.职教论坛，2018（8）：139-143.

二字，从"硬件"和"软件"两方面着手，打好职业教育扶贫攻坚战，使贫困地区彻底摆脱愚昧落后的状态，阻止"代际贫困"的恶性循环，为建成全面小康社会提供强大助力。[①]

六、职业教育精准扶贫的前景展望

总结过往的经验，不难看出，职业教育在解决未来青年人贫困问题方面将发挥更加重要的作用，因此，对职业教育扶贫应有更大的期待。关于职业教育精准扶贫的前景展望，这里综合瞿连贵、姜乐军等研究者的观点概括如下：

1. 职业教育精准扶贫将是政府长期性的制度安排

贫困问题不可能消除，但可以减缓和改善。贫困与能力不足、缺少就业机会密切相关。从现实情况看，我国的贫困治理，应从现代社会治理和可持续发展的高度，认识职业教育精准扶贫在促进社会主义公平正义中的优势，更好地推动职业教育扶贫事业的发展。发展职业教育，提高贫困人口自我发展的能力，才是消除贫困的根本出路。事实上，也只有解决了"能力贫困"这一关键问题，才能从根本上改善收入贫困、权利贫困和心理贫困，从真正意义上实现扶贫、脱贫的目标。从国际、国内的现实情况来看，因缺少就业能力未能就业进而陷入贫困状态，无论在乡村还是城市都是一种普遍存在的现象。因此，职业教育精准扶贫将是政府未来的一项重要的制度安排。

2. 职业教育精准扶贫将更加突出社会公正的价值追求

职业教育精准扶贫的价值追求，就是职业教育扶贫所追求的价值信念和价值目标，也就是要解决以下问题：为什么要开展职业教育精准扶贫？开展职业教育精准扶贫最终要取得什么样的成果？扶贫的表层意义是为了使贫困地区和贫困人口摆脱贫困，但其实质意义在于消除社会中的不平等，使全社会处于公平正义状态。职业教育精准扶贫的最终目的，并不仅仅表现为通过职业教育帮助了多少贫困人口和贫困地区减贫、脱贫，而恰恰是通过为可能进入职业教育领域的贫困人口提供公正、平等的职业教育机会和优质的职业教育资源，实现职业教育精准扶贫对社会公平正义的价值追求。

3. 职业教育精准扶贫将更加关注贫困人口的稳定脱贫和持续发展

稳定脱贫和持续发展是全球减贫与发展确定的重要目标。教育扶贫成功的重要原因在于通过向贫困者提供受教育的机会，赋予贫困者自我发展的能力，有效阻断贫困的代际传递。职业教育精准扶贫聚焦于贫困者职业能力的培养，通过赋予贫困者实用技术和就业能力，促进其就业和谋生，让贫困者获得生存和发展的机会、能力。而从职业教育反贫困未来发展的方向看，将更多地关注贫困者自我发展能力的

---

① 彭晓红.职业教育精准扶贫的立论依据、困境与出路［J］.教育与职业，2017（24）：15-21.

培养。

4.职业教育精准扶贫将更加强调系统培养和长期培养

系统培养是指发挥职业教育在预防贫困发生中的作用，增强职业教育面向贫困人口的培训和培养主渠道作用，加大中、高等职业教育面向贫困人口开放的力度，建立起涵盖中职、高职、应用本科等层次的贫困人口进入通道，真正为贫困人口提供既能谋生脱贫又能发展致富的教育机会；同时，通过关注培养质量、开展就业援助与服务，将贫困人口成功导向就业和工作世界，形成从入口到出口的质量控制与保障制度。长期培养是指改变目前短期性、应急性的培养模式，更加关注长期性的培养模式。具体而言，要通过为初高中毕业未能升学的学生提供职业培训的机会、培训模式改革、培训内容优化、培训与就业服务的有机衔接等措施，发挥职业教育在贫困人口职业转换、就业能力提升等方面的作用。[①]

5.职业教育精准扶贫将以农民工为重点人群，在"精准"上集中发力

随着我国城镇化建设的深入推进，大量农民工离开长期固守的家园，辗转于城市与乡村之间，已成为我国社会一道独特的风景。一直以来，"农民工"都是我国贫困落后群体的象征和代名词。由于受到城乡二元经济结构的影响和自身固有条件的限制，多数农民工的技术技能水平低，获取较高收入的能力差，存在市民化障碍等问题，这已成为我国扶贫攻坚需要啃除的一块"硬骨头"。"坚持大扶贫格局，注重扶贫同扶志、扶智相结合"是党的十九大为精准脱贫开出的一剂良方。职业教育作为"扶志与扶智"兼具、"面向人人"并与经济社会发展联系最为紧密的一种教育类型，在提升农民工职业技能、增强其脱贫能力、推动其自我价值实现等方面具有独特的功能，理应在我国农民工精准扶贫工作中发挥更好、更大的作用。职业教育精准扶贫将以农民工为重点，并且更加突出"精准"二字，在精准识别、精准布局、精准定制上集中发力。

（1）精准识别，构建职业教育面向农民工精准扶贫的大数据平台。搭建大数据精准扶贫应用平台并强化其综合分析能力和动态监管能力，最终实现与相关部门信息数据的共享共融和互联互通，是实现精准扶贫的有效手段之一[②]。一是要实现数据自动化采集。在为农民工建档立卡的基础上，将其文化程度、技能水平、就业需求等整合至扶贫一卡通平台，打造农民工职业教育培训状况、职业教育培训需求及就业指导帮扶 App，借助农民工职业教育精准扶贫 App 软件实时收集并上传农民工职业教育、技能水平、就业需求及就业能力等动态信息，及时了解农民工职业教育培训的扶贫政策和工作动态，提高职业教育面向农民工精准扶贫工作过程中各类管理信息数据跟踪和更新的频率，确保精准扶贫数据的实时观测、分析和对比，最终实现卡、网、机、云的跨平台数据自动采集和生成。二是要实现数据融合共享。通过设立农民工精准扶贫大数据管理机构，整合民政、教育、公安、卫计、住建、

① 瞿连贵.从职业教育扶贫到职业教育精准扶贫——内容分析、问题反思及前景展望 [J].成人教育，2018（11）：75-80.
② 莫光辉，张玉雪.大数据背景下的精准扶贫模式创新路径 [J].理论与改革，2017（1）：119-124.

人社等不同部门以及职业院校、培训机构、行业企业、农民工等不同主体的各类数据，构建跨部门、跨层级的互联互通数据共享机制，全面、动态地监控农民工精准扶贫机制的实施过程，适时制定并调整相关政策措施。三是要实现市场需求的预测预警。借助大数据挖掘技术，从海量数据中识别出关键节点，应用孤立点分析、关联分析及聚类分析等大数据技术，动态监测农民工劳动力供给与需求的市场风险，精确评估风险大小，并将风险信息及时推送给政府、行业企业、职业教育培训机构以及农民工，引导他们做好前瞻性布局，开展风险防范，并制定出相应措施。四是要实现及时反馈及评估。利用大数据长期追踪并关注农民工职后表现，进一步分析其职业发展的瓶颈与需求，并提供职后职业教育培训服务，以此强化农民工的职业稳定性与持久性，实现"一人长期就业、全家稳定脱贫"。

（2）精准布局，发挥职业院校在农民工职业教育精准扶贫中的作用。职业院校拥有专门的场所、完备的设施、专业的师资和现代化的教学手段，是开展农民工物质扶贫与精神扶贫的重要场所。一是要合理布局。继续加大对贫困地区职业院校的政策倾斜和资金投入，在确保一定数量的基础上，稳步提升其办学质量，推动其办学条件达到甚至高于国家基本办学标准，提升其服务农民工职业教育的能力和水平；整合区域内职业教育资源，通过强校并弱校、与龙头企业开展合作化办学、鼓励符合条件的企业举办职业教育培训等方式，打造区域内农民工职业教育培训龙头学校（院校）、小巨人培训基地或县级标准化职业教育中心，发挥行业标杆的品牌效应和示范引领作用。二是继续推进职业学校（院校）结构性改革。引导职业学校（院校）打通全日制与非全日制教育不均衡的内部壁垒，深度拓展继续教育领域，主动参与城镇化农村劳动力转移、新型职业农民等职业培训，将服务网络延伸到政府、企业、社区、村庄、农场和合作社，突破地域限制、行政区划限制[①]。三是要强化法律、法规建设。要加快修订《职业教育法》，并对职业学校（院校）服务农村经济社会发展、对农民工开展相关职业教育培训等做出更加详细和具有可操作性的规定，尤其是要细化和明确职业学校（院校）、职业培训机构在农民工职业教育培训等工作中的具体任务、经费划拨、经费使用和管理等内容，解除职业学校（院校）开展农民工职业教育培训的后顾之忧[②]，为其营造良好的社会保障环境。

（3）精准定制，设立契合农民工需求的职业教育精准扶贫的制度、项目和课程。当前，我国职业教育面向农民工精准扶贫工作的问题焦点在于职业教育精准扶贫政策及举措如何契合并满足农民工的实际需求。一是要继续健全和完善农民工职业教育培训项目的资助制度。可采用政府、院校、企业和农民工共同出资的模式，建立"政府投入为主、社会多方参与为辅、个人合理负担"的经费筹措和保障体系，实现职业教育培训投资主体的多元化；同时，政府要加大对农民工职业教育培训项目的补贴投入，出台针对参与方的激励措施和税收优惠政策，提高农民工职业教育培训利益相关方的积极性。二是要实施农民工考证奖补制度。以"正面清单"方式罗列本区域产业结构所需的技能工种，进一步发挥经济杠杆作用，对获得相应

---

① 王鑫芳，俞林.新型城镇化进程中新生代农民工职业转换能力与职业教育关系研究［J］.成人教育，2016（5）：1-4.
② 姜乐军.论职业教育在推动农民市民化过程中的作用、问题及对策——基于职业院校视角的探讨［J］.成人教育，2016（12）：69-72.

技能资格认证的个体予以不同程度的奖励，积极引导优秀企业、社会资本参与农民工职业教育培训。三是要编制具有针对性和多样化的培训项目及课程。可以采用"政府发包+职业学校（院校）竞争+行业企业参与"的项目管理形式，由政府购买项目（服务），职业学校（院校）开展项目竞争，行业企业等第三方参与项目评价，从而促进政府、职业学校（院校）、行业企业等利益相关方的融合参与，确保并提升项目实施效果；面向职业教育培训课程的供给与农民工的实际需求，以及职业教育培训课程的学习能力要求与农民工的实际学习能力[1]，打造基于供给-需求契合度、要求-能力契合度等互补性契合度的课程超市，形成多样化课程菜单，供政府、行业企业、农民工自由选择，真正实现课程设置与农民工、产业经济以及行业企业等的需求的无缝对接。[2]

6. 职业教育扶贫将更加突出扶志工作

加强扶贫扶志，激发贫困群众的内在动力，是中国特色扶贫开发的显著特征，是打赢脱贫攻坚战的重要举措。党的十九大报告指出："从现在到二〇二〇年，是全面建成小康社会决胜期。"精准扶贫是消除贫困、全面建成小康社会的"一剂良药"。精准扶贫不仅要帮助贫困群众脱贫，而且要让贫困群众能够持续富裕。因此，"扶志"这个关键因素尤为重要。"扶志"就是扶思想、扶观念、扶信心，帮助贫困群众树立起摆脱困境的勇气、志气和底气。首先，要以"扶志"涵养直视贫困的勇气。扶贫和脱贫的前方道路并不是一帆风顺的，如果缺乏斗志和勇气，仅仅依靠帮扶，自身"造血"能力不强，那么精准扶贫将难以取得应有的效果。因此，必须要有敢于向贫困"亮剑"的勇气。只有勇于挑战，才能在脱贫的道路上披荆斩棘。其次，要以"扶志"涵养主动脱困的志气。贫困群众是脱贫攻坚的主体，只有帮助他们"立"下脱贫的志气，使他们挺起脱贫的腰板，提高脱贫的信心，才能增强其发展的内生动力，增强其脱贫增收的主观能动性。最后，要以"扶志"涵养奔向小康的底气。贫穷往往与愚昧共生，尤其是目前存在的贫困现象，表面是物质性贫困，追根溯源是内心缺乏改变的底气。因此，在提高贫困群众脱贫致富能力的同时，只有坚定贫困群众脱贫致富的底气，鼓舞其斗志，才能增强其自我"造血"功能。[3]

2018年10月29日，国务院扶贫办、中央组织部、中央宣传部等13个部门联合发布《关于开展扶贫扶志行动的意见》（以下简称《意见》），对扶贫扶志工作做出了明确的指导。《意见》提出：要进一步加强扶贫扶志工作，激发贫困群众的内生动力，采取有效措施，增强其立足自身实现脱贫的决心和信心。

（1）开展扶志教育。组织贫困群众认真学习习近平总书记关于扶贫工作的重要论述，加强思想、文化、道德、法律、感恩教育，大力弘扬"脱贫攻坚是干出来的""幸福是奋斗出来的""滴水穿石""弱鸟先飞""自力更生"等精神，帮助贫困

① 陈成文，李春根.论精准扶贫政策与农村贫困人口需求的契合度［J］. 山东社会科学，2017（3）：42-48.
② 姜乐军.我国职业教育面向农民工精准扶贫的价值、举措及展望［J］. 职业技术教育，2018（6）：50-53.
③ 孙国杰.涵养"三气"扶贫扶志［J］. 新长征，2018（6）：37.

群众摆脱贫穷的思想，树立主体意识。大力宣传脱贫攻坚目标、现行扶贫标准和政策措施，让贫困群众知晓政策、更好地参与政策落实并获得帮扶。建好、用好新时代文明实践中心，运用好农村"大喇叭"、村内宣传栏、微信群、移动客户端和农村远程教育等平台，发挥乡村干部和第一书记、驻村工作队贴近基层、贴近群众的优势，组织党员干部、技术人员、致富带头人、脱贫模范等开展讲习，提高扶志教育的针对性、及时性、便捷性和有效性。在贫困地区中小学校开展好习惯、好行为养成教育，带动学生、家长共同转变观念。

（2）加强技能培训。围绕贫困群众发展产业和就业的需要，组织贫困家庭劳动力开展实用技术和劳动技能培训，确保每一个有培训意愿的贫困人口都能得到有针对性的培训，提高脱贫致富的本领。采取案例教学、田间地头教学等实战培训方法，强化信息技术支持指导，实现贫困群众科学生产、增产增收。组织贫困家庭劳动力参加劳动预备制培训、岗前培训、订单培训和岗位技能提升培训，支持其边培训边上岗，突出培训的针对性和实用性，将贫困群众培养成有本领、懂技术、肯实干的劳动者。

（3）强化典型示范。选树一批立足自身实现脱贫的奋进典型和带动他人共同脱贫的奉献典型，用榜样的力量激发贫困群众脱贫的信心和斗志，营造比学赶超的浓厚氛围。开展全国脱贫攻坚奖评选，组织先进事迹报告会，支持各地开展脱贫攻坚奖评选表彰活动，加大对贫困群众中脱贫典型的表彰力度。制作扶贫公益广告，以榜样的力量推动扶贫工作的深入开展。树立脱贫致富先进典型，总结推广脱贫致富的成功经验，鼓励各地开展脱贫家庭星级评定，发布脱贫光荣榜，用身边人、身边事教育和引导身边人，让贫困群众学有榜样、干有方向，形成自力更生、脱贫光荣的鲜明导向。

《意见》还提出了在改进帮扶方式，提高贫困群众的脱贫能力；推进移风易俗，引导贫困群众健康文明新风尚；强化基层党组织的政治功能，加强对贫困群众的教育引导；加强工作保障，推进政策落地见效等方面的扶贫扶志措施。

未来要做好职业教育精准扶贫工作，就要在精准扶贫扶志上下真功夫，要更加注重培育贫困群众的主体意识，更加注重提高贫困群众的脱贫能力，更加注重改进帮扶方式，更加注重营造健康文明新风，激发贫困群众立足自身实现脱贫的信心、决心，形成有劳才有得、多劳多得的正向激励，树立勤劳致富、脱贫光荣的价值取向和政策导向，凝聚打赢脱贫攻坚战的强大精神力量，切实增强贫困群众的自我发展能力，确保实现贫困群众持续稳定脱贫。只有全面贯彻《意见》，才能使职业教育精准扶贫取得切实的成效。

案例研究

广西职业技术学院精准扶贫的实践探索

思考与讨论：

1. 广西职业技术学院精准扶贫体现了职业教育精准扶贫的哪些原则？

2. 结合本案例谈谈职业教育精准扶贫如何进行模式创新？

3. 作为一所高职院校，广西职业技术学院在精准扶贫中发挥了哪些自身的优势？

广西是集"老、少、边、山、穷"于一体的典型区域，经过多年的艰苦努力，扶贫开发工作取得了阶段性成效，"十二五"期间，广西脱贫 560 万人，年均减贫 110 多万人，农村贫困发生率从 2010 年的 23.9% 下降到 2015 年的 10.5%，农村贫困地区的面貌和群众的生产生活条件发生了巨大变化。但由于广西贫困人口多、农村贫困面大、贫困程度深的状况尚未根本改变，仍然是我国脱贫攻坚的主战场之一，是全面建成小康社会的最大短板。截至 2017 年 2 月，广西仍有贫困人口 332 万、贫困县 54 个、贫困村 5 000 个，贫困人口数约占广西总人口数的 11%[①]。当前，扶贫开发工作已进入攻坚拔寨的冲刺阶段，到 2020 年，要实现"两个建成"目标，与全国同步全面建成小康社会，任务艰巨。

职业教育是实现精准扶贫、精准脱贫的最直接、最有效的途径。广西壮族自治区党委、政府始终高度重视职业教育，自 2007 年两轮职业教育攻坚和两次省部共建国家民族地区职业教育综合改革试验区以来，职业教育取得了跨越式发展，基础条件显著改善，内涵建设持续推进，办学水平大幅提升，为打赢脱贫攻坚战提供了有力的人才支撑和智力支持。广西职业技术学院（以下简称"学院"）作为广西首个国家示范（骨干）高职院校验收单位，积极发挥其助力脱贫攻坚的标杆作用，对接广西特色产业，积极开展技能培训与技术服务，探索出了一条特色的职业教育精准脱贫道路。

1. 发挥第一书记的纽带作用，加强扶贫工作统筹规划

（1）精准选派第一书记，推进基层组织建设。学院坚持扶贫与扶志、扶智相结合，选强配优贫困村党组织第一书记和工作队伍，强化基层党组织建设，使其成为带领贫困地区群众脱贫致富的坚强战斗堡垒。通过第一书记的指导帮带，密切联系贫困群众，开展职业教育精准扶贫、精准脱贫，做好优质职教资源的共享与输出，让贫困群众在共建、共享发展中有更多的获得感，促进扶贫开发。近 3 年来，学院从教学、管理一线选派了 7 名综合素质高的骨干教师担任苍梧县太平村等贫困村第一书记和"美丽广西"乡村建设扶贫工作队员，利用基层党组织及其党员教学、科技和人力资源的集成优势，积极开展驻村屯脱贫攻坚工作。2017 年，推进帮扶 2 个贫困村、100 多户、140 多人实现了脱贫摘帽。其中，太平村于 2016 年年底顺利通过自治区脱贫验收，成为苍梧县"十三五"期间第一批脱贫村，完成了脱贫攻坚的阶段性任务。

（2）加强扶贫开发宣传，提升职教扶贫影响力。发挥第一书记推动精准扶贫的纽带作用，广泛宣传党的扶贫开发和强农惠农政策，深入推动政策落实。积极引导社会资金，促进贫困村、贫困户脱贫致富；帮助选准发展路子，培育农民专业合作社，千方百计地增加村集体收入，增强"造血"功能。学院组织党员干部、职工与苍梧县 6 个贫困村建档立卡贫困户开展结对定点帮扶活动，宣传职业教育精准扶贫

① 佚名. 首战告捷！广西 2016 年减贫人数全国第一！2017 年广西脱贫工作要如何发力？[EB/OL].[2017-04-18]. http://www.sohu.com/a/134827187_262231.

政策。2017 年，学院积极整合资源，募集扶贫帮扶资金 12 万元，发动社会力量投入资金 8 万多元帮扶定点贫困村发展。同时，学院还充分利用"扶贫日"活动，迎春"精准帮扶连心日"活动，结对帮扶定点贫困村、贫困户和联系贫困学生活动等，发动党员、干部、师生参与扶贫捐赠活动，捐款捐物共 4 600 多人次，爱心捐赠款物总金额 13.6 万元。

2. 建立"三大"结对帮扶制度，创新扶贫结对帮扶机制

（1）校县结对帮扶。学院先后与凭祥、兴业、苍梧等 3 个市县签订了校县产教融合发展合作框架协议，成立了由市县主要领导和学院领导组成的校县产教融合发展领导小组和职教帮扶、产业帮扶、干部驻村帮扶等工作小组，建立了高层定期会商协调机制和工作运行机制。近 3 年来，学院先后派出 20 余名专家参与广西凭祥、兴业、苍梧等市县的产业发展专家咨询会，为凭祥市、苍梧县提交了中等职业教育发展咨询报告、县域农业产业发展可行性报告等咨询文件 4 份，与 3 市县的职教中心、13 个县属企业、471 户贫困户分别开展了中高职合作办学、企业员工培训、科技咨询与技术服务、贫困户帮扶等"校县全方位结对"帮扶活动，与凭祥市共建了中国–东盟边境职业教育联盟跨境劳务培训合作基地，培训越南跨境劳务人员 300 余人，有力推动了结对市县脱贫攻坚工作。

（2）中高职结对帮扶。一是对接贫困县重点产业，指导县级中专学校打造优势专业集群。学院针对广西昭平县特色旅游、茶产业专业人才缺乏的情况，指导广西昭平县中职学校构建了以茶叶生产与加工、旅游服务与管理两个专业为龙头，物流管理、电子商务等专业协同发展的涉茶专业链，为广西昭平县特色旅游、茶产业人才需求提供了有力保障。二是以专业为纽带，系统帮扶县级中专重点建设师资培训、课程体系及实训基地，提升专业建设整体水平。近 3 年来，学院主导、企业参与，先后培训县级学校专业教师 95 人次，完成中高职五年制人才培养方案 21 份，开发中职核心课程 11 门、网络慕课 2 门，出版中职特色教材 7 本。横县职教中心、昭平职教中心等县级职教中心的 3 个专业先后获广西教育厅"特色专业+实训基地"项目支持。三是开展中高职、企业联合办学，贯通人才培养通道。2017 年，学院利用广西茶业职业教育集团的资源，接收横县职教中心等 3 所县级中专的茶叶生产加工技术专业学生 500 多人，比 2016 年增加 180 多人，带动县级中专办学规模大幅提升。

（3）"四个一"结对帮扶。"四个一"扶贫模式是指"每个村派驻 1 名驻村专项扶贫干部、配备 1 个专家服务团队和后援党总支部、每个党员干部对接认领 1 户贫困户、每个贫困户进入 1 个家庭农场或认领 1 个致富项目"。近 3 年来，学院依托第一书记的核心堡垒作用，先后派遣 608 名党员干部深入 471 户贫困户开展"一帮一联"结对帮扶。根据贫困村的资源优势，结合贫困户建档立卡情况，选派技术专家 20 人次进驻贫困村开展了肉牛、纯草鱼、蚯蚓、澳洲小龙虾养殖和砂糖橘、六堡茶、皇竹草种植等 20 余个涉农项目的 20 多场次培训，培训贫困户近 1 300 余人次，募集帮扶资金 70.68 万元，扶持家庭农场或农民合作社 6 个。截至目前，6 个贫困村 478 户建档立卡贫困户中，97 户已完成脱贫，190 户贫困户达到"八有一超"脱贫要求，2 个贫困村实现整村脱贫。

3. 加大劳动力培训服务力度，助推扶贫产业发展

（1）对接优势特色专业，开展茶业技能培训。广西职业技术学院集聚行业主导型学院理事会、广西茶业职业教育集团、广西物流职业教育集团、中国–东盟边境职业教育联盟和中国农垦职业教育联盟的"一会二集团二联盟"多元合作办学平台资源，发挥茶业特色专业优势，利用茶业职教集团、广西红茶加工工程技术研究中心等校企产学研平台，联合区内外科研院所、茶叶龙头企业，为广西产茶县企业、茶农提供茶叶新品种繁育推广、茶叶加工工艺改造、茶叶包装、有机茶园规划、茶叶网络营销等全产业链的技术服务。近3年来，学院共开展企业横向技术服务项目20多项，为企业增效5 000多万元，有效推动了贫困地区茶产业发展。在苍梧县、凌云县、三江县等产茶县开展"乡村干部培训班""茶叶加工技术培训班"，为贫困村茶农提供茶叶种植、加工等技术培训2 000多人次，有力推动了产茶县的精准扶贫工作。

（2）利用新农村建设服务平台，推进果树栽培技术服务。学院以广西教育厅委托项目"忻城新农村建设服务平台"为依托，选派高级农艺师常驻广西忻城县基层，手把手指导农户进行夏黑葡萄、台湾四季香水青柠、海南西柠、特优大青枣、满天星百香果5个果树优良品种的引进、种植、加工生产、销售，提供农业技术支持和生产资料援助；推广柠檬适时套袋预防锈壁虱创新技术、柠檬果实大小适中光滑亮丽创新生产技术、大青枣机械化田间管理棚架搭建创新技术、双季葡萄全套种植生产技术、特优大青枣生产种植技术和苗木培育技术6项先进适用技术，带动地方形成优势特色产业，助推农民增产增收、脱贫致富奔小康。目前，双季葡萄示范园、柠檬示范园服务基地、特优大青枣种植示范与推广基地种植面积近4 000亩，扶持新建金凤凰生态猪专业合作社和忻城县建学绿色生态农业专业合作社2个专业合作社。

4. 建立"一对一"的资助体系，保障贫困生精准就业

对于广西农村建档立卡贫困户学生，学院建立了入学学费资助、在校"一对一"、就业"一对一"帮扶体系。在学费方面，除了国家和自治区的各类奖助学金外，学院还设立了广西职业技术学院奖学金，思茗奖学金，三好学生、优秀学生干部、优秀班集体和社团奖励，家庭经济困难学生补助和勤工助学补助等奖学金及贫困学生补助等，实现贫困学生资助全覆盖，2017年发放院级奖助金额136万余元。同时，学院指定专人对贫困户学生进行"一对一"的学习、生活指导，开展家庭走访，优先安排勤工助学岗，举办专场招聘会，提供一次就业优先推荐、一项就业补贴等帮扶措施，确保其顺利就业，阻断贫困代际传递。2016年学院贫困学生就业率达100%，实现了精准资助、精准就业。

当前，脱贫攻坚战的主战场正在向深度贫困地区转移，职业教育主动融入扶贫开发取得了阶段性进展，然而，职业院校在精准扶贫、精准脱贫方面还存在对扶贫攻坚的认识不够深刻、精准扶贫惠农政策落实不到位、帮扶机制滞后于精准扶贫的现实要求、扶贫项目及措施与地区发展不匹配等困难和问题，这需要在下一步的工作中加以克服和解决。

5. 职业教育扶贫的下一阶段工作计划

党的十九大明确指出，要重点攻克深度贫困地区的脱贫任务，解决区域性整体贫困问题，做到脱真贫、真脱贫。下一阶段，广西职业技术学院将继续坚持"服务、合作、开放"的办学理念，在人才培养、科技与社会服务、社会培训等方面与广西贫困县深度合作，发挥学院在人才支撑、智力支持、产业信息资源等方面的优势，创新扶贫模式和工作机制，通过精准识别、精准施策、技能培训、转移就业、产业扶持等工作方式，增强贫困地区与贫困户的"输血再造"功能，确保广西贫困地区稳步脱贫，实现"两个建成"目标，与全国一道进入全面小康社会。

（1）深入贯彻落实党的十九大关于脱贫攻坚战的决策部署。中国特色社会主义新时代的主要矛盾已经转化为人民日益增长的美好生活需求和不平衡、不充分的发展之间的矛盾，而扶贫攻坚战就是解决这一矛盾的具体体现。广西职业技术学院积极承担扶贫开发任务，把精准扶贫、精准脱贫纳入"十三五"事业发展规划中，以深化综合领域改革为突破口，以内部质量保证体系评估与改进为动力，认真贯彻落实习近平总书记关于脱贫攻坚的重要讲话精神和中央、自治区党委政府关于脱贫攻坚工作的重大决策部署，充分利用学院涉农专业集群优势和丰富的校企合作资源，以第一书记为纽带，持续深入开展结对帮扶活动，发挥贫困村党组织的战斗堡垒作用和农村党员的先锋模范作用，提高带领村民脱贫致富的能力和水平。

（2）继续把精准扶贫、精准脱贫摆到发展的战略地位。让贫困人口和贫困地区同全国一道进入全面小康社会是中国特色社会主义的本质要求。面对新形势，广西职业技术学院要把精准扶贫、精准脱贫作为全院最大的政治任务、最大的民生工程、最大的发展机遇抓紧抓实，加强统筹规划、顶层设计，科学谋划好"十三五"时期的扶贫开发工作。全院要上下联动、产教左右协调、校企内外结合，集聚办学资源优势，采取力度更大、针对性更强、作用更直接、效果更可持续的结对帮扶措施，更加注重产业带动、人才支持，切实落实领导责任、切实做到精准扶贫、切实强化社会合力、切实加强基层组织，助力扶贫攻坚战。

（3）积极开展面向农村和贫困地区的职业教育和培训。扶贫要坚持扶志、扶智、扶技相结合，帮助困难群众立志、明智、强技，激发劳动者脱贫的内生动力。广西职业技术学院要继续依托"一会二集团二联盟"多元合作平台、行业企业、科研院所等扶贫资源，努力形成全社会参与脱贫攻坚的强大合力和浓厚氛围，共同助推精准扶贫、精准脱贫，在技术、资金、项目、种养殖产业发展等方面对贫困户给予持续帮助。建立并完善职业培训、就业创业服务、劳动维权"三位一体"的工作机制；加大特色产业扶贫力度，通过地方优秀企业、农民合作社、种养大户和家庭农场等新型农业经营主体，带动困难群众发展涉农产业，增加其经营收入，实现稳定脱贫；加强农村劳动力转移就业培训和新型职业农民培训，尤其是贫困劳动力职业技术、就业创业等方面的培训，帮助贫困地区的劳动力外出打工，阻断贫困代际传递。①

① 李卫东，刘雪梅. 广西职业教育精准扶贫的实践探索［J］. 中国职业技术教育，2018（10）：55-58.

参考文献

[1] 卞建鸿.职业学校专业群建设理论与实践探索 [M]. 上海：华东师范大学出版社，2015.

[2] 徐友辉，张凯.高职院校专业建设创新研究 [M]. 成都：西南交通大学出版社，2018.

[3] 辛宪章，张岩松，王允.高职院校治理研究 [M]. 大连：东北财经大学出版社，2018.

[4] 张岩松，等.新时期高职院校创新发展研究 [M]. 大连：东北财经大学出版社，2017.

[5] 许峰，谭晓虹.高职教学改革与发展新论 [M]. 大连：大连理工大学出版社，2013.

[6] 许峰，等.工学结合视角下高职教学管理新论 [M]. 大连：辽宁师范大学出版社，2010.

[7] 许峰."双师结构"教学团队建设探索 [J]. 中国高校科技，2011（12）.

[8] 许峰.系统科学视阈下提升高职顶岗实习教学质量的对策 [J]. 继续教育研究，2012（5）.

[9] 许峰.高职校园文化与企业文化融合研究与实践——以大连职业技术学院为例 [J]. 学校党建与思想教育，2013（6）.

[10] 许峰.基于系统科学的高职顶岗实习质量提升研究与实践——以大连职业技术学院为例 [J]. 职教论坛，2013（9）.

[11] 许峰.高职青年教师教学能力提升策略研究与实践 [J]. 中国职业技术教育，2014（15）.

[12] 许峰.构建系统化长效机制 破解养老人才荒 [J]. 社会福利，2012（12）.

[13] 许峰.高职专业教师教学能力构成研究 [J]. 辽宁高职学报，2013（10）.

[14] 许峰.产业结构转型升级背景下高职教师教学能力研究 [J]. 中国教育技术装备，2013（10）.

[15] 许峰.基于行动导向的高职课堂教学质量评价体系研究 [J]. 中国校外教育，2014（6）.

[16] 许峰.老年养护人才培养机制的研究 [J]. 社会福利，2012（1）.

[17] 许峰.高职院校教学质量管理体系构建的研究与实践 [J]. 辽宁高职学报，2015（4）.

[18] 许峰.涉老职业教育与职业培训有效对接的路径研究 [J]. 辽宁高职学报，2016（4）.

[19] 许峰.养老服务人才培养体系构建的路径与策略研究——基于涉老职业教育的视角 [J]. 社会福利，2016（9）.

[20] 许峰.创新区域职教质量保证体系建设的路径研究 [J]. 成人教育，2017（3）.

[21] 许峰.信息技术与高职院校教育教学深度融合系统化保障策略研究［J］.成人教育，2017（11）.

[22] 许峰.高职院校内部质量保证体系建设策略研究［J］.辽宁高职学报，2018（7）.

[23] 张岩松.高职礼仪课程实践教学的四个结合［J］.职业教育研究，2007（11）.

[24] 刘志敏，张岩松.以专业群建设为重点的养老服务业人才培养模式创新研究［J］.社会福利，2016（10）.

[25] 张岩松.在"示范校"建设中打造一流的老年服务与管理专业教学团队［J］.学理论，2011（4）.

[26] 张岩松."示范校"建设中老年服务与管理专业优质核心课程建设的启示［J］.高等职业教育（天津职业大学学报），2011（6）.

[27] 张岩松.论"国家示范性高职院校"的高水平师资队伍建设［J］.继续教育，2009（4）.

[28] 张岩松.论高职教育创新能力培养［J］.辽宁高职学报，2004（4）.

[29] 张岩松.基于教师的视角谈高职教师专业成长的途径与策略［J］.高等职业教育，2011（7）.

[30] 张岩松.突出特色　立德强能　打造老年服务与管理专业合格人才——以大连职业技术学院老年服务与管理专业为例［J］.高等职业教育，2011（4）.

[31] 张岩松.论任务驱动型高职教材的开发［J］.高等职业教育，2010（5）.

[32] 王家莲，张岩松.优化职业教育资源配置路径创新探究——以大连市职业教育资源配置为例［J］.黑龙江生态工程职业学院学报，2016（11）.

[33] 谢利英，等.高职院校生产性实训基地与专业群建设研究［M］.长春：吉林人民出版社，2017.

[34] 闵建杰.关于高等职业教育专业群建设的思考［J］.湖北职业技术学院学报，2006（9）.

[35] 梅亚明.高校专业群的集约建设［J］.教育发展研究，2006（9）.

[36] 袁洪志.高职院校专业群建设探析［J］.中国高教研究.2007（4）.

[37] 李照清，吴越.影响高职院校专业群建设的要素分析及思考［J］.辽宁高职学报，2012（1）.

[38] 严新.高职专业群建设的影响要素分析［J］.兰州教育学院学报，2016（3）.

[39] 董淑华.高职院校专业群建设的实践探索［J］.职业技术教育，2012（26）.

[40] 龚添妙，朱厚望.高职院校专业群建设的缘起、历程与趋势［J］.机械职业教育，2018（8）.

[41] 孙毅颖.高职专业群建设的基本问题解析［J］.中国大学教学，2011（1）.

[42] 钱结海.对高职院校专业群建设几个问题的思考［J］.北京城市学院学报，2010（5）.

[43] 闻玉辉.高职专业群的内涵及构建的基本原则探析［J］.职业教育，2017（2）.

[44] 徐恒亮，杨志刚.高职院校专业群建设的创新价值和战略定位［J］.中国职业技术教育，2010（7）.

[45] 惠宁.产业集群理论的形成及其发展［J］.山西师范大学学报：社会科学版，2005（11）.

[46] 胡蕙芳.论专业群建设过程中的经验与问题［J］.浙江工商职业技术学院学报，2010（6）.

[47] 王东梅.高职院校特色专业群建设中存在的问题及对策［J］.辽宁省交通高等专科学校学报，2014（8）.

[48] 卢宇."双一流"背景下高职院校商贸类专业群建设探讨——以湖南商务职业技术学院为例［J］.教育科学论坛，2018（2）.

［49］ 沈建根，石伟平.高职教育专业群建设：概念、内涵与机制［J］.中国高教研究，2011（11）.

［50］ 李玉珍，肖怀秋.高职院校专业群建设存在的问题与对策分析［J］.当代职业教育，2016（6）.

［51］ 姜汉荣.职业院校现代化专业群建设的问题与对策——基于专业群的"现代性"认识［J］.职教论坛，2017（36）.

［52］ 刘洪."现代化专业群"建设发展存在的问题和建议［J］.电脑知识与技术，2018（2）.

［53］ 姚瑶.地方高职院校专业群发展对策研究——以郑州市为例［J］.太原城市职业技术学院学报，2018（4）.

［54］ 杨开亮.高职院校按专业群招生需要权衡的问题及对策［J］.温州职业技术学院学报，2010（12）.

［55］ 朱强，刘喻，陈玲，等.高职院校专业群建设的探索与实践——以广东交通职业技术学院为例［J］.南方职业教育学刊，2017（7）.

［56］ 季靖，李玉珠.德国"双元制大学"应用型人才培养模式特点及启示［J］.职教论坛，2017（22）.

［57］ 陈田，白杨.大职业教育CBE模式对我国职业教育的启示［J］.产业与科技论坛，2017（21）.

［58］ 张学英，王璐.产业结构调整视角下的美国CBE人才培养模式探析［J］.职教论坛，2012（21）.

［59］ 吴高莉.澳大利亚TAFE模式及其对电子商务专业建设的启示［J］.职业教育，2017（12）.

［60］ 汪苑."蚁族"的继续教育模式研究——基于MES与CBE的分析［J］.河北大学成人教育学院学报，2015（9）.

［61］ 许建民.高职专业群人才培养模式优化的原则及保障对策——以南京科技职业学院市场营销专业群为例［J］.江苏教育研究，2016（5）.

［62］ 田维维.学分制视角下高职专业群人才培养模式改革与实践［J］.山东农业工程学院学报，2018（4）.

［63］ 刘奎武，边巍，孙铁波.专业群"校企融合五对接"人才培养模式的研究与实践［J］.职业技术教育，2015（5）：18-21.

［64］ 马杰，卓璧湖.美国高等职业教育校企合作的经验与启示［J］.教育教学论坛，2015（12）.

［65］ 邱旭光.基于专业群与产业群对接的高职产教融合模式初探［J］.浙江工贸职业技术学院学报，2015（9）.

［66］ 周建松.构建以专业群为基点的多功能校企合作体［J］.中国高等教育，2011（13）.

［67］ 丁馨.专业群视阈下实践教学体系的优化研究——以常州纺织服装职业技术学院为例［J］.才智，2015（6）.

［68］ 周劲松.基于专业群的高职"平台+模块+方向"课程体系开发［J］.职业技术教育，2013（8）.

［69］ 吴雪琴.专业群视角下教学团队能力提升的有效途径探究［J］.无锡职业技术学院学报，2015（5）.

［70］ 马丽.浅析专业群"双师型"师资队伍的建设［J］.当代教育实践与教学研究，2015（3）.

［71］ 丁馨.高职院校专业群视阈下的专业教学团队的优化研究［J］.北京城市学院学报，

2015（12）.

［72］ 胡晓曦.民办高职院校专业（群）教学团队建设的对策研究［J］.教育现代化，
2016（1）.

［73］ 曾小兰，朱媛.职业教育精准扶贫的定位、模式及推进策略［J］.教育与职业，
2017（28）.

［74］ 胡军，杨和平.职业教育精准扶贫：深度贫困区的产教融合与实践效能——以三峡库区为
例［J］.职教论坛，2018（8）.

［75］ 滕春燕，肖静.职业教育精准扶贫的现实要义、原则及发展指向［J］.教育与职业，
2017（34）.

［76］ 陈福稳，董瑞华，董伟.职业教育精准扶贫的实施策略与保障机制［J］.教育与职业，
2018（13）.

［77］ 李杰.基于SWOT分析的职业教育精准扶贫论析［J］.职教论坛，2018（8）.

［78］ 谢德新.职业教育精准扶贫的理论基础、涵义阐释与功能定位［J］.职教论坛，
2018（3）.

［79］ 姜乐军.我国职业教育面向农民工精准扶贫的价值、举措及展望［J］.职业技术教育，
2018（6）.

［80］ 李卫东，刘雪梅.广西职业教育精准扶贫的实践探索［J］.中国职业技术教育，
2018（10）.

［81］ 瞿连贵.从职业教育扶贫到职业教育精准扶贫——内容分析、问题反思及前景展望［J］.
成人教育，2018（11）.